통합과학
30일 달성
학습 계획표

학습 계획표

학습 계획표를 따라 차근차근 독해 공부를 시작해 보세요.
빠작과 함께라면 통합과학 독해, 어렵지 않습니다.

영역	지문명	교재 쪽수	학습한 날		
물질	생명을 살리는 빨대	016~019쪽	1일차	월	일
	맛보기 전에는 모른다	020~023쪽	2일차	월	일
	손난로의 열 발생 원리	024~027쪽	3일차	월	일
	붉은 바다	028~031쪽	4일차	월	일
	대서양에 큰일이 났다고?	032~035쪽	5일차	월	일
생명	우리 몸의 뼈	038~041쪽	6일차	월	일
	'간'에 기별도 안 가는 이유	042~045쪽	7일차	월	일
	혈관의 종류와 기능	046~049쪽	8일차	월	일
	사레가 들리는 이유	050~053쪽	9일차	월	일
	오줌의 재발견	054~057쪽	10일차	월	일
	티라노사우루스의 감각 기관	058~061쪽	11일차	월	일
	왜 헛스윙을 하게 될까?	062~065쪽	12일차	월	일
운동과 에너지	그림자의 원리	068~071쪽	13일차	월	일
	거울의 원리	072~075쪽	14일차	월	일
	별은 거기에 없다	076~079쪽	15일차	월	일

초등 비문학 독해

통합과학

5학년

❝『빠작 초등 비문학 독해 통합사회·통합과학』은 교과서 중심의 비문학 학습이 어떠해야 하는지를 아주 쉽게, 효과적으로 제시하고 있습니다.❞

흔히 교과서를 읽는 것이 중요하다고 말합니다. 그런데 교과서를 어떻게 읽고 학습해야 하는지 올바로 가르치는 경우는 적습니다.

이번 『빠작 초등 비문학 독해 통합사회·통합과학』은 교과서 중심의 비문학 학습이 어떠해야 하는지를 아주 쉽게, 효과적으로 제시하고 있습니다. 특히 지문을 읽고 내용을 독해한 뒤 이어지는 교과 개념 학습이 아이들에게는 교과 개념을 반복 학습시키는 데 매우 도움이 될 것으로 기대됩니다. 그뿐만 아니라 기존의 독해 파트 역시 내용 이해, 추론, 적용의 단계를 구분하여 체계적으로 독해력을 훈련 시키고 있어 학습 효과 향상이 기대됩니다.

최성호
에이프로 아카데미

❝비문학은 단계별 독법이 중요한데, 내용 독해에서 이해, 적용, 추론으로 진행되는 배움의 과정이 매우 체계적입니다.❞

저는 비문학 교재를 볼 때 스스로 몇 가지 질문을 던지곤 합니다. '좋은 제시문을 선정했는가?' '학생들의 배경지식을 활성화하고 의미 있는 지식과 정보를 제공하는가?', '비문학을 읽어내는 독법, 즉 읽는 역량을 키워 주는가?'

『빠작 초등 비문학 독해 통합사회·통합과학』은 이러한 저의 질문에 고개를 끄덕이게 해 주었습니다. 사회, 과학의 세부 영역에서 좋은 제시문을 선정했을 뿐 아니라 내용 독해에서도 이해, 추론, 적용으로 진행되는 탄탄한 구성과 글에 블록 조각이 결합되는 것처럼 깔끔하게 구성된 어휘, 표현과 해제까지도 모두 체계적입니다.

무엇보다 구조 분석을 통해 단락에서 전체 글을 한눈에 보게 하는 과정이 좋았습니다. 이 교재를 한번 공부한 학생들이 나중에 각각의 글을 '한 판 구조도'로 다시 만들어 복습한다면, 더욱 큰 효과가 있을 것으로 예상합니다.

비문학 공부는 때로 인내심과 끈기가 필요합니다. 하지만 그만큼 배움의 효과를 크게 돌려주는 공부라는 점을 잊지 말았으면 합니다.

강용철
EBS 국어 대표 강사

❝독해력은 교과 내용을 이해하는 데 필수적이고, 배경지식은 이해를 돕고 학습의 흥미를 높이는 데 결정적인 역할을 합니다.❞

초등학교 3학년부터는 사회, 과학 교과 공부가 시작됩니다. 그런데 생각보다 많은 아이들이 사회, 과학 교과를 어려워합니다. 이야기책보다 흥미 요소가 적고 내용이 어렵기 때문입니다. 학년이 올라갈수록 어려워지는 교과 내용을 이해하려면 두 가지가 필요합니다. 바로 독해력과 배경지식입니다. 독해력은 교과 내용을 이해하는 데 필수적이고, 배경지식은 이해를 돕고 학습의 흥미를 높이는 데 결정적인 역할을 합니다. '아는 만큼 보인다'고 하듯이 배경지식이 풍부한 아이일수록 사회, 과학 과목을 더 재미있게 받아들일 수 있습니다.

이번에 출간된 『빠작 초등 비문학 독해 통합사회·통합과학』은 양질의 비문학 지문을 통해 국어 독해력을 향상 시키는 것은 물론이고 사회, 과학 공부에 필요한 배경지식을 쌓아갈 수 있도록 구성되었습니다. 이렇게 국어 독해력과 교과 배경지식 두 마리 토끼를 잡은 책이 출시되어 반갑습니다. 각 학년 별, 과목 별 교육과정이 체계적이고 충실하게 반영된 것도 눈에 띕니다. 매일 일정 분량을 학습하며 교과 개념 지식과 배경지식을 쌓아 나간다면 어느새 사회, 과학이 재미있게 느껴질 것입니다.

최선민
초등교사, 『오늘부터 초등 어휘왕』 저자

고등학생들을 지도하고 수능 대비를 하면서 가장 크게 절감하는 것이 학생들의 비문학 독해 능력 격차입니다. 단기간의 학습으로 극복이 어려운 비문학 독해 및 문제 풀이 능력은 학생들의 개인적 역량에 의존하는 경향이 크기 때문입니다.

그리고 정말 불편한 진실은, 비문학 독해의 성패는 국어 능력에 의해서라기보다는 여러 과목 공부를 잘하는 학생인가 그렇지 않은가에 따라 좌우된다는 점입니다. 특히 '과학'과 '사회' 과목 학습이 탄탄한 학생이 비문학 독해에 강하다는 것은 누구도 부정할 수 없는 현실입니다. 그러나 지금은 독해법으로 문제를 푸는 시대가 아닙니다. 어찌 보면 수능의 취지에 가장 부합한, 충실한 범교과적 학습이 필요한 시대입니다.

그래서 초등학교 때부터 미리 '과학'과 '사회' 과목의 배경지식을 기르고, 교과 개념과 연계된 문제 풀이를 통해 수능과 고등 교과 학습의 기초를 다지는 것이 중요합니다.

『빠작 초등 비문학 독해 통합사회·통합과학』은 그런 길을 열어가는 기준이 될 학습서입니다. 교과 개념을 충실하게 반영하면서도 우리 아이들이 흥미를 갖고 도전하고 싶은 지문들로 구성되어 있기 때문입니다. 아이들뿐만 아니라 학부모님들도 지문을 함께 읽다 보면, 배경지식이 쌓이는 느낌을 받을 수 있을 것입니다.

이석호
이석호국어학원 원장

『빠작 초등 비문학 독해 통합사회·통합과학』은 모든 초등학생에게 권하고 싶을 정도로 꼭 필요한 것과 심화 내용이 흥미롭게 구성되어 있습니다. 교과 연계 개념이기 때문에 친숙하면서도 깊이가 있고, 내용이 재미있어 지식을 확장하는 데에도 크게 도움이 될 듯합니다.

국어의 독서 과목에도 사회, 과학 지문이 어려운 난이도로 출제되어 힘들어하는 고등학생들이 많은데, 초등학생 때부터 이렇게 공부하면 중고등 내신과 수능까지 매우 든든할 것입니다.

중·고등과 수능까지 2022개정 교육 과정을 배우게 되어 시험을 치르게 될 초등학생들에게는 통합사회, 통합과학이 사·과탐 영역에서 최대 비중이 됩니다. 국어 또한 난도가 계속 올라가고 있으며, 여러 분야의 텍스트 독해력이 미치는 영향이 절대적입니다.

『빠작 초등 비문학 독해 통합사회·통합과학』을 통해 최신 사회 현상과 과학 원리를 공부해 추론하고 적용하는 힘을 기르면 국어, 사회, 과학은 물론이고 범교과적인 성적과 사고력 향상을 기대할 수 있을 것입니다.

김소희
한올국어학원 원장

사회와 과학을 암기 과목이라고 생각하고 달달 외우는 경우가 많습니다. 하지만 그 많은 개념을 외우기란 쉬운 일이 아닐뿐더러 재미없는 과목으로 인식하게 되는 지름길이 됩니다. 사회와 과학 교과서를 제대로 읽고 이해하지 못하는 학생들의 어려움은 결국 '어휘'에 있습니다. 낯선 어휘를 익숙하게 만들면 교과 개념을 쉽게 이해할 수 있습니다.

『빠작 초등 비문학 독해 통합사회·통합과학』은 최신 사회 현상과 과학 원리를 접목한 교과 연계 독해 학습으로 학생들에게 흥미를 더해 줍니다.

'다음에는 또 어떤 이야기가 나올까?'라는 생각이 들며 궁금해지는 지문과 문제, 비주얼 개념이 한데 어우러져 '어휘-개념-독해'를 한 번에 해결할 수 있도록 돕습니다. 문항 구성에 있어 내용 이해에만 국한하지 않고 목적, 추론, 어휘·어법, 요약, 적용 등 다양한 문제를 접할 수 있게 만들어 폭넓은 독해 능력 향상에도 도움을 줍니다. 초등학생의 사회와 과학 공부에 도움을 줄만한 학습서를 찾기 어려웠는데 좋은 교재가 나와 기쁜 마음입니다.

정예슬
교육인플루언서, 전직 초등 교사

독해

초등 국어 문학 독해

- 지문 독해–지문 분석–어휘 학습 3단계로 학습하는 초등 독해 기본서
- 소설, 시, 수필 등 문학 작품의 갈래별 지문 감상 훈련으로 바른 독해 학습

초등 국어 비문학 독해

- 지문 독해–지문 분석–어휘 학습 3단계로 학습하는 초등 독해 기본서
- 언어, 역사, 사회, 문화, 경제, 과학, 기술, 예술, 인물, 환경 등 10개 영역별 지문으로 배경지식 습득 및 어휘력 향상

초등 비문학 독해 통합사회

- 사회 현상과 관련 있는 비문학 지문 독해 훈련
- 3~6학년이 꼭 알아야 하는 사회 교과 개념 연계

초등 비문학 독해 통합과학

- 과학 원리와 관련 있는 비문학 지문 독해 훈련
- 3~6학년이 꼭 알아야 하는 과학 교과 개념 연계

어휘

초등 국어 어휘X독해

- 독해 학습을 통해 학년별 필수 어휘 이해
- 핵심어 중심의 비문학 지문 독해 학습
- 핵심어의 뜻과 주제로 어휘 확장 학습

문법

초등 국어 문법

- 문법의 기초 개념을 탄탄하게 학습
- 풍부한 예시로 정확하게 문법 이해
- 다양한 문제로 폭넓게 적용하여 문법 학습

다음 내용을 보고 우리 아이에게 어떤 학습 순서가 알맞을지 살펴보세요.

A타입 기본부터 차근차근 공부하고 싶어요!

기초부터 천천히 학습하여 문해력을 키우고 싶은 친구, 적은 분량이라도 매일 꾸준히 독해 공부를 해서 실력을 탄탄하게 다지고 싶은 친구는 A타입의 순서로 학습하는 것을 추천합니다. 매일 정한 분량을 꾸준히 학습하고 마지막으로 문해력을 완성하는 문법까지 전 권을 학습하고 나면 국어 실력이 한층 향상됩니다.

추천 학습

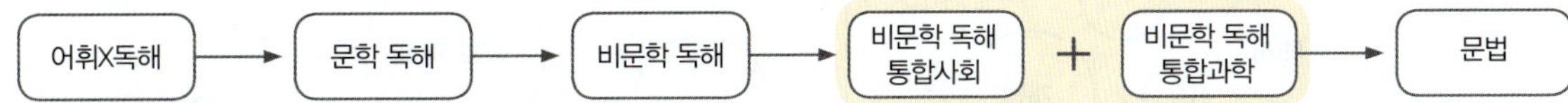

B타입 비문학보다 문학이 어려워요!

비문학 글의 핵심 주제 파악이나 글쓴이의 관점을 파악하는 것은 쉽지만 문학 작품에서 숨겨진 작가의 의도를 파악하고, 작품의 중요 내용을 정리하는 것이 어려운 친구에게는 B타입을 추천합니다. 빠작 문학은 문학 작품의 갈래별 지문 감상 훈련 위주로 구성되어 있어서 문학 독해가 쉬워집니다.

추천 학습

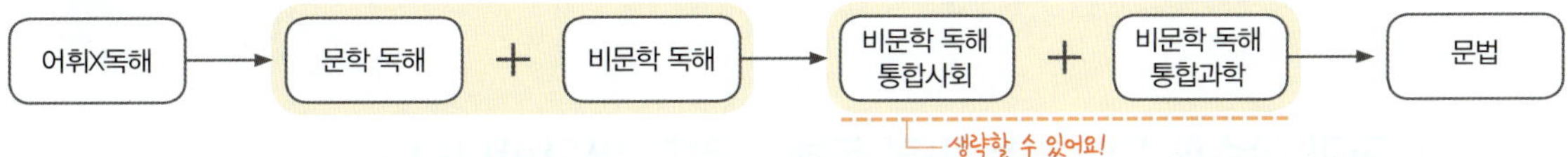

C타입 문학보다 비문학이 어려워요!

문학 작품을 읽으며 작가의 의도를 파악하는 것은 쉽지만, 비문학의 핵심 주제 파악이나 글쓴이의 관점 이해가 어려운 친구에게는 C타입을 추천합니다. 어휘로 기본을 다진 뒤, 비문학으로 세분화된 지문을 공부하고, 특화된 통합사회·통합과학 지문을 이어서 차례대로 학습하면 글의 중심 내용을 파악하고, 글쓴이의 생각을 이해하는 것이 쉬워집니다.

추천 학습

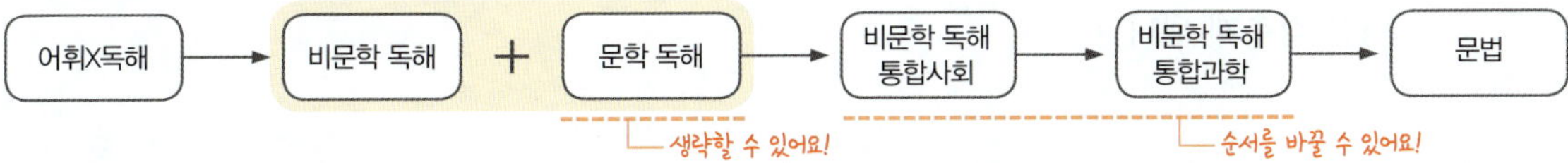

D타입 좋아하는 영역만 집중해서 공부해요!

지문을 독해하는 데는 문제가 없지만 사회나 과학 중 자신이 좋아하는 한 영역만 집중해서 책을 읽는 친구나, 교과와 관련 있는 지문이 어렵게 느껴지는 친구에게는 D타입을 추천합니다. 빠작 비문학 독해를 공부하며 먼저 비문학 전 영역을 두루 살펴보고, 비문학 독해 통합사회와 통합과학을 함께 공부하면 특정한 영역에 치우치지 않고 학습하며 교과 배경지식도 쌓을 수 있습니다.

추천 학습

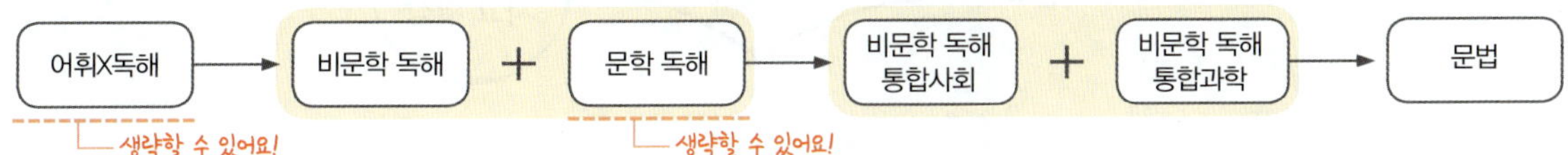

독해력 형성, 수월한 교과 학습의 지름길입니다.

교과 지식은 글을 통해 전달됩니다. 지식을 전달하는 글은 핵심 개념과 그에 대한 부연 설명을 압축적으로 제시하기 때문에 글의 수준이 높습니다. 또한 이해를 돕는 예시들이 한데 모여 있지 않고 다양한 활동이나 문제들 곳곳에 흩어져 있기도 합니다. 따라서 글을 정확하고 바르게 읽어내는 능력, 즉 독해력이 형성되어 있어야 수월한 교과 학습이 가능해집니다.

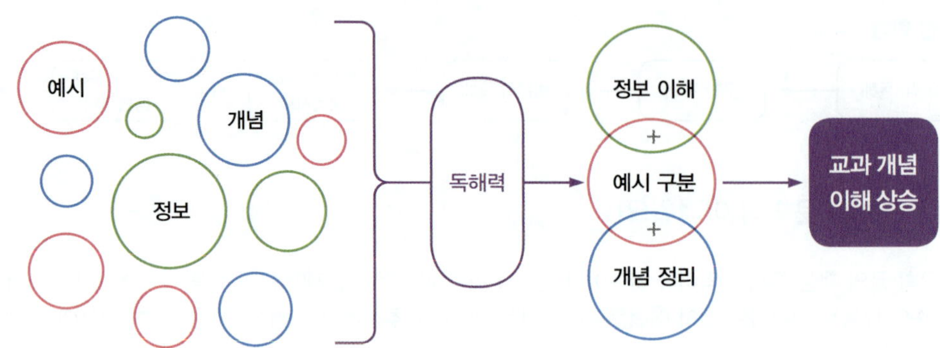

교과 학습에 대비하는 바른 독해 훈련이 필요합니다

01 교과와 관련된 글을 독해하며 배경지식을 쌓습니다

교과와 관련된 글을 읽는 것만으로도 교과 학습을 돕는 배경지식을 자연스럽게 쌓을 수 있습니다. 교과 지식은 관련 맥락을 풀어 쓴 글을 읽으면 보다 쉽고 흥미있게 학습할 수 있기 때문입니다. 그리고 글을 읽는 것에서 그치지 않고 문제를 통해 내용을 정확하게 이해하고, 드러나지 않은 정보를 찾아낸 뒤, 글의 주제와 관련하여 사고를 확장시키는 단계까지 가야 합니다. 이러한 과정을 거치고 나면 비로소 글을 바르고 정확하게 소화하는 능력을 갖추게 됩니다.

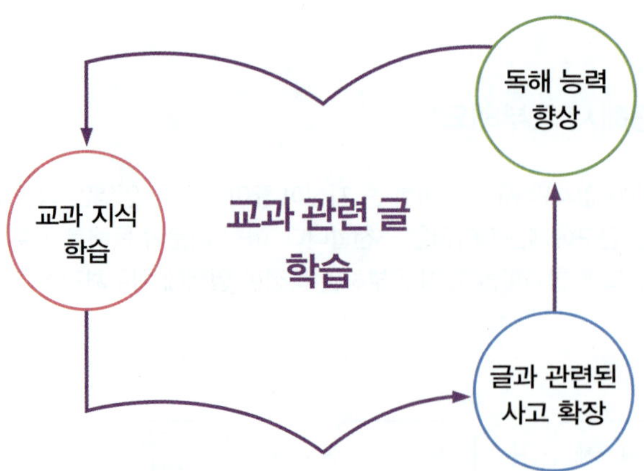

02 학습 도구어가 되는 어휘를 익힙니다

교과 학습을 어렵게 하는 가장 큰 원인은 어려운 어휘입니다. 개념을 설명하는 어휘는 주로 추상적인 뜻을 나타내는 한자어로 이루어져 있지만, 개념어로 사용될 때에는 구체적이고 명확한 뜻으로 한정하여 쓰입니다. 따라서 독해하며 글에 나온 어휘의 뜻을 정확하게 확인하고, 다시 다른 맥락에서 그 어휘를 활용해 볼 수 있어야 합니다.

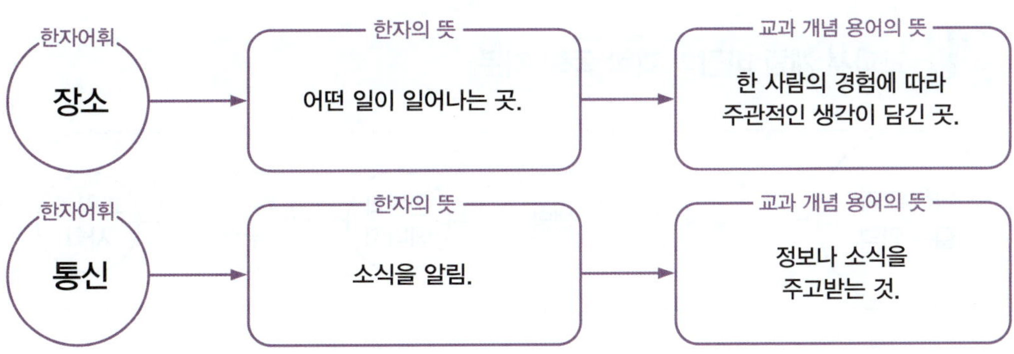

03 글과 교과 개념을 연결하여 이해의 폭을 넓힙니다

글을 독해한 뒤에는 글에 담긴 교과 핵심 용어를 확인하고, 그 속에 담긴 개념을 정리해야 합니다. 글의 내용과 교과 개념을 유기적으로 연결하여 이해해야 교과 학습을 할 때 학습한 배경지식을 활성화하여 떠올릴 수 있습니다.

이렇게 글 속에 숨어 있던 교과 개념을 확인하고, 글과 교과 개념을 연결하여 쉽고 자연스럽게 익히는 것은 교과 개념에 대한 이해도와 글에 대한 이해도를 동시에 높이는 길입니다.

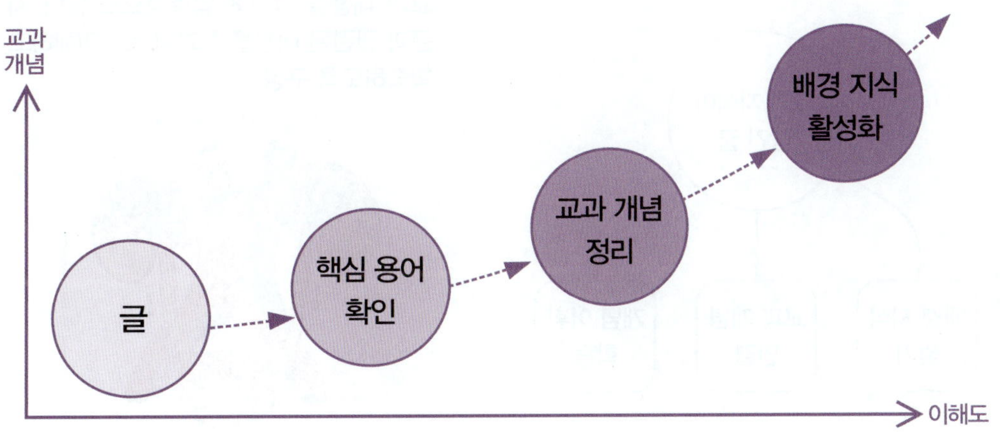

『초등 비문학 독해 **통합과학 5학년**』 구성과 특징

빠작 초등 비문학 독해 통합과학은 초등 5학년 학생들이 비문학 과학 지문을 읽고 내용을 이해한 뒤, 연결된 교과 개념을 파악하는 훈련 중심으로 구성하였습니다. 설명문, 논설문 등 정보 글의 구조 분석 훈련을 통해 글에 담긴 배경지식을 이해하고, 그 내용이 교과 개념과 어떻게 연결되는지 파악하며 깊이 있는 독해 학습이 가능하도록 구성하였습니다.

1 교과서 개념 바탕의 과학 독해 지문

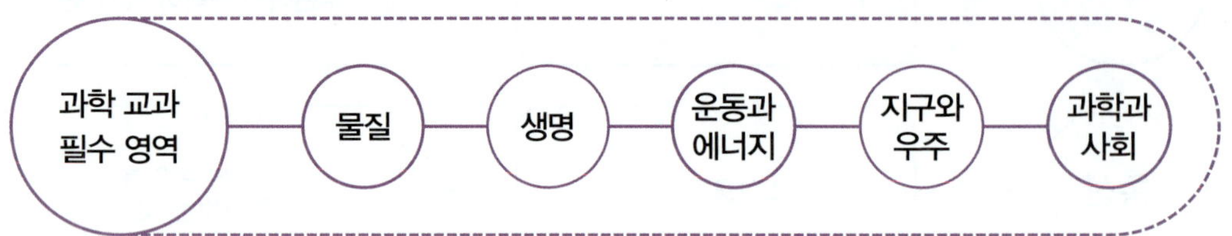

2 유기적으로 연결된 학습 구성

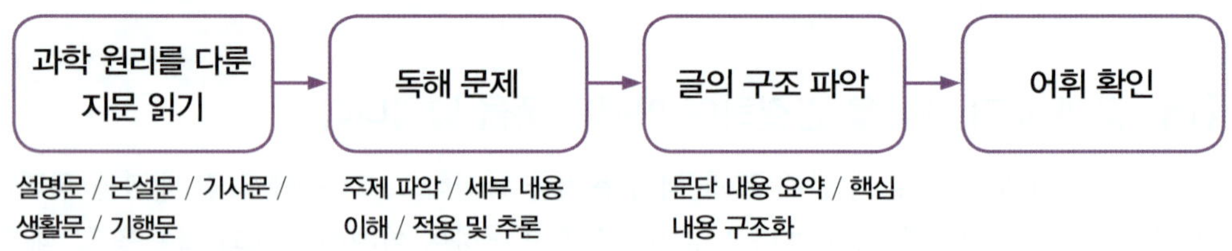

설명문 / 논설문 / 기사문 / 생활문 / 기행문

주제 파악 / 세부 내용 이해 / 적용 및 추론

문단 내용 요약 / 핵심 내용 구조화

3 교과 배경지식 확대

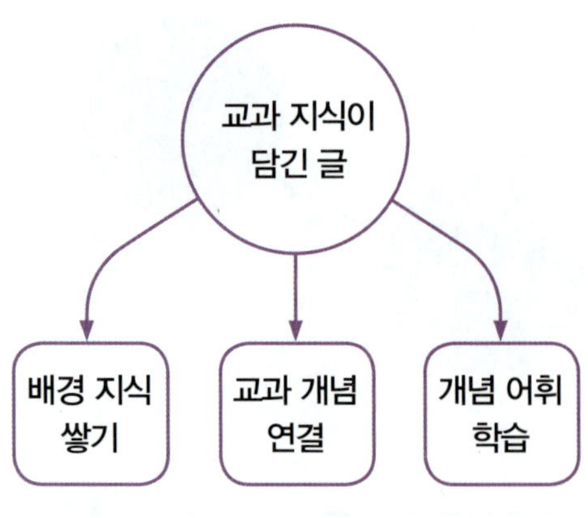

4 이미지로 교과 개념 학습

교과 내용을 그림에 압축적으로 담아 지문과 관련된 내용을 효과적으로 이해하고 학습하도록 구성

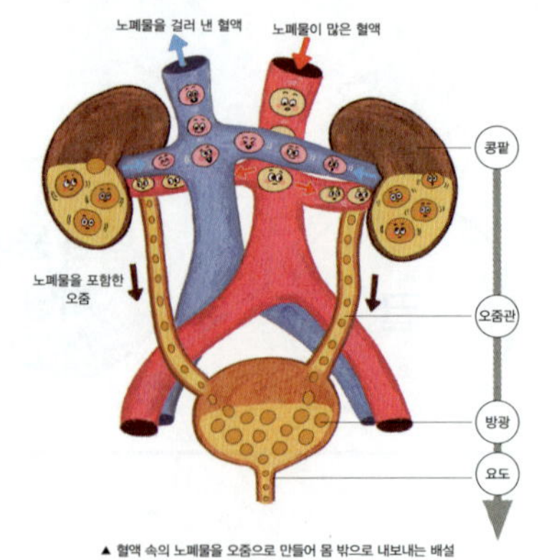

▲ 혈액 속의 노폐물을 오줌으로 만들어 몸 밖으로 내보내는 배설

▼ 교과서 개념 바탕의 독해 지문　　▼ 구조화된 독해 문제

영역별 구성

지문 분석 강의 제공

중심 주제 파악

세부 내용 이해

추론, 적용

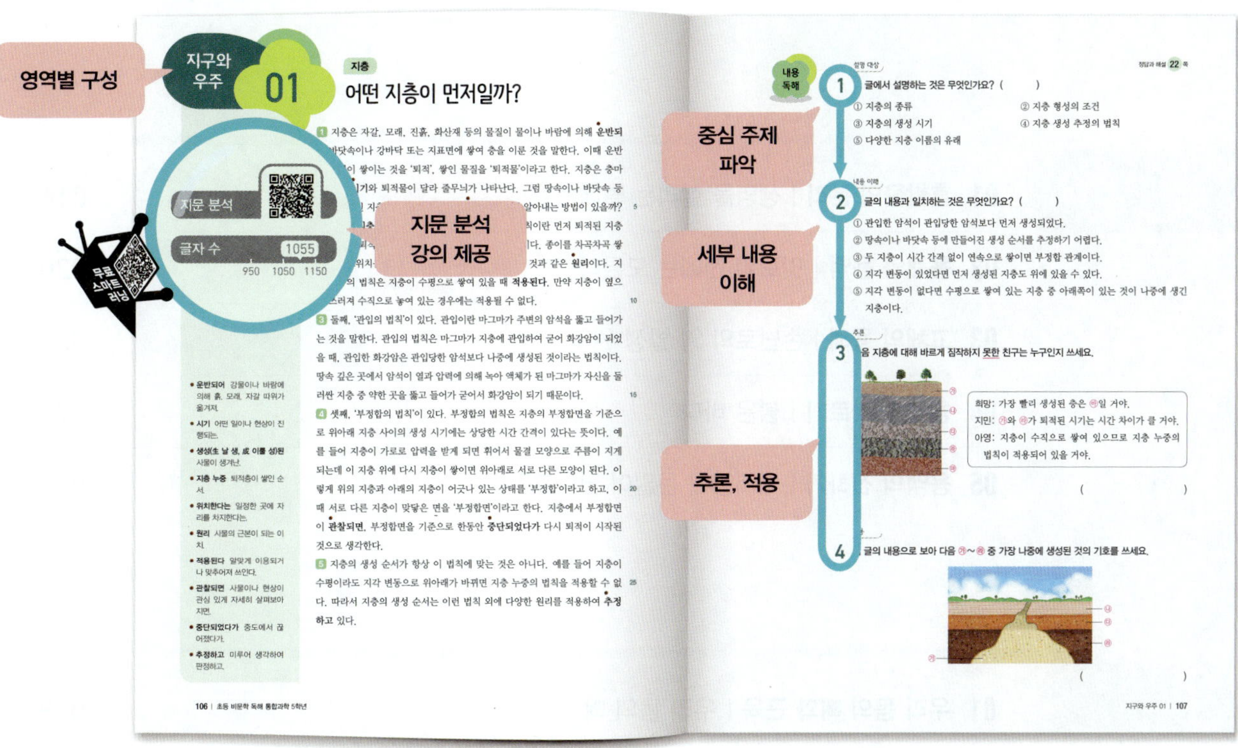

▼ 지문 구조 분석과 어휘　　▼ 교과 개념 배경지식

문단 요약하기

글의 핵심 내용 정리하기

어휘의 쓰임 알기

교과 주제 이해하기

교과 개념 이해하기

교과 핵심 용어 확인하기

이미지로 이해하기

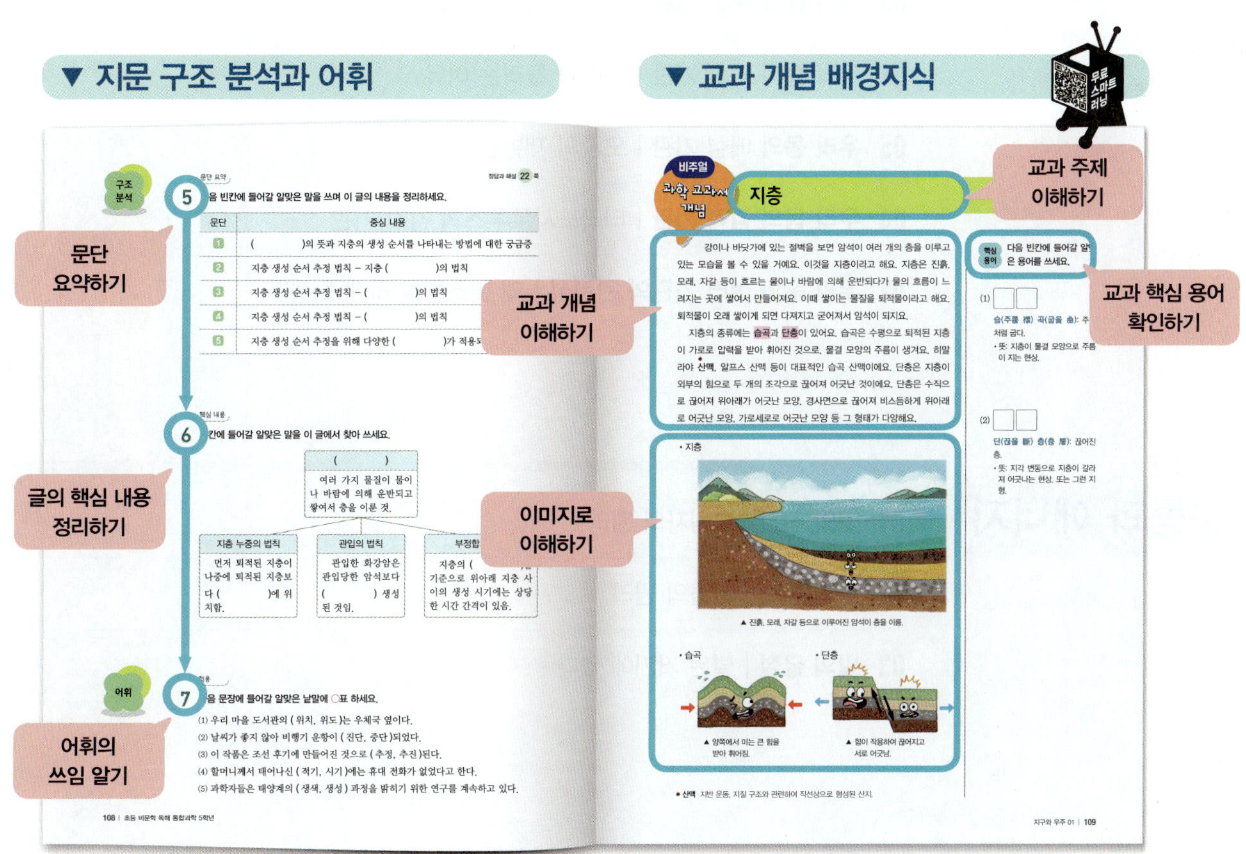

초등 비문학 독해
통합사회

『빠작 초등 비문학 독해 통합사회』는 3~6학년 사회 교과서 짜임에 따라 지리, 역사, 일반사회(사회·문화, 법·정치, 경제)의 세 영역으로 구분되어 있습니다. 학년별로 교과서에서 배우는 내용에 따라 영역을 나누고, 영역별로 필요한 내용을 학습할 수 있도록 구성하였습니다.

영역	3학년	4학년	5학년	6학년
지리	• 독립운동의 역사를 간직한 고장, 천안 • '대전역'의 역사 • 혼일강리역대국도지도 • 바다로 돌아간 바다거북 • 대한민국 여러 지역의 랜드마크	• 방향을 알 수 있는 방법 • 지도 그리기 • 조선 시대의 지도 • 할머니 댁을 찾아가요 • 디지털 영상 지도의 기능 • 다양한 지역 축제 • 거제와 부산을 연결하다 • 단양이 좋아요 • 화려한 도시의 그늘 • 사람들이 모이는 곳 • 조선 팔도 • 지역 불균형 문제	• 한반도는 토끼인가, 호랑이인가? • 갯벌 개발의 미래 • 독도의 주인을 증명하는 기록 • 사계절의 균형이 무너진다면 • 봄철의 불청객들 • 농어촌을 구할 빈집 정비 사업 • 수도권 집중에서 더불어 잘 사는 국토로	• 경도의 기준, 그리니치 천문대 • 대륙과 섬을 구분하는 기준 • 튀르키예는 아시아일까, 유럽일까? • 신비로운 고대 도시, 마추픽추 • 아프리카의 국경선 • 북극과 남극은 어떻게 다를까? • 히말라야산맥의 형성 • 기후에 따라 다른 세계의 집 • 아마존 열대 우림 보호의 필요성 • 온대 기후의 다양한 특징 • 백야와 극야
역사	• 연표에서 사라진 고구려와 발해 • 조선 시대를 대표하는 화가, 신윤복 • 잃어버린 가족을 찾아서 • 지금은 사라진 추억 속 물건들 • 지명으로 알 수 있는 지역의 특징 • 자연의 시간표, 절기 • 윷놀이, 국가무형유산 되다 • 로마 제국을 키운 도로 • 진도로 떠나는 여행 • 미래의 교통수단, 상상에서 현실로 • 횃불과 연기로 전한 조상들의 지혜 • 뇌를 망가뜨리는 스마트폰	• 유네스코가 정한 세계 유산 목록 • 박물관의 역사 • 도산 안창호 선생의 정신 • 고구려의 흔적 • 강진 답사기	• 구석기 유물을 발굴한 손보기 • 8조법에 나타난 불평등 사회 • 의자왕과 삼천 궁녀는 가짜 뉴스? • 위대한 정복자, 광개토 대왕 • 김춘추와 토끼의 간 이야기 • 사라진 철의 나라 • 비운의 천재, 최치원 • 빼앗길 수 없는 발해의 역사 • 고려 멸망의 촉매, 권문세족 • 지폐를 차지한 조선의 인물들 • 조정을 둘로 나눈 전쟁 • 종교에서 저항 운동으로 • 광화문의 수난 • 독립운동을 한 어린 영웅들 • 다시 찾은 빛, 그러나 분단 • 6·25 전쟁과 이산가족	• 왜 남북이 통일되어야 하는가 • 대통령 직선제를 이룬 6월 민주 항쟁
일반사회	• 4차 산업혁명으로 변하는 일상 • 저출산이 가져온 학교의 변화 • 키오스크가 만든 디지털 격차 • 노인을 돕는 인공 지능 스피커 • 알파 세대 • 늘어나는 1인 가구 • 물물 교환에서 화폐까지 • 지폐에 숨겨진 비밀 • 놀이공원 우선 탑승권은 정당한가 • 민주 정치의 시작, 그리스 아테네 • 바다로 돌아간 돌고래 • 세계의 다양한 선거 방법 • 은행나무 열매 제거 작전	• 빅터와 사회화 • '다름'을 바라보는 태도 • 보호해야 하는 저작권 • 경제 활동으로 굴러가는 생활 • 인구 문제를 해결하기 위한 노력 • 기회비용을 고려한 선택 • 우리를 유혹하는 묶음 판매 • 우리나라의 산업 발전 • 식탁에서 만나는 지역 간 교류 • 국가의 주인 • 학급 회의로 자리를 정해요 • 주민 참여 제도 • 폐기물 매립장 설치 반대	• 국경일은 모두 공휴일인가? • 종교의 자유가 보장된 우리나라 • 사라지는 은행 점포 • 세금을 내지 않으면? • 헌법 소원을 남용하는 사람들 • 편견에 맞선 어기의 성장 일기 • 유네스코 세계 문화유산이 된다는 것	• 세계 인구 1위는 중국이 아닌 인도 • 한 나라였던 인도와 파키스탄, 방글라데시 • 팔레스타인의 눈물 • 지구 온난화에 대한 경고 • 공정거래위원회는 무슨 일을 할까? • 기업의 사회적 책임 • 탄소세 도입에 대한 논쟁 • 노동자의 권리를 외치다 • 세계 무역의 파수꾼, 세계 무역 기구 • 미래 산업 박람회를 다녀와서 • 다수결의 원칙은 늘 옳은가 • 공정한 선거를 책임지는 국가 기관 • 법이 만들어지는 과정 • 대통령제란 무엇일까? • 우리나라의 심급제도, 3심제 • 삼권분립의 중요성 • 미디어의 사회적 기능

통합과학

『빠작 초등 비문학 독해 통합과학』은 3~6학년 과학 교과서 짜임에 따라 물질, 생명, 운동과 에너지, 지구와 우주, 과학과 사회의 다섯 영역으로 구분되어 있습니다. 학년별로 교과서에서 배우는 내용에 따라 영역을 나누고, 영역별로 필요한 내용을 학습할 수 있도록 구성하였습니다.

영역	3학년	4학년	5학년	6학년
물질	• 상상을 이루어 주는 물질 • 환경을 살리는 플라스틱 • 불의 상태는 무엇일까? • 언 호수에서 물고기가 살 수 있는 까닭	• 돌고 도는 물 • 얼음으로 만든 집, 이글루 • 겨울철 강이나 호수, 바다의 변화 • 짠 바닷물의 변신 • 구름을 둘러싼 과학적 원리 • 하늘에서 본 튀르키예 • 최초의 화학자, 보일 • 수소의 특성	• 생명을 살리는 빨대 • 맛보기 전에는 모른다 • 손난로가 열을 내는 원리 • 붉은 바다 • 대서양에 큰일이 났다고?	• 과학의 역사 속 우연한 발견 • 하늘에서 산성 물질이 내린다고? • 생활의 재주꾼, 염기성 물질 • 인체의 중화 반응 • 불의 정체를 찾아서 • 리튬 이온 전지의 위험성
생명	• 비슷하지만 다른 동물들 • 심해 생물의 특징 • 세상에서 가장 큰 꽃 • 사막에서 살아가는 식물 • 여왕벌의 일생 • 오리너구리의 한살이 • 씨앗 속의 온도계 • 미래 먹거리 문제를 해결하는 스마트 팜 • 가장 오래 사는 나무	• 버섯의 정체 • 쓸모 있는 미세 조류 • 손 씻기의 중요성 • 우리와 함께 살아가는 미생물 • 생태계의 지킴이, 꿀벌 • 생태계 평형의 중요성을 깨닫다 • 플라스틱 쓰레기의 심각성 • 곰팡이에서 발견한 페니실린	• 우리 몸의 뼈 • '간'에 기별도 안 가는 이유 • 혈관의 종류와 기능 • 사레가 들리는 이유 • 오줌의 재발견 • 티라노사우루스의 감각 기관 • 왜 헛스윙을 하게 될까?	• 식물 세포의 특징 • 뿌리의 종류 • 괴력의 곤충, 거품벌레 • 자연의 기본 원리, 삼투 현상 • 인공 광합성 기술 • 진달래와 철쭉의 차이점 • 신기한 유전의 법칙
운동과 에너지	• 우주에 일어나는 몸의 변화 • 자동차 범퍼의 비밀 • 지레의 원리 • 저울의 역사 • 기계저울과 전자저울 • 목소리의 과학 • 고대 그리스의 원형 극장 • 들을 수 없는 소리, 초음파 • 우주에서 소리를 들을 수 있을까? • 우리에게 도움이 되는 백색 소음	• '이그노벨상'은 어떤 상일까? • 배를 끌어당기는 섬의 비밀 • 비행기보다 빠른 자기 부상 열차 • 지구 자기장을 이용해 길을 찾는 연어	• 그림자의 원리 • 거울의 원리 • 별은 거기에 없다 • 적외선 열화상 카메라 • 온도계의 변천 • 물을 시원하게 만들려면 • 과학적인 난방 장치 '온돌' • 지구 온난화 현상 • 우주에서 어떻게 살 수 있을까?	• 휴대 전화의 위치를 찾는 방법 • 파리와 데카르트 좌표 • 사회의 기준이 되는 도량형 • 번개 잡은 사나이의 성공 비결 • 진화하는 배터리 • 멀티탭의 연결 구조 • 무선 충전 기술 • 스마트 그리드가 필요하다
지구와 우주	• 대기가 우주로 흩어지지 않는 까닭 • 지구 온난화로 높아지는 해수면 • 바닷물은 왜 짤까? • 프랑스 에트르타의 절벽과 해변 • 밀물과 썰물을 이용한 조력 발전소 • 소중한 갯벌을 지키자	• 강이 만든 터전, 메콩강 삼각주 • 한강의 시작점은 어떤 모습일까? • 화산 활동으로 만들어진 섬, 하와이 • 폼페이가 갑자기 사라진 이유 • 제주도의 돌하르방과 현무암 • 일본에서 왜 지진이 자주 일어날까? • 작품에 나타난 달의 독특한 모양 • 망원경으로 발견한 천왕성 • 밤하늘의 나침반, 북극성 • 제2의 코로나를 부르는 기후 변화	• 어떤 지층이 먼저일까? • 퇴적암의 특징 • 화석의 가치 • 번개가 생기는 원리 • 안개와 스모그 • 어린이날부터 강한 비 예상 • 태풍	• 천구란 무엇인가 • 싼샤 댐이 지구에 미치는 영향 • 천동설과 지동설 • 천상열차분야지도 • 경주 첨성대의 정체 • 한옥의 지붕에 숨어 있는 과학 • 지구는 살아 있다
과학과 사회	• 감염병 위험을 높이는 폭염		• 에너지의 날 • 에너지를 만드는 바람개비	• 생명을 살리는 프린터 • 과학 기술의 양면성

물질

학습할 내용

	과학 교과서 개념	지문명	과학 교과서 핵심 용어
01	혼합물의 분리	생명을 살리는 빨대	혼합물, 분리
02	용해와 용액	맛보기 전에는 모른다	용해, 용액
03	고체의 용해	손난로의 열 발생 원리	용매, 용질
04	용해의 빠르기	붉은 바다	온도, 용해도
05	용액의 진하기	대서양에 큰일이 났다고?	밀도, 농도

혼합물의 분리

생명을 살리는 빨대

지문 분석

글자 수 1071
950 1050 1150

1 **국제 연합**은 2024년 유엔 물 개발 보고서에서 '2022년 기준 인구 22억 명이 안전하지 못한 **식수**를 이용하고 있다'고 밝혔다. 또한 농촌 지역에서는 여전히 5명 중 4명이 기본적인 식수조차 제공받지 못하고 있는 것으로 드러났다. 남아시아에서는 인구의 절반 이상이, 사하라 이남 아프리카 지역에서는 인구의 80% 이상이 식수 부족을 겪고 있으며, 이는 물을 정화하는 장치를 만들 돈과 기술이 없는 **개발 도상국**의 현실을 **여실히** 드러낸다. 이러한 문제를 해결하기 위해 필요한 것이 바로 '적정 기술'이다.

2 적정 기술은 한 공동체의 문화·정치·환경적인 면들을 고려하여 만들어진 기술로, 특히 저소득층이나 개발 도상국의 **자원**과 기술 수준에 맞춰 지속적인 **생산**과 **소비**가 가능하도록 만드는 것이 특징이다. 전기 없이도 음식을 시원하게 보관할 수 있는 항아리 냉장고나 태양광을 이용해 음식을 조리하는 태양열 조리기가 그 예이다. ㉠'생명 빨대'는 빨대처럼 생긴 휴대용 정수기로, 물 부족이 심각한 지역의 사람들에게 깨끗한 식수를 제공하기 위해 만들어진 적정 기술 발명품이다.

3 생명 빨대는 물에 **용해되지** 않은 **이물질**을 분리하는 원리로 작동한다. 빨대 안에 있는 **필터**가 오염된 물에 혼합되어 있는 세균과 바이러스를 걸러 내어 깨끗한 물로 만들어 주는 방식이다. 우선 물이 빨대를 통과하면서 물속에 들어 있던 **입자**가 큰 이물질이 1차 필터를 통해 걸러진다. 세균이나 기생충과 같은 입자가 작은 이물질은 아이오딘이 함유된 2차 필터를 통해 걸러진다. 마지막으로 냄새와 색소를 빨아들이는 3차 필터인 입자 형태의 층을 남은 이물질이 통과하며 냄새와 색깔이 분리됨으로써 최종적으로 사람이 마실 수 있는 깨끗한 상태의 물이 된다.

4 생명 빨대는 사용법이 간단하다. 오염된 물에 생명 빨대를 넣고 빨아올리기만 하면 된다. 개인용 생명 빨대 한 개로 약 700L의 물을 **정화할** 수 있는데, 이는 한 사람이 1년간 마시기에 충분한 양이다. 또한 생명 빨대는 충전이 필요하지 않아 언제 어디서든 사용할 수 있기 때문에 적정 기술의 대표적인 사례로 꼽힌다. 생명을 구하는 빨대는 오염된 물을 먹고 질병에 걸리기 쉬운 물 부족 국가에 매우 유용한 기구이다.

- **국제 연합** 세계의 평화를 유지하고 전쟁을 막기 위해 만든 국제 평화 기구.
- **식수**(食 먹을 식, 水 물 수) 먹을 용도의 물.
- **개발 도상국** 산업의 근대화와 경제 개발이 선진국보다 뒤떨어져 있는 나라.
- **여실히** 사실과 꼭 같이.
- **자원** 인간 생활 및 경제 생산에 이용되는 원료로서의 광물, 산림, 수산물 따위를 통틀어 이르는 말.
- **생산**(生 날 생, 産 낳을 산) 인간이 생활하는 데 필요한 각종 물건을 만들어 냄.
- **소비** 돈이나 물자, 시간, 노력 따위를 들이거나 써서 없앰.
- **용해되지** 물질이 액체 속에서 균일하게 녹아 용액이 만들어지지.
- **이물질** 정상적이 아닌 다른 물질.
- **필터** 액체나 기체 속의 이물질을 걸러 내는 장치.
- **입자** 물질을 구성하는 미세한 크기의 물체.
- **정화할** 불순하거나 더러운 것을 깨끗하게 할.

설명 대상

1 이 글은 무엇에 대해 쓴 글인가요? (   )

① 생명 빨대의 발명 과정
② 생명 빨대의 작동 원리와 장점
③ 식수 부족 문제의 원인과 해결책
④ 적정 기술 발명품의 장점과 단점
⑤ 적정 기술 발명품의 가치와 전망

내용 이해

2 ㉠에 대한 설명으로 알맞은 것은 무엇인가요? (   )

① 제작이 간단하여 누구나 만들 수 있는 발명품이다.
② 물에 용해되어 있는 이물질을 분리하는 원리로 작동한다.
③ 한 개로 한 사람이 평생 마실 수 있는 물을 정화할 수 있다.
④ 개발 도상국 사람들에게 깨끗한 식수를 제공하기 위한 발명품이다.
⑤ 두 번의 필터를 통과하면 최종적으로 사람이 마실 수 있는 물이 된다.

적용

3 적정 기술의 사례로 알맞은 것은 무엇인가요? (   )

① 첨단 기술을 통해 소량의 세제로 항균 효과를 살린 세탁기
② 스마트 워치와 연결되어 모르는 길도 쉽고 정확하게 알려 주는 네비게이션
③ 전기 모터를 상황에 맞게 조정해 유해 가스를 적게 배출하도록 만든 자동차
④ 멀리 있는 지역에서도 공부를 할 수 있도록 컴퓨터와 연결된 영상 수업 장치
⑤ 가운데 구멍이 있어 줄을 매달아 끌면 많은 물을 적은 힘으로 옮길 수 있는 물통

적용

4 다음 중 생명 빨대에 사용된 혼합물 분리 방식과 동일한 방식을 골라 기호를 쓰세요.

㉮	㉯	㉰	㉱
▲자석을 사용해 분리한 철	▲크기 별로 분리한 과일	▲거름망으로 거른 찻물	▲바닷물을 증발시켜 얻은 소금

(   )

구조 분석

5 각 문단의 중심 내용으로 알맞은 것에 ○표, 틀린 것에 ✕표를 하세요.

1문단	개발 도상국 식수 부족 문제의 심각성	( )
2문단	적정 기술의 개발 역사와 발전	( )
3문단	생명 빨대의 개발 비용과 작동 원리	( )
4문단	생명 빨대의 장점과 성능	( )

6 빈칸에 들어갈 알맞은 말을 이 글에서 찾아 쓰세요.

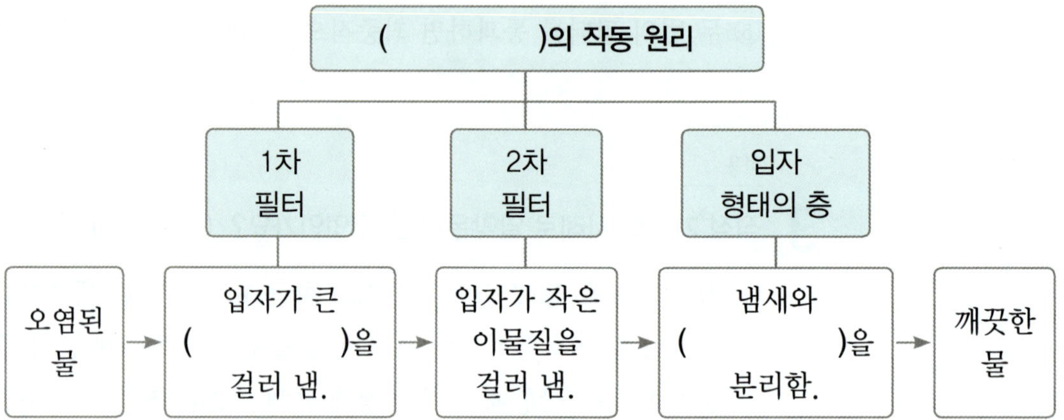

어휘

7 다음 문장의 빈칸에 들어갈 알맞은 낱말을 보기 에서 찾아 쓰세요.

보기

용해	생산	정화	입자	자원

(1) 식물은 광합성을 통해 오염된 공기를 ( )한다.

(2) '이천 쌀'은 경기도 이천에서 ( )된 고품질 쌀이다.

(3) 미세 먼지는 ( )이/가 매우 작아 눈으로 볼 수 없다.

(4) 소금이나 설탕은 물에 잘 ( )되는 성질을 가지고 있다.

(5) 남해에는 멸치, 고등어, 갈치 등 수산 ( )이/가 풍부하다.

혼합물의 분리

순물질은 한 종류의 물질로만 이루어진 물질이고, 혼합물은 두 종류 이상의 순물질이 섞여 있는 물질을 말해요. 혼합물의 종류로는 그 속에 들어 있는 **성분**이 고르게 섞여 있어 어느 부분이나 같은 농도를 가진 균일 혼합물과 성분이 고르게 섞여 있지 않아서 부분마다 농도가 다른 불균일 혼합물이 있어요. 설탕물과 소금물은 각각 설탕과 소금 성분이 물속에 고르게 퍼져 있는 균일 혼합물이고, 우유는 지방, 탄수화물, 단백질 성분이 물속에 녹지 않고 퍼져 있는 불균일 혼합물이에요.

혼합물 **분리**는 우리 생활과 밀접하게 관련되어 있어요. 각 가정에 수돗물을 공급하기까지 여러 단계의 혼합물 분리 과정이 필요하고, 커피콩에서 카페인을 분리해 카페인이 없는 커피를 만들 때도 혼합물의 분리가 필요하지요. 또, 바다에 기름 유출 사고가 발생하면 **오일펜스**, **흡착포** 등을 이용해 기름을 분리하기도 한답니다.

• 균일 혼합물

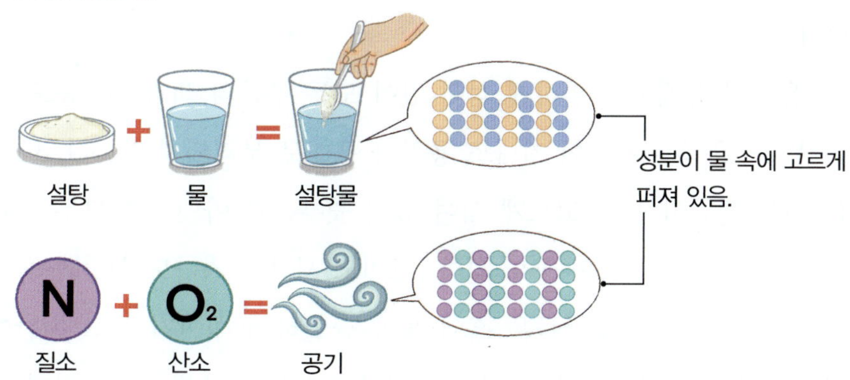

• 불균일 혼합물

- **성분** 화합물이나 혼합물을 구성하는 각각의 원소나 물질.
- **오일펜스(oil fence)** 바다 위에 유출된 기름이 퍼지는 것을 막기 위하여 수면에 설치하는 울타리 모양의 떠 있는 물체. 기름막이.
- **흡착포** 다른 물질을 달라붙게 하는 성질을 지닌 천. 주로 기름 따위를 빨아들이는 데 사용한다.

핵심 용어 다음 빈칸에 들어갈 알맞은 용어를 쓰세요.

(1) ☐☐☐

혼(섞을 混) **합**(합할 合) **물**(만물 物): 섞거나 합한 물질.
- 뜻: 두 가지 이상의 물질이 각각의 성질을 지니면서 서로 화학적 결합을 하지 아니하고 뒤섞인 물질.

(2) ☐☐

분(나눌 分) **리**(떠날 離): 나누어 떨어짐.
- 뜻: 물질의 혼합물을 결정, 승화, 증류 따위에 의하여 어떤 성분을 함유하는 부분과 함유하지 아니하는 부분으로 나누는 일.

02

맛보기 전에는 모른다

1 큰 덩어리의 각설탕이 물에 완전히 녹아 설탕물이 되는 과정을 관찰해 본 적이 있을 것이다. 처음에는 덩어리로 뭉쳐 있는 각설탕이 조금씩 부서져 작은 설탕 덩어리로 흩어지고, 이 작은 설탕 덩어리가 **아지랑이**처럼 물속에 섞이다가 완전히 물에 녹아 보이지 않게 된다. 이와 같이 어떤 **물질**이 다른 물질에 녹아 골고루 섞이는 현상을 '용해'라고 한다. 이때 녹는 물질인 각설탕을 5 '용질'이라 하고, 녹이는 물질인 물을 '용매'라고 한다. 그리고 용해로 만들어진 물질인 설탕물을 '용액'이라고 한다.

2 용해는 용매와 용질을 구성하는 입자들의 차이 때문에 일어난다. 용액이 형성될 때 용질은 용매에 둘러싸여 용액 전체에 고루 퍼지게 된다. 이 과정에서 물질을 이루는 입자들 사이에 서로 끌어당기는 힘이 **작용하는데** 용질 입자 10 끼리 끌어당기는 힘과 용매 입자끼리 끌어당기는 힘보다 용질 입자와 용매 입자 사이의 끌어당기는 힘이 더 세면 용질 입자와 용매 입자가 **결합하는** 용해가 일어난다.

3 용액은 용질이 용매에 균일하게 섞여 있어 모든 부분의 색과 맛, **농도** 등이 일정하다. 또 용액은 시간이 지나도 용질과 용매로 분리되지 않는다. 예를 15 들어, 설탕물은 설탕이 물에 고르게 섞여 있어 윗부분과 아랫부분 모두 색과 맛이 똑같고 녹아 있는 설탕의 양도 같다. 그리고 시간이 지나도 설탕과 물이 분리되지 않는다. 그러나 흙탕물은 흙이 물에 균일하게 섞이지 않고 시간이 지나면 바닥에 흙이 가라앉는다. 따라서 이러한 혼합물은 용액이라고 하지 않는다. 우리가 자주 마시는 과일 주스도 용액이 아니다. 20

4 용해 과정에서 **부피**는 달라질 수 있지만, 무게는 변하지 않는다. 용액을 이루는 용질과 용매는 서로 입자의 크기가 다른데, 이때 크기가 작은 입자가 크기가 큰 입자의 빈틈 사이로 고루 들어가 섞이면서 용해가 이루어진다. 따라서 일반적으로 용액의 부피는 용질과 용매의 부피를 합한 값보다 작다. 그러나 용질은 용해되어 없어지는 것이 아니라 입자가 잘게 나뉘어 용매에 골고 25 루 섞이는 것이기 때문에 용액의 무게는 용질과 용매의 무게를 합한 것과 같다. 예를 들어, 물 100g에 각설탕 20g을 모두 용해시키면 설탕물 120g이 된다. 완전히 용해된 설탕물 용액은 겉보기에 일반 물과 색깔과 무게도 같으니 맛을 보아야만 구별이 가능하다.

- **아지랑이** 햇빛이 강하게 내리쬘 때 지표면 근처에서 불꽃같이 아른거리며 위쪽으로 올라가는 공기의 흐름 현상.
- **물질** 물체를 이루고 있는 재료.
- **작용하는데** 어떠한 현상을 일으키거나 영향을 미치는데.
- **결합하는** 둘 이상의 사물이나 사람이 서로 관계를 맺어 하나가 되는.
- **농도** 용액 따위의 진함과 묽음의 정도.
- **부피** 넓이와 높이를 가진 물건이 공간에서 차지하는 크기.

1 이 글의 특징으로 알맞은 것은 무엇인가요? (　　　　)

① 두 대상을 비교하여 각각의 장단점을 확인한다.
② 어떤 대상을 그림을 그리듯이 생생하게 설명한다.
③ 대상의 뜻을 밝히고 구체적인 예를 들어 설명한다.
④ 어떤 문제에 대한 자신의 생각을 논리적으로 주장한다.
⑤ 문제 상황을 분석하고 그에 따른 해결 방안을 제시한다.

2 이 글의 내용과 일치하는 것은 무엇인가요? (　　　　)

① 용액은 시간이 지나면 용질과 용매로 분리된다.
② 설탕물은 처음 마실 때와 나중에 마실 때 맛이 다르다.
③ 용액의 부피는 용질과 용매의 부피를 합한 것과 항상 같다.
④ 용해는 용매와 용질을 구성하는 입자들의 차이 때문에 일어난다.
⑤ 용해는 용질 입자끼리 끌어당기는 힘보다 용매 입자끼리 끌어당기는 힘이 셀 때 일
　어난다.

3 소금을 물에 녹였을 때 일어날 일을 예상한 것으로 알맞지 <u>않은</u> 것은 무엇인가요?

(　　　　)

① 소금물을 오래 놓아두면 소금이 바닥에 가라앉겠군.
② 소금이 물에 균일하게 섞여 시간이 지나도 색이 동일하겠군.
③ 소금 입자는 물에 용해되기 전보다 용해되고 난 후 더 작아지겠군.
④ 소금물의 부피는 용해되기 전 소금과 물의 부피를 합한 것보다 작겠군.
⑤ 소금이 물에 용해되기 전 소금의 무게와 물의 무게를 합한 무게는 용해된 후 소금
　물의 무게와 같겠군.

4 다음 ㉮~㉯에 들어갈 말을 이 글에서 찾아 쓰세요.

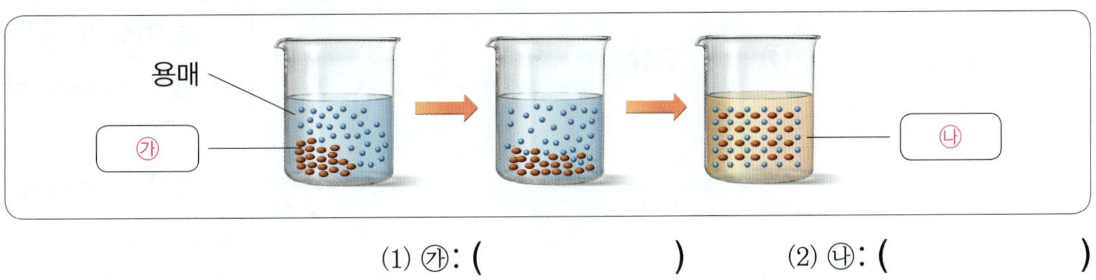

(1) ㉮: (　　　　　　) (2) ㉯: (　　　　　　)

구조 분석

문단 요약

5 다음 질문의 답을 찾을 수 있는 문단의 번호를 쓰세요.

용액은 어떤 특성을 가지는가?	( )문단
용해가 일어나는 이유는 무엇인가?	( )문단
용해, 용질, 용매, 용액의 뜻은 무엇인가?	( )문단
용해 후 용액의 부피와 무게는 어떻게 변하는가?	( )문단

핵심 내용

6 빈칸에 들어갈 알맞은 말을 이 글에서 찾아 쓰세요.

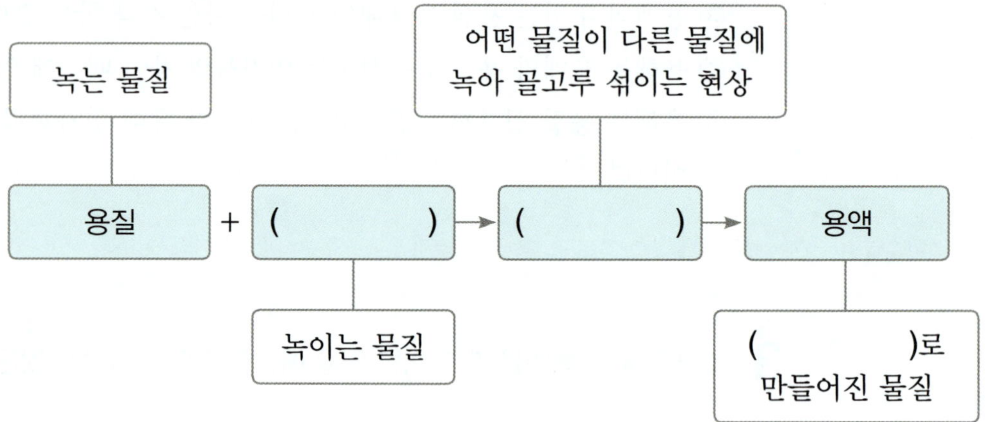

어휘

이해

7 다음 낱말의 뜻을 찾아 선으로 알맞게 이으세요.

(1) 부피 • • ㉮ 물체를 이루고 있는 재료.

(2) 농도 • • ㉯ 용액 따위의 진함과 묽음의 정도.

(3) 작용 • • ㉰ 어떠한 현상을 일으키거나 영향을 미침.

(4) 결합 • • ㉱ 둘 이상의 사물이나 사람이 서로 관계를 맺어 하나가 됨.

(5) 물질 • • ㉲ 넓이와 높이를 가진 물건이 공간에서 차지하는 크기.

용해와 용액

다른 물질에 녹는 물질을 용질, 다른 물질을 녹이는 물질을 용매, 용질이 용매에 골고루 섞여 있는 혼합물을 **용액**, 어떤 물질이 다른 물질에 녹아 골고루 섞이는 현상을 **용해**라고 해요. 용질은 소금이나 설탕과 같은 고체도 있지만 산소나 이산화 탄소와 같은 기체도 있을 수 있어요. 고체는 대체적으로 온도가 높아질수록 잘 용해되는데, 이는 대다수 고체들이 용매에 녹을 때 열을 흡수하기 때문이에요. 소금을 물에 녹일 때 물의 온도가 높을수록 더 잘 녹는 것이 그 예에요. 그런데 이와 반대로 대부분의 기체는 온도가 낮을수록, **압력**이 높을수록 잘 용해돼요.

탄산음료를 차갑게 그리고 뚜껑을 닫은 채 보관하면 온도가 낮고 압력이 높아 **탄산** 가스가 액체에 잘 용해되어 있어요. 그래서 음료를 마실 때 탄산의 톡 쏘는 느낌이 더 강하지요. 반면, 탄산음료를 따뜻한 곳에 놓아두거나 뚜껑을 연 채로 방치하면 온도가 높고 압력도 낮아 탄산 가스가 액체에 잘 용해되지 않아요. 그래서 탄산의 톡 쏘는 느낌이 약한 거예요.

- **온도가 높고 압력이 낮을 때 기체의 용해**

- **온도가 낮고 압력이 높을 때 기체의 용해**

- **압력** 누르는 힘. 두 물체가 접촉면을 경계로 하여 서로 그 면에 수직으로 누르는 단위 면적에서의 힘의 단위.
- **탄산** 이산화 탄소가 물에 녹아서 생기는 약한 산(酸).

 다음 빈칸에 들어갈 알맞은 용어를 쓰세요.

(1) 

용(질펀히 흐를 溶) 액(진 液)
: 질펀하게 풀어진 액체.
- 뜻: 두 가지 이상의 물질이 균일하게 혼합된 액체. 용해로 만들어진 물질.

(2) 

용(질펀히 흐를 溶) 해(풀 解):
질펀하게 풀어지는 것.
- 뜻: 물질이 액체 속에서 균일하게 녹아 용액이 만들어지는 일. 또는 용액을 만드는 일.

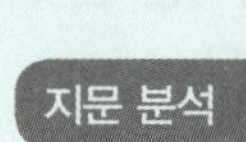

지문 분석

글자 수 **1070**
950 1050 1150

고체의 용해

<ㄱ>

1 추운 겨울에 야외 활동을 할 때 우리는 손에 장갑을 끼거나 손난로를 가지고 다닌다. 손난로는 작은 **조작**으로 열을 발생시켜 손을 따뜻하게 해 주는 도구이다. 우리가 흔히 사용하는 손난로에는 고체형과 액체형이 있다. 고체형 손난로는 흔들면 열이 발생한다. 액체형 손난로는 손난로 안에 들어 있는 작은 금속을 꺾으면 액체가 고체로 바뀌며 열이 발생한다. 5

2 고체형 손난로는 주머니 안에 철 가루와 **염화 나트륨** 등이 들어 있다. 철 가루는 공기 중의 산소를 만나면 **산화** 작용을 한다. 철로 만든 물건이 공기 중에 **노출되면 녹스는** 것이 바로 산화 작용으로 나타나는 현상이다. 염화 나트륨은 철이 산화되는 것을 **촉진하는** 역할을 한다. 이때 철이 산화되는 과정에서 열이 발생한다. 고체형 손난로는 산화를 방지하기 위해 비닐로 포장되어 10 있다. 이 포장을 뜯고 손난로를 흔들면 철이 공기 중에 있는 산소와 빠르게 산화 반응을 일으켜 손난로가 뜨거워지는 것이다. 고체형 손난로는 한 번 산화되면 재사용할 수 없는 일회용이다.

3 액체형 손난로는 아세트산 나트륨을 이용하여 만든다. 아세트산 나트륨은 용해되는 온도가 매우 낮아 평소에는 고체 상태이지만, 물에 넣고 가열하면 15 용해가 일어나면서 열을 흡수해 액체 상태로 변한다. 액체형 손난로는 물에 아세트산 나트륨이 **과포화** 상태로 녹아 있는 형태이다. 액체형 손난로 안의 과포화 용액에 작은 충격을 **가하면** 아세트산 나트륨 용액이 순간적으로 딱딱한 고체로 바뀌면서 아세트산 나트륨이 용해될 때 흡수한 열을 방출하여 뜨거워진다. 이때 손난로 안의 작은 금속이 충격을 주는 장치이다. 고체 상태로 변 20 한 액체형 손난로를 다시 물에 넣고 가열하면 아세트산 나트륨이 다시 용해되어 손난로로 재사용할 수 있다.

4 고체형 손난로는 주머니가 터져서 철 가루가 공중에 뿌려지게 되면 공기 중의 산소를 만나 산화 반응이 급격하게 일어나면서 폭발할 수 있다. 액체형 손난로도 찢어지면 터질 수 있으며, 발열 상태에서 터지면 **화상**을 입게 된다. 25 우리의 생활을 편리하게 해 주는 제품이지만 우리의 건강을 해치거나 위협하는 무서운 존재가 될 수도 있는 것이다. 따라서 손난로의 바른 사용법을 익혀 안전하고 따뜻하게 겨울을 나도록 하자.

- **조작** 기계 따위를 일정한 방식에 따라 다루어 움직임.
- **염화 나트륨** 소금의 화학적 이름.
- **산화** 어떤 물질이 산소와 결합하거나 수소를 잃는 일.
- **노출되면** 겉으로 드러나면.
- **녹스는** 쇠붙이가 산화하여 빛이 변하는.
- **촉진하는** 다그쳐 빨리 나아가게 하는.
- **과포화** 어떤 용액이 어떤 온도에서 자신이 녹일 수 있는 양 이상의 물질을 녹이고 있는 상태.
- **가하면** 어떤 행위를 하거나 영향을 끼치면.
- **화상** 높은 온도의 기체, 액체, 고체, 화염 따위에 데었을 때에 일어나는 피부의 손상.

내용 독해

1 ㉠에 들어갈 이 글의 제목으로 알맞은 말은 무엇인가요? (   )

① 겨울철 체온 유지 방법
② 손난로의 열 발생 원리
③ 장갑과 손난로의 공통점
④ 손난로 구매 시 주의 사항
⑤ 휴대용 손난로가 폭발하는 까닭

내용 이해

2 이 글의 내용과 일치하지 <u>않는</u> 것은 무엇인가요? (   )

① 아세트산 나트륨은 열을 가하면 액체 상태가 된다.
② 고체형 손난로는 철의 산화 작용을 이용한 것이다.
③ 염화 나트륨은 철의 산화 작용이 잘 일어나도록 돕는다.
④ 고체형 손난로는 산화 작용이 일어나면 재사용할 수 없다.
⑤ 과포화된 아세트산 나트륨은 작은 충격을 받으면 폭발한다.

추론

3 이 글을 통해 추론할 수 있는 내용을 알맞게 말하지 <u>못한</u> 친구는 누구인지 쓰세요.

> 재형: 액체형 손난로는 열을 방출할 때 딱딱하게 변하겠군.
> 채현: 손난로를 사용할 때 조심하지 않으면 다칠 수 있겠군.
> 미래: 철로 만든 물건은 공기 중에 노출되지 않게 조심해야겠군.
> 나연: 고체형과 액체형 손난로 모두 사용 후 열을 가하면 재사용할 수 있겠군.

(   )

적용

4 다음 빈칸에 들어갈 알맞은 말을 이 글에서 찾아 세 글자로 쓰세요.

> [   ] 용액은 포화 용액보다 용질이 비정상적으로 많이 용해된 상태의 불안정한 용액으로, 흔들어 주거나 충격을 가하면 고체로 변하고 시간이 지나면 녹지 못한 용질이 가라앉기도 합니다.

(   )

문단 요약

5 각 문단의 중심 내용을 찾아 선으로 알맞게 이으세요.

1 문단 •   • 손난로의 위험성

2 문단 •   • 손난로의 기능과 종류

3 문단 •   • 고체형 손난로가 열을 발생시키는 원리

4 문단 •   • 액체형 손난로가 열을 발생시키는 원리

핵심 내용

6 빈칸에 들어갈 알맞은 말을 이 글에서 찾아 쓰세요.

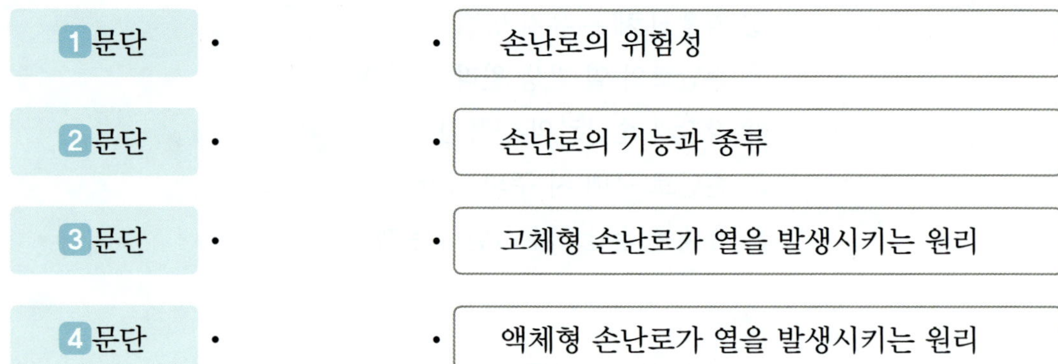

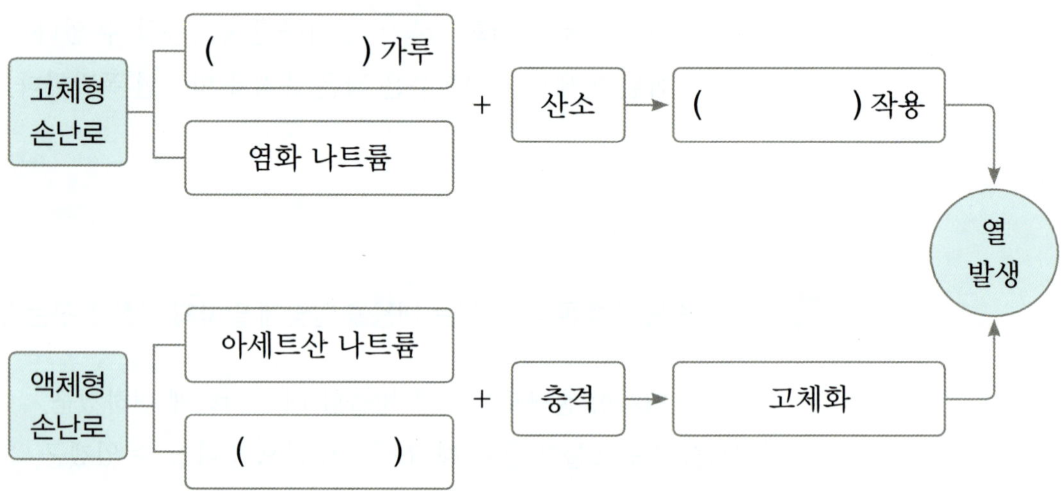

이해

7 다음 뜻에 알맞은 낱말을 보기 에서 찾아 쓰세요.

보기

녹슬다   가하다   조작하다   노출되다   촉진하다

(1) 겉으로 드러나다. (   )

(2) 다그쳐 빨리 나아가게 하다. (   )

(3) 쇠붙이가 산화하여 빛이 변하다. (   )

(4) 어떤 행위를 하거나 영향을 끼치다. (   )

(5) 기계 따위를 일정한 방식에 따라 다루어 움직이다. (   )

고체의 용해

용매는 녹이는 물질, **용질**은 녹는 물질을 말하며, 용질이 용매에 녹는 것을 용해라고 해요. 물질의 종류에 따라 온도와 양이 같은 물에서 용해되는 양, 즉 용해도가 각각 달라요. 용해도는 용매 100g에 최대로 녹을 수 있는 용질의 g 수를 말해요. 즉 용매가 100g일 때 **포화** 상태에 이르는 용질의 양을 이야기하는 거예요.

일정한 양의 용매에 용질을 최대한 녹여서 더 녹을 수 없는 상태의 용액을 포화 용액이라고 해요. 불포화 용액은 포화 상태에 도달하지 않아 용질이 더 녹을 수 있는 용액이에요. 용질이 녹을 수 있는 양보다 더 많이 녹아 있는 용액은 과포화 용액이라고 해요. 과포화 용액은 불안정하여 젓거나 충격을 주면 녹아 있던 용질이 다시 **결정체**가 되지요.

핵심 용어 다음 빈칸에 들어갈 알맞은 용어를 쓰세요.

(1) ☐☐

용(질펀히 흐를 溶) **매**(중매 媒)
: 질펀히 흐르는 매개체.
• 뜻: 어떤 액체에 물질을 녹여서 용액을 만들 때 그 액체를 가리키는 말.

(2) ☐☐

용(질펀히 흐를 溶) **질**(바탕 質)
: 질펀히 흐르는 바탕이 되는 것.
• 뜻: 용액에 녹아 있는 물질.

• 용해 과정

▲ 용질이 용매에 녹아 용해됨.

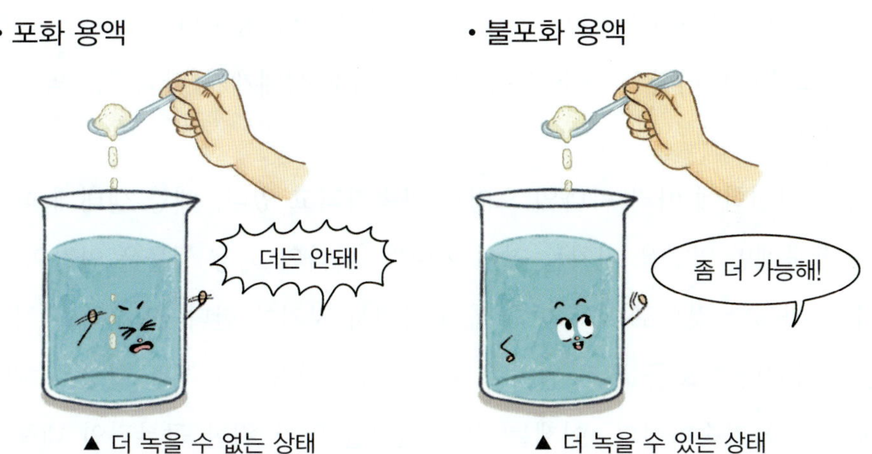
• 포화 용액
• 불포화 용액

▲ 더 녹을 수 없는 상태　　　▲ 더 녹을 수 있는 상태

● **포화** 더 이상의 양을 수용할 수 없이 가득 참.
● **결정체** 원자, 이온, 분자 따위가 규칙적으로 배열되어 일정한 모양을 이룬 덩어리.

붉은 바다

지문 분석

글자 수 **1043**
950 1050 1150

1 바다를 생각하면 대부분 파란색을 떠올릴 것이다. 빨간색, 노란색, 초록색 등은 바다 표면 부근에서 빛이 흡수되지만 파란색은 물속을 통과하여 실제로 물이 파랗게 보이기 때문이다. 그런데 붉은 색깔로 보이는 바다도 있다고 한다. 바닷물이 붉게 보이는 것을 '적조 현상'이라고 한다. '붉을 적(赤)'과 '물결 조(潮)'가 쓰인 '적조'는 식물 **플랑크톤**이 대량으로 **증식했다는** 의미이다. 식물 플랑크톤의 종류에 따라 바다의 색이 황색, 녹색, 적색 등으로 보이는데, 이 중 적색으로 보이는 것이 적조 현상인 것이다.

2 적조 현상의 원인 중 하나는 바다의 **부영양화**이다. 공장에서 배출하는 물과 같은 산업 **폐수**나 가축의 배설물과 같은 축산 폐수, 합성 세제와 같은 환경 오염 물질들이 바다로 흘러 들어가면 바다에 **양분**이 지나치게 많아지는데, 이를 '부영양화'라고 한다. 부영양화가 되면 먹잇감이 늘어나 식물 플랑크톤이 빠르게 대량으로 번식하는 적조 현상이 발생한다. 이 외에도 기후 변화로 인한 해수 온도 상승 역시 식물 플랑크톤을 빠르게 번식하게 하는 적조 현상의 원인이 된다.

3 식물 플랑크톤은 해양 생물들의 먹이가 되어 바다 **생태계**를 유지하는 역할을 한다. 또 식물 플랑크톤은 광합성으로 산소를 발생시켜 해양 생물들이 살아가는 데 필요한 산소를 공급하는 역할을 한다. 그러나 적조 현상이 발생하면 물고기의 아가미에 플랑크톤이 끼어 물고기가 **질식사하거나**, 독성을 가진 플랑크톤이 번식해 주변 생물이 죽는다. 또 이런 어류 및 생물의 **사체**를 박테리아가 분해하면서 산소를 대량 소비함으로써 바다에 용해된 산소가 부족하게 된다. 그리고 이러한 ㉠산소 부족 때문에 해양 생태계가 파괴되는 **악순환**이 반복된다.

4 인류가 발전함에 따라 바다의 오염도 **가속화되고** 있다. 해양 생태계 파괴는 해양 생물에만 영향을 미치는 것이 아니다. 바다와 해양 생물은 인간의 삶에 필수 불가결한 것으로 모두가 함께 노력해서 지켜야 한다. 일시적인 적조 현상은 약품이나 황토를 뿌려 완화할 수 있지만, 지속적인 적조 현상은 해양 생태계 파괴를 가속화한다. 이제는 적조 현상을 막기 위한 근본적인 대책을 마련해야 할 때이다.

- **플랑크톤** 물속에서 물결에 따라 떠다니는 작은 생물을 통틀어 이르는 말.
- **증식했다는** 생물이나 조직 세포 따위가 세포 분열을 하여 그 수를 늘려 갔다는.
- **부영양화** 더러운 물이 호수나 강, 연안 따위에 흘러들어, 이것을 양분 삼아 플랑크톤이 비정상적으로 번식하여 수질이 오염되는 일.
- **폐수** 공장이나 광산 등지에서 쓰고 난 뒤에 버리는 물.
- **양분** 영양이 되는 성분.
- **생태계** 일정한 지역이나 환경에서 생물들이 서로 적응하고 상호 관계를 맺으며 균형과 조화를 이루는 자연의 세계.
- **질식사하거나** 숨이 막히거나 산소가 없어서 죽거나.
- **사체(死 죽을 사, 體 몸 체)** 사람 또는 동물 따위의 죽은 몸뚱이.
- **악순환** 순환이 좋지 않음. 또는 나쁜 현상이 끊임없이 되풀이됨.
- **가속화되고** 속도가 더욱 빨라지게 되고.

**내용
독해**

1 이 글에서 알 수 있는 내용이 <u>아닌</u> 것은 무엇인가요? (   )

① 적조 현상의 뜻
② 적조 현상의 원인
③ 적조 현상의 문제점
④ 적조 현상을 막기 위한 대책
⑤ 일시적인 적조 현상을 없애는 방법

2 이 글의 내용과 일치하지 <u>않는</u> 것은 무엇인가요? (   )

① 바다의 부영양화는 환경 오염 물질로 인해 발생한다.
② 지속적인 적조 현상은 해양 생태계 파괴를 가속화한다.
③ 독성을 가진 플랑크톤이 번식하면 주변 생물이 죽는다.
④ 산업 폐수로 해수 온도가 상승하여 적조 현상이 발생한다.
⑤ 박테리아가 플랑크톤 사체를 분해하며 소비한 산소로 인해 바다에 용해된 산소가
　 부족해진다.

3 ㉠의 이유에 대한 추론으로 가장 적절한 것은 무엇인가요? (   )

① 해양 생물이 죽으면 산소가 발생하므로
② 플랑크톤의 독성이 산소 발생을 막으므로
③ 해양 생물의 사체로 인해 식물성 플랑크톤의 양이 늘어나게 되므로
④ 해양 생물의 사체를 박테리아가 분해하면서 산소를 소비하게 되므로
⑤ 해양 생물의 사체를 식물성 플랑크톤이 분해하면서 산소를 소비하게 되므로

4 '산소 용해도'의 뜻을 읽고, 빈칸에 알맞은 말에 ◯표 하세요.

> 　산소 용해도란 산소가 물속에 녹아 골고루 섞인 정도를 말한다. 기체는 온도가 낮
> 을수록 용해도가 높아지는데 적조 현상이 생기면 바다 표면이 플랑크톤으로 덮여 산
> 소가 차단되고 수온이 (올라가서, 내려가서) 산소 용해도가 (높아진다, 낮아진다).

구조 분석

5 다음 빈칸에 들어갈 알맞은 말을 쓰며 이 글의 내용을 정리하세요.

문단	중심 내용
1	(　　　　)이 붉게 보이는 것을 적조 현상이라고 하며, 이것은 식물 플랑크톤이 대량으로 증식했다는 의미임.
2	적조 현상의 원인은 바다의 (　　　　), 해수 온도 상승이 있음.
3	적조 현상으로 해양 (　　　　)가 파괴되는 악순환이 반복됨.
4	지속적인 (　　　　) 현상은 해양 생태계 파괴를 가속화하므로 이를 막기 위한 근본적인 (　　　　)이 필요함.

핵심 내용

6 빈칸에 들어갈 알맞은 말을 이 글에서 찾아 쓰세요.

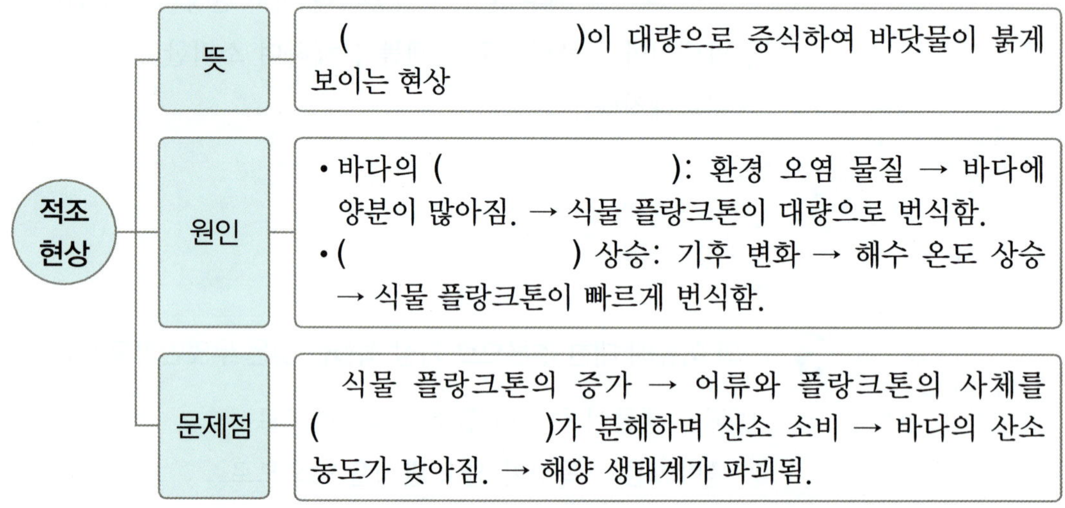

어휘

적용

7 다음 문장의 빈칸에 들어갈 알맞은 낱말을 보기 에서 찾아 쓰세요.

보기

증식	폐수	양분	가속화	악순환

(1) 이산화 탄소는 지구 온난화를 (　　　　)한다.

(2) 토양에 (　　　　)이/가 풍부하면 나무가 잘 자란다.

(3) 현미경으로 세균이 (　　　　)하는 과정을 관찰할 수 있다.

(4) 거짓말은 또 다른 거짓말을 낳는 (　　　　)을/를 가져온다.

(5) 공장에서 흘러나오는 (　　　　)은/는 환경 오염의 주범이다.

용해의 빠르기

어떤 **온도**에서 물 100g에 최대로 용해될 수 있는 용질의 양을 **용해도**라고 해요. 온도가 일정한 경우 일정한 양의 물에 녹는 용질의 양은 같아요. 하지만 물의 양이 많아지면 더 많은 용질이 용해되지요.

또 물의 온도가 높을수록 용질이 많이 용해돼요. 용질이 다 용해되지 않고 남아 있을 때 물의 온도를 높이면 용해되지 않고 남아 있던 용질을 더 많이 용해할 수 있어요. 코코아 가루가 물에 모두 용해되지 않고 컵 바닥에 가라앉았을 때 그 컵을 전자레인지에 넣고 돌려 물의 온도를 높이면 컵 바닥에 가라앉아있던 코코가 가루가 더 많이 용해되는 것과 같은 **원리**랍니다.

핵심 용어 다음 빈칸에 들어갈 알맞은 용어를 쓰세요.

(1)

온(따뜻할 溫) 도(정도 度): 따뜻함의 정도.
• 뜻: 따뜻함과 차가움의 정도.

(2)

용(질펀히 흐를 溶) 해(풀 解) 도(정도 度): 녹아 풀어지는 정도.
• 뜻: 일정한 온도에서 일정한 양의 용매에 녹을 수 있는 용질의 최대 양.

• 용해도가 높은 경우

▲ 용매의 양이 많을수록

▲ 용매의 온도가 높을수록

▲ 용매에 잘 녹는 용질일수록

• 용해도가 낮은 경우

▲ 용매의 양이 적을수록

▲ 용매의 온도가 낮을수록

▲ 용매에 잘 녹지 않는 용질일수록

● **원리** 사물의 근본이 되는 이치.

대서양에 큰일이 났다고?

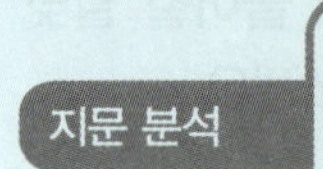

지문 분석

글자 수　1146
950　1050　1150

1 대서양 해류의 **순환**이 100년 이내에 무너질 것이라는 연구 결과가 나왔다. 2024년 2월 네덜란드 위트레흐트 대학교 연구 팀은 최신 연구 모델을 이용해 지난 2천 년간 대서양의 염분의 농도인 **염도**가 어떻게 변화했는지를 측정하였고, 대서양 해류 순환이 인류가 적응하기 어려운 속도로 빠르게 무너질 것이라는 내용의 논문을 국제 학술지 '사이언스 어드밴스'에 발표했다. ⁵

2 해류는 일정한 방향과 속도로 이동하는 바닷물의 흐름을 말한다. 해류는 깊은 바닷속 물이 해수의 **밀도** 차에 의해서 이동하는 심층 해류와 바다 표면의 물이 바람과 해수면의 **마찰**로 이동하는 표층 해류로 구분된다. 해수의 밀도를 결정하는 주요인은 수온과 염분이다. 수온이 낮을수록, 염분이 높을수록 해수의 밀도는 높아진다. 극지방의 경우 온도가 낮기 때문에 해수가 얼고 염도 또한 높아진다. 따라서 밀도가 높아진 극지방의 해수는 바다 아래로 가라앉아 바닥을 따라 느리게 흐르다가 따뜻한 지역에 도달하면 수온이 올라가면서 밀도가 낮아져 점차 **상승한다**. 심층 해류는 이렇게 순환하며 지구의 열을 균형 있게 배분해 준다. 심층 해류로 인해 따뜻해진 물은 열과 함께 추운 지역으로 이동하여 수온이 더 낮아지지 않도록 해 주고, 또 다시 따뜻한 지역으로 ¹⁵ 이동하여 수온이 더 올라가지 않도록 한다. 이것이 표층 해류의 순환이다. 이렇게 심층 해류와 표층 해류가 반복되면서 지구의 열을 순환하는 것을 해류의 순환이라고 한다.

3 대서양 해류의 순환은 지구에서 가장 빠르고 큰 순환으로 세계 기후에 큰 영향을 미친다. 이 순환은 그린란드나 북극의 바다에서 심층 해류가 시작되어 ²⁰ 아프리카의 남쪽 끝에서 동쪽으로 돌아 일부는 인도양의 북쪽 끝에서, 일부는 태평양의 북쪽 끝에서 표면으로 솟아오른다. 태양열을 받아 따뜻해진 바닷물이 북대서양으로 되돌아가면서 적도의 열을 **북반구**에 전달하며, 이 과정에서 유럽 지역의 평균 기온을 6도 정도 높게 만들어 준다.

4 이러한 대서양 해류의 순환이 붕괴될 것을 우려하는 목소리는 이전부터 있 ²⁵ 어 왔다. 과학자들은 지구 온난화를 그 원인으로 지적한다. 지구 온난화로 빙하가 녹으면서 염분이 없는 민물이 바다로 흘러들어와 북극 바다의 염도를 낮추고, 이것이 결국 바닷물의 **하강**을 **방해한다는** 것이다. 심층 해류의 이동이 시작되지 않으면 지구의 열은 순환되지 않은 채 그 자리에 머물고 말 것이다.

- **순환** 주기적으로 자꾸 되풀이하여 돎. 또는 그런 과정.
- **염도** 소금기의 정도.
- **밀도** 어떤 물질의 단위 부피만큼의 질량.
- **마찰** 두 물체가 서로 닿아 비벼짐. 또는 그렇게 함.
- **상승한다** 낮은 데서 위로 올라간다.
- **북반구** 적도를 경계로 지구를 둘로 나누었을 때의 북쪽 부분.
- **하강** 높은 곳에서 아래로 향하여 내려옴.
- **방해한다는** 남의 일을 간섭하고 막아 해를 끼친다는.

목적

1 글쓴이가 이 글을 쓴 목적은 무엇인가요? (   )

① 해류의 종류를 설명하기 위해

② 대서양 해류의 순환에 대한 연구를 돕기 위해

③ 대서양 해류의 순환이 일어나는 원리를 밝히기 위해

④ 대서양 해류의 순환이 무너질 수 있음을 알리기 위해

⑤ 대서양 해류의 순환이 지구의 열 순환을 막고 있음을 알리기 위해

내용 이해

2 이 글의 내용과 일치하지 <u>않는</u> 것은 무엇인가요? (   )

① 태양열을 받아 따뜻해진 바닷물은 북쪽으로 이동한다.

② 지구 온난화는 빙하를 녹여 민물이 바다로 흘러들게 한다.

③ 해류의 순환은 특정 지역의 열을 다른 지역으로 전달할 수 있다.

④ 바닷물의 염도가 낮아지면 바닷물이 가라앉아 심층 해류가 일어난다.

⑤ 네덜란드 연구 팀은 최신 연구 모델을 이용해 대서양의 염도 변화를 측정했다.

적용

3 다음을 읽고, '육하원칙'의 여섯 가지 요소 중 **1**문단에 빠져 있는 것은 무엇인지 쓰세요.

> 기사문을 쓸 때는 '육하원칙'의 여섯 가지 요소, 즉 '누가, 언제, 어디서, 무엇을, 어떻게, 왜' 중 빠진 요소가 없는지 잘 살펴야 한다.

(   )

적용

4 다음 그림의 ㉮~㉱를 <u>잘못</u> 이해한 친구는 누구인지 쓰세요.

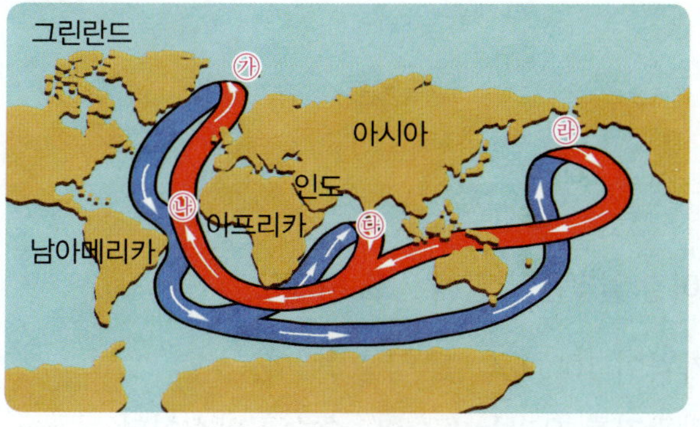

선희: ㉮가 대서양 해류 순환이 시작되는 곳이군.

영수: ㉮의 해류는 ㉯의 표면 해류보다 염도가 높군.

지희: ㉰, ㉱에서 대서양 해류는 깊은 바다로 가라앉는군.

(   )

문단 요약

5 다음은 이 글에 나타난 각 문단의 중심 내용입니다. 글의 내용에 맞게 순서대로 기호를 쓰세요.

> ㉮ 대서양 해류 순환은 세계 기후에 큰 영향을 미친다.
>
> ㉯ 해류의 순환은 심층 해류와 표층 해류가 반복되는 것이다.
>
> ㉰ 대서양 해류의 순환이 무너지는 원인은 지구 온난화라고 할 수 있다.
>
> ㉱ 대서양 해류의 순환이 100년 안에 무너질 것이라는 연구 결과가 나왔다.

(   ) → (   ) → (   ) → (   )

핵심 내용

6 빈칸에 들어갈 알맞은 말을 이 글에서 찾아 쓰세요.

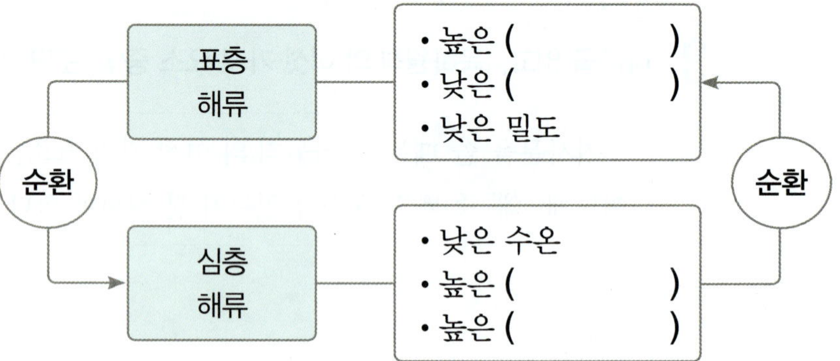

적용

7 다음 문장에 들어갈 알맞은 낱말에 ◯표 하세요.

⑴ 올해 배추 가격이 10% (상승, 상충)했다.

⑵ 이 버스는 관광지를 오가는 (순환, 순수) 버스이다.

⑶ 여름밤에는 모기가 잠을 (오해, 방해)하기 일쑤이다.

⑷ 헝겊으로 종이를 문지르면 (마찰, 마비)이/가 일어난다.

⑸ 호주는 지구의 남반구에 있고, 우리나라는 지구의 (북극해, 북반구)에 있다.

용액의 진하기

물질의 무게를 부피로 나눈 값을 **밀도**라고 해요. 한 물질의 밀도는 물질의 양과 관계없이 일정하지요. 서로 섞이지 않고 밀도가 다른 두 물질을 섞으면 밀도가 큰 물질은 밀도가 작은 물질 아래로 가라앉고, 밀도가 작은 물질은 밀도가 큰 물질 위로 떠요.

용액의 진하기를 비교할 때 물체가 뜨는 정도를 이용하는 것은 물질의 밀도를 이용하는 것이지요. 이때 용액의 진하기, 즉 같은 양의 용매에 녹아 있는 용질의 양이 많고 적은 정도를 **농도**라고 해요. 같은 양의 용매에 녹아 있는 용질의 양이 많을수록 농도가 높고 더 진한 용액이에요.

용액이 진하면 용액 속의 물질을 위로 밀어 올리는 힘이 커져요. 예를 들어 설탕물에 방울토마토나 메추리알을 넣었을 때 물체가 높이 떠오를수록 농도가 높은 설탕물이에요. 일반적인 바닷물보다 **소금기**가 약 다섯 배나 높은 '사해'라는 호수에서 우리 몸이 더 잘 뜨는 것은 바로 염분의 농도가 높기 때문이에요.

핵심 용어 다음 빈칸에 들어갈 알맞은 용어를 쓰세요.

(1) ☐☐

밀(빽빽할 密) 도(정도 度): 빽빽한 정도.
- 뜻: 어떤 물질의 단위 부피만큼의 질량.

(2) ☐☐

농(짙을 濃) 도 (정도 度): 짙음의 정도.
- 뜻: 용액 따위의 진함과 묽음의 정도.

- 농도가 낮은 경우

▲ 색이 연하고 맛이 덜 느껴짐.

▲ 물체가 가라앉음.

- 농도가 높은 경우

▲ 색이 진하고 맛이 잘 느껴짐.

▲ 물체가 떠오름.

● **소금기** 염분이 섞인 약간 축축한 기운.

생명

01

우리 몸의 뼈

지문 분석

글자 수 1000
950 1050 1150

1 우리 몸을 만져 보면 단단하거나 부드러운 근육이 있고 그 속에 딱딱한 뼈가 있다. 근육은 뼈에 연결되어 있는데, 근육의 길이가 줄어들거나 늘어나면서 뼈를 움직이게 한다. 우리 몸은 크고 작은 뼈 200여 개가 근육과 힘줄로 단단하게 연결되어 있다. 팔과 손의 뼈에는 관절이 많아 구부리거나 펴는 활동을 자유롭게 할 수 있다.

2 그렇다면 뼈의 속은 어떻게 생겼을까? 뼈는 겉질뼈, 해면뼈, **뼈막**, 뼈속막의 구조로 이루어져 있다. 뼈막은 뼈의 가장 바깥에서 뼈를 둘러싸고 있는 조직으로, 뼈 내부에 영양을 공급하고 뼈세포를 만드는 역할을 한다. 그 안쪽에는 겉질뼈와 해면뼈가 있다. 바깥쪽에 있는 겉질뼈는 **치밀하고** 딱딱한 조직인 치밀질로 이루어져 있으며 안쪽에 있는 해면뼈는 말랑말랑하고 부드러운 조직인 해면질로 이루어져 있다. 뼈의 가운데 부분에는 혈액 세포를 만드는 골수가 들어 있는데, 뼈와는 달리 부드럽고 **유연하다**. 골수가 들어 있는 공간과 접하는 뼈의 안쪽 면은 얇은 층의 뼈속막으로 덮여 있다.

3 뼈의 기능은 다양하다. 먼저 척추뼈는 목뼈, 등뼈, 허리뼈, 엉치뼈, 꼬리뼈로 이루어져 있으며 26개의 짧은뼈가 이어져 기둥을 이루어 몸을 **지탱하는** 기능을 한다. 머리뼈는 바가지 모양으로 둥글어 외부 충격으로부터 뇌를 보호하고, 갈비뼈는 12쌍의 뼈가 좌우로 둥글게 연결되어 안쪽에 공간을 만드는 구조로 이루어져 있어 내부의 장기를 보호한다. 팔뼈와 다리뼈는 각각의 긴뼈끼리 연결되어 있어 몸을 구부리고 움직이게 하는 운동 기능을 맡고 있다. 이러한 뼈는 칼슘과 무기질을 저장하였다가 필요시 우리 몸에 공급해 주며, **조혈** 기능이 있어 골수에서 혈액 세포를 생성한다.

4 성인의 뼈는 해마다 약 5% 정도가 사라지고 새로 만들어진다. 뼈가 오래되면 약해지면서 부서지기 쉽기 때문에 뼈를 **분해하는** 파골 세포가 오래되어 약해진 뼈를 녹여 없애고, 뼈를 만드는 조골 세포가 뼈가 없어진 자리에 들어가 단백질을 만든다. 여기에 칼슘과 인산이 더해져 단단해지면 새로운 뼈가 생겨난다. 사고로 뼈가 부러졌을 때도 뼈는 새로 만들어진다. 조골 세포가 부러진 뼈 사이를 단백질로 감싸 점점 단단한 뼈로 변하면 뼈가 부러지기 이전처럼 생활할 수 있다.

5

10

15

20

25

- **뼈막** 뼈의 표면을 싸고 있는 결합 조직.
- **치밀하고** 아주 곱고 촘촘하고.
- **유연하다** 부드럽고 연하다.
- **지탱하는** 오래 버티거나 배겨 내는.
- **조혈** 생물체의 기관에서 피를 만들어 냄.
- **분해하는** 여러 부분이 결합되어 이루어진 것을 그 낱낱으로 나누는.

내용 독해

1 이 글에서 가장 중심이 되는 말은 무엇인가요? (   )

① 뼈   ② 근육
③ 혈액   ④ 조혈 기능
⑤ 조골 세포

2 이 글의 내용과 일치하는 것은 무엇인가요? (   )

① 조골 세포는 약해진 뼈를 녹여 없앤다.
② 머리뼈는 움직이는 동작을 가능하게 한다.
③ 성인의 뼈는 해마다 15%가 새로 만들어진다.
④ 뼈는 겉질뼈, 해면뼈, 뼈막, 뼈속막의 구조로 이루어져 있다.
⑤ 골수가 들어 있는 공간과 접하는 부분은 해면뼈로 덮여 있다.

3 이 글에 대한 반응으로 알맞은 것을 두 가지 찾아 기호를 쓰세요.

> ㉮ 뼈가 없으면 몸을 자유롭게 움직이기 힘들겠어.
> ㉯ 뼈가 없으면 우리 몸의 피가 만들어지는 데 문제가 생길 거야.
> ㉰ 뼈가 해마다 새로 만들어지기 때문에 단단해서 부러지지 않을 거야.
> ㉱ 뼈는 한 번 부러지면 새로 만들어지지 않으니까 뼈 관리를 잘해야겠어.

(,   )

4 이 글을 읽고 뼈가 만들어지는 과정에 맞게 빈칸에 차례대로 번호를 쓰세요.

칼슘과 인산이 더해짐.	파골 세포가 오래된 뼈를 없앰.	조골 세포가 뼈가 없어진 자리에 들어가 단백질을 만듦.	단단해지면서 새로운 뼈가 생겨남.
(1) ( )	(2) ( )	(3) ( )	(4) ( )

문단 요약

5 각 문단의 중심 내용을 찾아 선으로 알맞게 이으세요.

1문단	•	•	뼈의 구조
2문단	•	•	뼈의 다양한 기능
3문단	•	•	우리 몸을 이루는 근육과 뼈
4문단	•	•	오래되거나 부러진 뼈가 새로 만들어지는 과정

핵심 내용

6 빈칸에 들어갈 알맞은 말을 이 글에서 찾아 쓰세요.

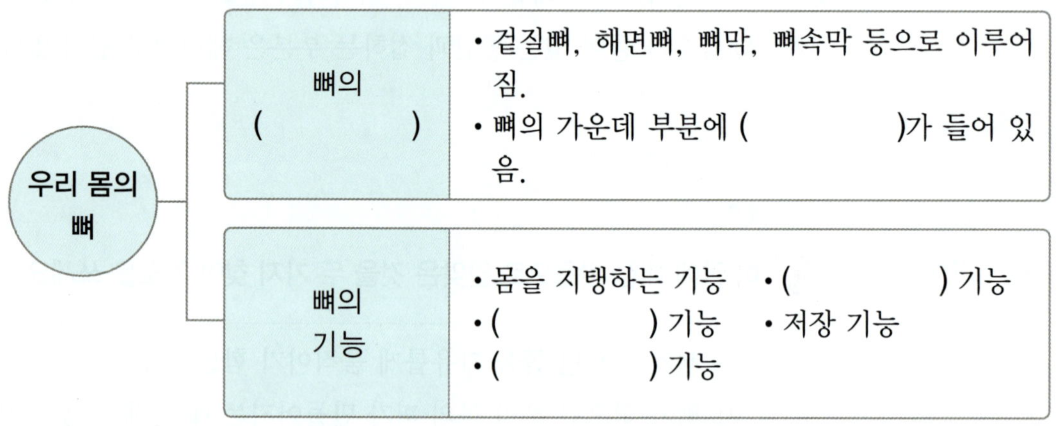

이해

7 다음 낱말의 뜻에 해당하는 낱말을 보기 에서 찾아 기호를 쓰세요.

보기

㉮ 지탱하다   ㉯ 조혈   ㉰ 치밀하다   ㉱ 분해   ㉲ 유연하다

(1) 부드럽고 연하다. (   )

(2) 아주 곱고 촘촘하다. (   )

(3) 오래 버티거나 배겨 내다. (   )

(4) 생물체의 기관에서 피를 만들어 냄. (   )

(5) 여러 부분이 결합되어 이루어진 것을 그 낱낱으로 나눔. (   )

우리 몸의 뼈와 근육

우리가 몸을 움직일 수 있는 것은 운동 기관인 뼈와 근육이 있기 때문이에요. 그중에서 근육은 우리 몸속의 뼈를 보호하고 몸이 움직일 수 있도록 해 주는 **힘줄**과 살을 통틀어 이르는 말이에요. 근육은 **신축성**이 있는 가늘고 긴 근육 세포로 이루어져 있어요.

근육은 뼈에 연결되어 우리 몸을 움직여요. 예를 들어 팔을 굽히면 위팔 안쪽 근육은 길이가 줄어들고 바깥쪽 근육은 길이가 늘어나면서 아래팔 뼈가 올라와요. 반대로 팔을 펴면 위팔 안쪽 근육은 길이가 늘어나고 바깥쪽 근육은 길이가 줄어들면서 아래팔 뼈가 내려와요. 이렇게 근육의 길이가 줄어드는 것을 **수축**, 근육의 길이가 늘어나는 것을 **이완**이라고 해요. 근육의 수축과 이완으로 뼈를 움직여 몸이 움직이는 거예요.

핵심 용어 다음 빈칸에 들어갈 알맞은 용어를 쓰세요.

(1) ☐☐

수(거둘 收) 축(오그라들 縮): 거두어 오그라들다.
• 뜻: 근육 따위가 오그라듦.

(2) ☐☐

이(늦출 弛) 완(느릴 緩): 느리게 늦추다.
• 뜻: 굳어서 뻣뻣하게 된 근육 따위가 원래의 상태로 풀어짐.

▲ 팔을 굽힐 때 팔근육의 수축과 이완

▲ 팔을 펼 때 팔근육의 수축과 이완

● **힘줄** 근육의 기초가 되는 희고 질긴 살의 줄.
● **신축성** 물체가 늘어나고 줄어드는 성질.

02

'간'에 기별도 안 가는 이유

지문 분석

글자 수 **1107**
950　1050　1150

1 음식을 조금밖에 먹지 못해 아쉬울 때, '간에 기별도 안 가다'라는 관용어를 활용해 말한다. '기별'은 조선 시대에 **승정원**에서 궐의 소식을 적어 **발행하던** 아침 신문을 뜻하는데, 차차 '소식'을 뜻하는 말이 되었다. 따라서 '기별도 안 간다'라는 것은 소식이 **전달되지** 않는다는 뜻이므로, '간에 기별도 안 가다'라는 관용어는 먹은 음식의 양이 너무 적어서 간까지 전달되지 않았다는 말이다. 그런데 왜 하필 수많은 **장기** 중에 '간'에 기별도 안 간다고 말하는 것일까? 　5

2 사람은 음식물을 통해 영양분을 얻는데, 몸이 흡수할 수 있을 정도의 작은 입자로 음식물을 분해하고 흡수하는 과정을 '소화'라고 한다. 소화는 음식물이 **식도**, 위, 장과 같은 소화 기관을 통과하며 이루어진다. 음식물이 입안으로 들어오면 이로 음식물을 씹어서 작은 크기로 부순다. 잘게 부서진 음식물은 침 　10 과 섞이는데, 침 속에는 소화를 돕는 소화액 아밀레이스가 들어 있어 탄수화물을 분해한다. 입에서 소화된 음식물은 식도를 통해 위로 내려간다. 위로 들어온 음식물은 위에서 **분비된** 위액과 섞여 더 작은 입자로 분해된다. 위액은 단백질을 분해하고, 위액 속에 들어 있는 위산은 우리 몸에 들어온 병균을 죽이는 역할을 하기도 한다. 　15

3 위액과 잘 섞인 음식물은 위에서 소독된 뒤 작은창자로 내려간다. 작은창자는 길이가 6미터가 넘는 가는 관으로 소화 기관 중에서 길이가 가장 길다. 작은창자에서는 단백질과 지방의 소화를 돕는 소화액인 쓸개즙과 이자액이 분비된다. 이들은 음식물을 본격적으로 분해해서 대부분의 영양소를 흡수하고, 남은 찌꺼기는 큰창자로 보낸다. 큰창자는 작은창자의 끝부분에서 항문에 　20 이르는 굵은 소화관이다. 큰창자에서는 소화액이 분비되지 않고 수분만 흡수한다. 그리고 딱딱해진 남은 찌꺼기, 즉 변이 항문을 통해 몸 밖으로 **배출되면** 소화의 전 과정이 끝나게 된다.

4 소화를 통해 당장 필요한 영양분보다 더 많은 영양분이 흡수되었을 경우, 간에서 일부 영양분을 저장해 두었다가 필요할 때마다 장기로 보낸다. 즉, 음 　25 식물을 충분히 **섭취해** 소화가 잘 이루어진다면 영양분이 간까지 전달되어야 한다. 하지만 먹은 양이 적으면 그렇지 못할 테니, '간'에 기별이 안 간다고 한 말은 **일리**가 있다.

- **승정원** 조선 시대 관청으로 국왕의 비서 기관.
- **발행하던** 출판물이나 인쇄물을 찍어서 세상에 펴내던.
- **전달되지** 지시, 명령, 물품 따위가 다른 사람이나 기관에 전하여져 이르게 되지.
- **장기** 내장의 여러 기관.
- **식도(먹을 식 食, 길 도 道)** 입과 위를 연결하는 소화 기관.
- **분비된** 샘세포의 작용에 의하여 만들어진 액즙이 세포 밖으로 보내진.
- **배출되면** 안에서 밖으로 밀려 내보내지면.
- **섭취해** 영양소나 양분 따위를 몸 안에 받아들여.
- **일리** 어떤 면에서 타당성이 있는 이치.

**내용
독해**

설명 대상

1 이 글에서 설명하는 것은 무엇인가요? (   )

① 소화의 과정과 간의 기능
② 소화와 관련된 관용어의 종류
③ 소화 기관과 배설 기관의 차이점
④ 소화가 안 되는 현상의 원인과 해결책
⑤ 식사의 과정과 소화에 좋지 않은 식습관

내용 이해

2 이 글의 내용과 일치하는 것은 무엇인가요? (   )

① 소화액을 통해 영양분이 흡수된다.
② 위액은 음식물을 분해하고 소독한다.
③ 사람이 음식을 먹는 것을 소화라고 한다.
④ 큰창자와 항문은 가늘고 긴 관 모양이다.
⑤ 모든 기관에서 소화액이 나와 소화를 돕는다.

추론

3 이 글을 통해 추론할 수 있는 내용을 두 가지 찾아 기호를 쓰세요.

> ㉮ 모든 소화 기관에서 영양분의 분해와 흡수가 일어난다.
> ㉯ 모든 영양분은 간에 저장되었다가 필요한 곳에 사용된다.
> ㉰ 소화 기관에는 입, 식도, 위, 작은창자, 큰창자, 항문이 있다.
> ㉱ 소화를 도와주는 소화액은 침, 위액, 쓸개즙과 이자액 등이 있다.

(,   )

적용

4 다음 그림에서 소화 기관 ㉮~㉫의 이름을 순서대로 쓰세요.

(1) ㉮: (   )
(2) ㉯: (   )
(3) ㉰: (   )
(4) ㉱: (   )
(5) ㉲: (   )
(6) ㉳: (   )

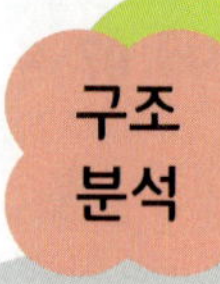

구조 분석

5 다음 빈칸에 들어갈 알맞은 말을 쓰며 이 글의 내용을 정리하세요.

문단	중심 내용
1	'간에 (　　　　　)도 안 가다'라는 관용어에 대한 궁금증
2	소화의 뜻과 입에서 (　　　　　)까지의 소화 과정
3	작은창자에서 (　　　　　)와 항문까지의 소화 과정
4	(　　　　　)의 기능과 관용어와 관련된 궁금증에 대한 답

6 빈칸에 들어갈 알맞은 말을 이 글에서 찾아 쓰세요.

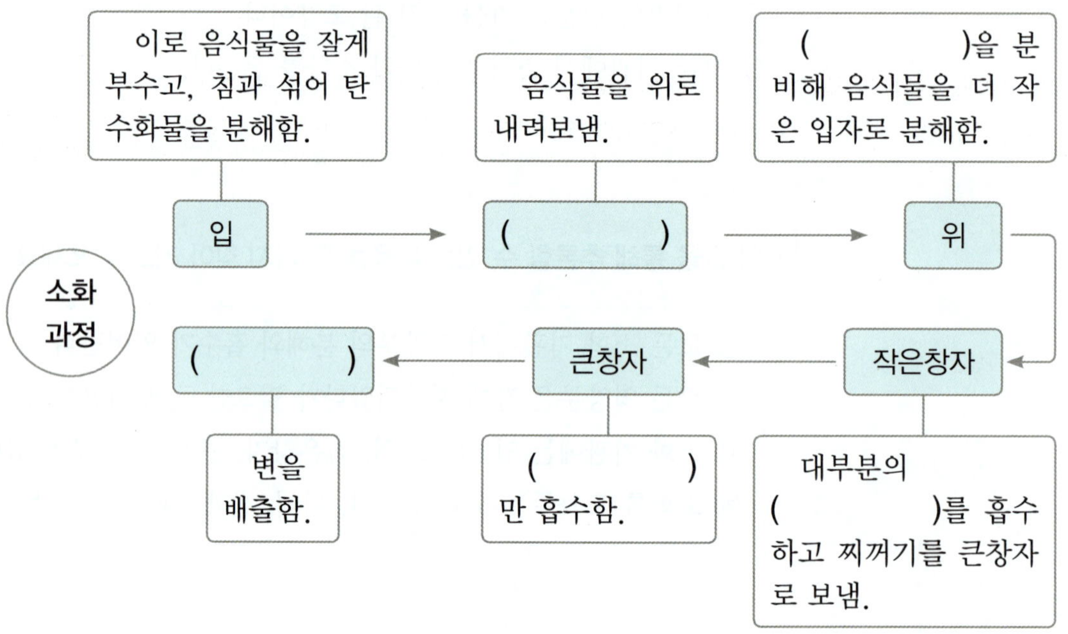

어휘

7 다음 문장에 들어갈 알맞은 낱말에 ○표 하세요.

⑴ 모든 글은 의미 (전승, 전달)이 확실해야 한다.

⑵ 강에 오염 물질을 함부로 (배출, 배부)하면 안 된다.

⑶ 우리 몸은 더워지면 땀 (분리, 분비)를 통해 체온을 조절한다.

⑷ 양쪽 주장을 들어 보니 각각 나름대로 (일정, 일리)이/가 있었다.

⑸ 건강을 유지하기 위해서는 식품을 균형 있게 (섭취, 섭렵)하는 것이 필요하다.

우리 몸의 소화 기관

우리 몸속에서 음식물을 분해하는 방법은 크게 두 가지로 나눌 수 있어요. 하나는 음식물을 부수고 이동시켜 소화액과 잘 섞이게 하는 **기계적 소화**이고, 다른 하나는 음식물을 **소화액**을 이용하여 더욱 작게 분해하는 **화학적 소화**예요.

사과를 먹었을 때 이로 잘게 부수고 식도를 통해 음식물을 아래로 내려보내거나 위가 움직여 음식물과 위에서 나오는 액체를 섞는 것은 모두 기계적 소화에 속해요. 하지만 기계적 소화로 쪼개진 사과는 여전히 알갱이가 커서 우리 몸속에 흡수되기 어렵지요. 그래서 음식물을 소화액으로 훨씬 더 작게 분해시키는 화학적 소화가 필요해요.

• 기계적 소화

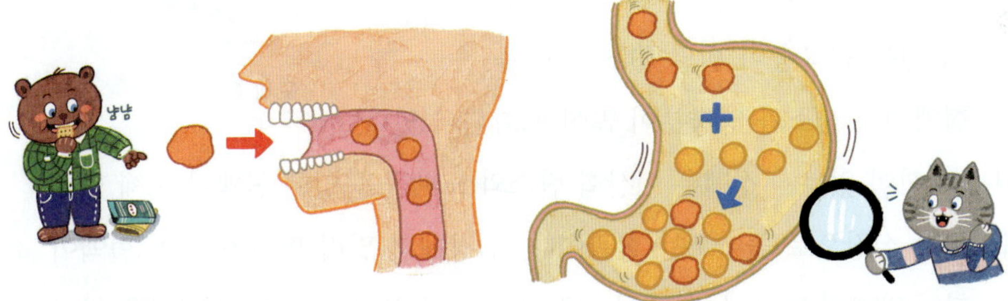

▲ 음식물을 이로 잘게 부수고 식도로 내려 보냄.　　▲ 위에서 위액이 나와 음식물과 섞임.

• 화학적 소화

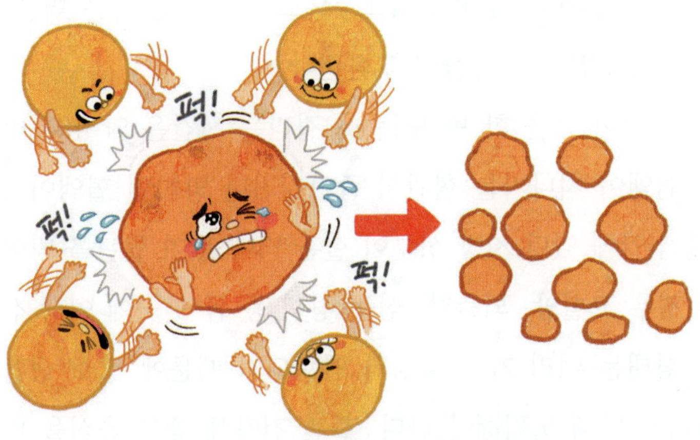

▲ 음식물이 소화액에 의해 작게 분해됨.

● **소화액** 소화를 돕기 위하여 몸 안에서 분비되는 침이나 위액 등의 액체.

 다음 빈칸에 들어갈 알맞은 용어를 쓰세요.

(1) ☐☐ **적 소화**

기(기계 機) 계(기계 械): 도구나 장치.
- 뜻: 음식을 이로 잘게 부수고 효소와 잘 섞어 주는 작용.

(2) ☐☐ **적 소화**

화(될 化) 학(배울 學): 물질의 구조, 성분, 변화 등에 관해 연구하는 자연 과학의 한 분야.
- 뜻: 소화 효소에 의하여 소화 기관 안에서 영양소가 분해되는 현상.

혈관의 종류와 기능

지문 분석

글자 수 1039
950 1050 1150

1 혈액은 온몸을 돌면서 산소와 영양소를 **공급해** 주고, **노폐물**을 운반한다. 이렇게 혈액이 심장에서 나와 혈관을 따라 온몸을 돌아 다시 심장으로 돌아오는 것을 '혈액 순환'이라고 한다. 그리고 혈액의 순환에 관여하는 심장과 혈관을 합쳐 '순환 기관'이라고 한다. 순환 기관 중 하나인 혈관은 혈액이 이동하는 통로를 말하는 것으로 온몸에 복잡하게 퍼져 있고, 긴 관 모양이다. 굵기도 굵은 것부터 매우 가는 것까지 여러 가지이다. 혈관의 종류에는 동맥, 정맥, 모세 혈관이 있다. 혈관의 길이를 전부 합치면 약 12만km나 된다고 한다. 이는 지구 세 바퀴에 해당하는 길이이다.

2 몸속 깊은 곳에 있는 ㉠동맥은 혈액을 심장에서 몸의 각 부분으로 보내는 혈관이다. 심장의 강한 압력을 견딜 수 있도록 두껍고 **탄력** 있는 근육층이 발달했다. 동맥을 흐르는 혈액에는 산소와 영양분이 많이 포함되어 있다.

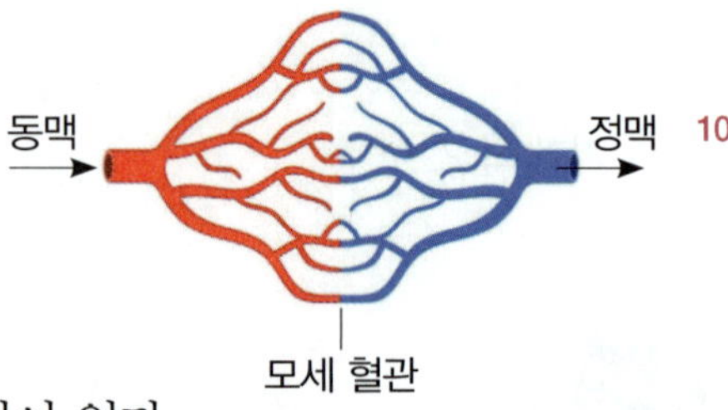

3 피부 가까이 있는 ㉡정맥은 이산화 탄소와 노폐물을 얻은 혈액이 모세 혈관을 빠져나와 심장으로 돌아오는 혈관이다. 심장에서 멀리 떨어져 있어 혈액이 흐르는 힘이 약하기 때문에, 혈액이 거꾸로 흐르지 않게 하는 정맥 판막을 가지고 있다.

4 ㉢모세 혈관은 동맥의 혈액이 온몸 구석구석까지 닿을 수 있게 온몸에 그물처럼 뻗어 있는 혈관이다. 하나의 **세포층**으로 이루어진 얇은 벽을 통해 산소와 이산화 탄소, 영양분과 노폐물이 교환된다.

5 혈관을 따라 혈액이 몸을 한 번 도는 데 걸리는 시간은 약 46초밖에 되지 않는다. 그런데 혈액이 지나가는 혈관이 좁아지거나 막히면 혈액이 **원활하게** 돌지 못한다. 혈액 안에 있던 지방 성분이 혈관 벽에 쌓여 혈관을 막아 생기는 현상이다. 이럴 경우 **고혈압**, **뇌출혈**, **심근 경색** 등 몸 곳곳에 이상 신호가 나타난다. 혈관의 상태는 여러 가지 질병과 연관되기 때문에 평소 생활 속에서 혈관 건강을 지키기 위해 노력해야 한다. 혈관 건강에 좋은 음식을 먹는 것도 큰 도움이 된다. **동맥 경화**를 예방해 주는 현미와 보리, 두부 또는 응고된 혈중 **콜레스테롤**을 낮추는 데 탁월한 꽁치나 고등어 같은 등 푸른 생선을 섭취하는 것이 좋다.

- **공급해** 요구나 필요에 따라 물품 따위를 제공해.
- **노폐물** 생물의 몸에 들어온 여러 물질 중 필요한 것을 흡수하여 쓰고 남은 찌꺼기.
- **탄력** 용수철처럼 튀거나 팽팽하게 버티는 힘.
- **세포층** 생물체를 이루는 기본 단위인 세포가 겹겹이 포개져 있는 각각의 층.
- **원활하게** 거칠 것이 없이 순조롭게.
- **고혈압** 혈압이 정상 수치보다 높은 증상.
- **뇌출혈** 뇌의 동맥이 터져서 뇌 속에 피가 새어 나와서 몸이 마비되거나 심하면 죽게 되는 병.
- **심근 경색** 심장 근육에 공급하는 관상 동맥이 막혀 심장 근육이 손상되는 병.
- **동맥 경화** 동맥의 벽이 두꺼워지고 굳어져서 탄력을 잃는 질환.
- **콜레스테롤** 동물의 세포나 피에 들어 있으며 너무 많으면 동맥 경화증을 일으키는, 기름기가 많은 물질.

**내용
독해**

전개 방식

1 **이 글에 대한 설명으로 알맞은 것은 무엇인가요? (   )**

① 서로 다른 대상을 비교한다.
② 문제점을 비판하고 분석한다.
③ 대상의 종류와 각각의 특징을 설명한다.
④ 구체적인 근거를 들어 주장의 신뢰성을 높인다.
⑤ 대상의 형성 과정을 시간의 순서대로 설명한다.

내용 이해

2 **㉠~㉢에 대한 설명으로 알맞은 것은 무엇인가요? (   )**

① ㉡과 ㉢ 모두 몸속 깊은 곳에 자리하고 있다.
② ㉠과 달리 ㉡에서 흐르는 혈액의 힘은 약하다.
③ ㉠과 ㉢ 모두 두꺼운 근육층으로 이루어져 있다.
④ ㉠과 ㉡ 모두 심장에서 혈액을 내보내는 통로이다.
⑤ ㉢과 달리 ㉠에서는 산소와 이산화 탄소의 교환이 이루어진다.

추론

3 **이 글을 읽고 추론할 수 있는 내용으로 알맞은 것에 ○표 하세요.**

㉮ 심장에서 나온 혈액에는 (산소, 이산화 탄소)가, 심장으로 들어가는 혈액에는
(산소, 이산화 탄소)가 있겠군.
㉯ 동맥에서 흐르는 혈액의 힘이 정맥에서 흐르는 힘보다 더 (강한, 약한) 까닭은
심장에서 (가깝기, 멀기) 때문이겠군.

적용

4 **순환 기관에 대해 바르게 이해하지 못한 친구는 누구인지 쓰세요.**

혜미: 온몸에 퍼져 있는 혈관의 굵기는 일정해.
지수: 혈액은 산소와 영양소를 공급하는 역할을 해.
운찬: 심장에서 나간 혈액은 온몸을 돌고 다시 심장으로 돌아와.

(   )

구조 분석

5 다음 빈칸에 들어갈 알맞은 말을 쓰며 이 글의 내용을 정리하세요.

문단	중심 내용
1	혈액 순환에 관여하는 (　　　　) 기관인 혈관의 (　　　　)
2	(　　　　)의 기능과 특징
3	(　　　　)의 기능과 특징
4	(　　　　)의 기능과 특징
5	(　　　　)이 건강하지 않을 때 생기는 질병과 혈관 건강에 좋은 음식

6 빈칸에 들어갈 알맞은 말을 이 글에서 찾아 쓰세요.

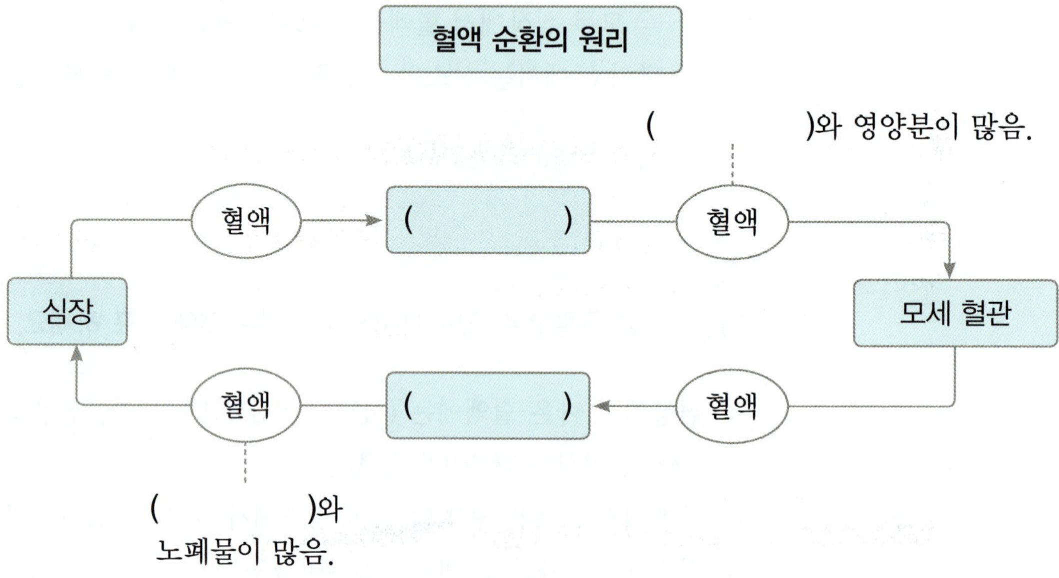

어휘

7 다음 문장에 들어갈 알맞은 낱말에 ○표 하세요.

⑴ 이 고무줄은 굵어서 (탄력, 탄복)이 세다.

⑵ 영양분이 충분히 (공급, 공개)되어야 식물이 잘 자란다.

⑶ 이 지역은 수압이 높아서 물이 (원활하게, 완만하게) 공급된다.

⑷ 운동하며 땀을 흘리는 것은 몸속의 (노폐물, 영양분)을 배출하는 데 도움이 된다.

⑸ 할머니를 진찰한 의사 선생님께서는 혈압이 높다며 (고혈압, 저혈압) 약을 처방해 주셨다.

우리 몸의 순환 기관

심장은 **주기적인 펌프 운동**으로 산소와 영양소가 포함된 혈액을 온몸으로 보내거나 받는 순환 기관이에요. 심장은 크기가 사람 주먹만 하고, 왼쪽 가슴 아래에 있으며 우심방, 우심실, 좌심방, 좌심실로 구성되어 있지요. 심방은 혈액이 들어오는 곳, 심실은 혈액이 나가는 곳이며, 심방과 심실 사이, 심실과 동맥 사이에 판막이라는 얇은 막이 있어서 혈액이 거꾸로 흐르는 것을 막아 주지요. 또 심장은 펌프 작용을 통해서 들어온 혈액을 밖으로 뿜어 내어 혈액이 순환할 수 있게도 해요. 온몸을 도는 체순환의 경우에는 심장에서 나간 혈액이 대동맥, 모세혈관, 대정맥의 순서를 거쳐 다시 심장으로 돌아오고, 폐를 도는 폐순환의 경우에는 심장에서 나간 혈액이 폐동맥, 폐의 모세 혈관, 폐정맥의 순서를 거쳐 다시 심장으로 돌아오지요.

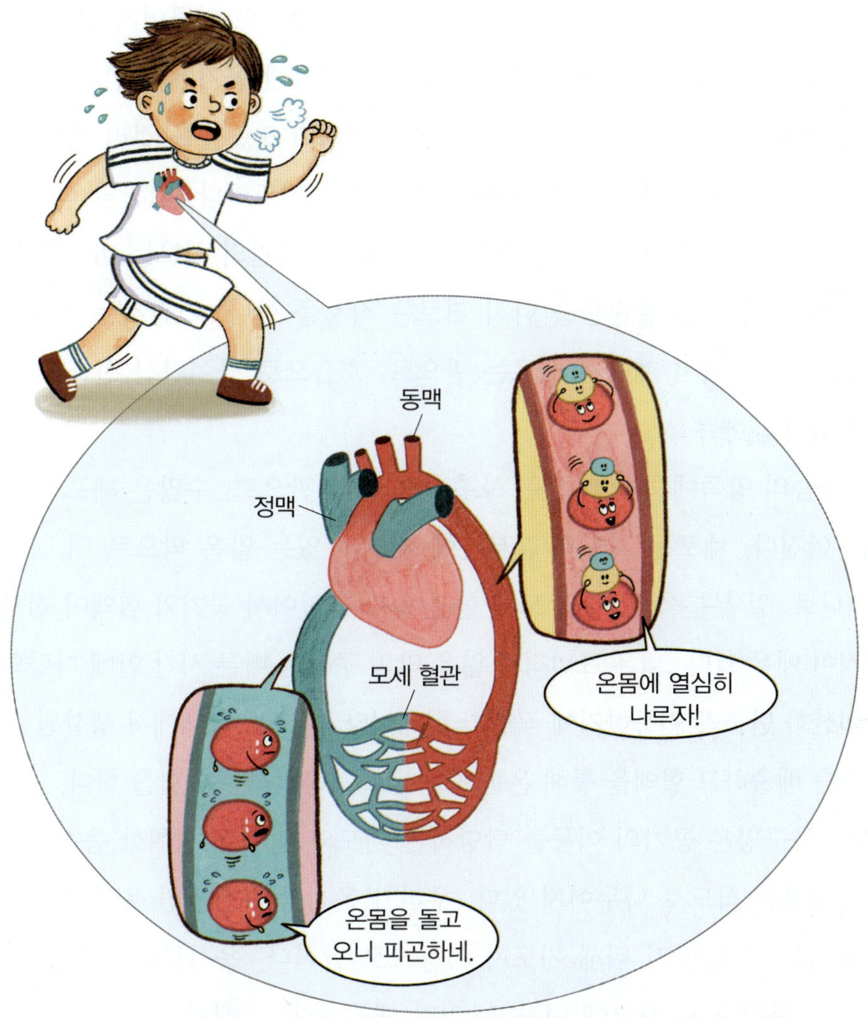

▲ 심장에서 나온 혈액은 온몸을 거쳐 다시 심장으로 돌아오는 순환 과정을 반복함.

- **주기적인** 일정한 간격을 두고 되풀이하여 진행하거나 나타나는.
- **펌프 운동** 압력을 통하여 액체, 기체를 빨아올리거나 이동시키는 운동.

핵심 용어 다음 빈칸에 들어갈 알맞은 용어를 쓰세요.

(1) ☐☐ **기관**

순(돌 循) 환(둥글 環): 둥글게 돌다.
- 뜻: 혈액을 몸 전체로 보내거나 받는 몸의 기관. 심장과 혈관이 순환 기관에 속한다.

(2) ☐☐☐

체(몸 體) 순(돌 循) 환(둥글 環): 몸을 둥글게 돌다.
- 뜻: 심장의 좌심실에서 대동맥으로 나간 혈액이 전신을 한 바퀴 돈 다음에 대정맥을 통하여 우심방으로 돌아오는 순환.

사례가 들리는 이유

지문 분석

글자 수 **1200**
950 1050 1150

1 우리는 가끔 음식을 먹다가 갑자기 심하게 기침을 하는 일이 있다. 이는 음식물이나 침이 기도로 들어가 **발작적**인 기침을 하는 **증상**인 '사례'가 들렸기 때문이다. 음식물을 입에 넣은 채로 사례가 들린다면 재빨리 음식물을 뱉어 내고 기침을 마저 해야 한다. 결국에는 터져 나오는 기침을 이기지 못하고 음식물을 뿜어낼 확률이 높기 때문이다. 그럼, 사례가 들리는 이유는 무엇일까? 5

2 호흡은 숨을 들이마시고 내쉬는 활동으로, 몸속으로 산소를 집어넣고 몸속의 이산화 탄소를 배출하는 과정이다. 호흡 기관이란 생물의 호흡에 **관여하는** 기관으로, 코, 기관, 기관지, 폐 등이 있다. 호흡을 통해 들어온 산소는 기도를 지나 폐 속의 폐포로 전달되고, 이산화 탄소는 반대로 폐포를 통해 기도를 거쳐 밖으로 나온다. 10

3 코는 얼굴에서 돌출된 코와 코 안을 구성하는 **비강**으로 이루어져 있다. 비강은 콧속의 비어 있는 공간이다. 우리가 코로 들이마신 공기에는 먼지, 세균과 같은 **불순물**이 섞여 있는데, 비강의 코털과 **점액**이 불순물을 걸러 내는 역할을 한다. 기관은 후두에서 폐로 통하는 관 모양의 기도이다. 기관의 벽에는 수없이 많은 작은 털이 있는데 이를 '섬모'라고 한다. 기관의 섬모는 비강을 통 15 과한 공기에 남아 있는 불순물을 다시 거르는 작용을 한다. 기관지는 기관부터 양쪽 폐로 갈라져서 폐까지 이르는 관으로, 호흡으로 들이마신 산소를 폐로 이동시킨다.

4 폐는 가슴의 양쪽에 하나씩 있는 호흡을 하는 기관으로, 수많은 폐포가 모여서 이루어진다. 폐포는 기도의 끝부분에 매달려 있는 얇은 막으로 된 작은 20 공기주머니로, 겉 부분을 한 겹의 모세 혈관이 싸고 있어서 공기와 혈액이 접하는 표면적이 매우 넓다. 넓은 표면적과 얇은 막의 구성은 빠른 시간 안에 다량의 산소와 이산화 탄소가 이동하기에 적합한 형태이다. 폐포는 체내에서 생산된 이산화 탄소를 배출하고 혈액을 통해 온몸으로 산소를 운반하는 역할을 한다.

5 우리의 목구멍은 공기의 이동을 담당하는 기도와 입으로 섭취한 음식물의 25 이동을 담당하는 식도로 나누어져 있다. 우리가 음식물을 삼키면 음식물이 기도로 들어가는 것을 막기 위해 기도가 자동으로 닫힌다. 음식물이 기도를 막으면 호흡을 하지 못해 사망에 이를 수 있기 때문이다. 그래서 음식물이 기도로 들어오면 기침을 하여 음식물을 밖으로 밀어내 기도가 막히는 것을 방지하는 것이다. 우리 몸에서 일어나는 일들은 다 필요에 의한 것이다. 30

- **발작적** 병의 증상, 감정의 변화, 어떤 행위 따위가 갑자기 세차게 일어나는 것.
- **증상** 병을 앓을 때 나타나는 여러 가지 상태나 모양.
- **관여하는** 어떤 일에 관계하여 참여하는.
- **비강** 콧구멍에서 목젖 윗부분에 이르는 빈 곳. 냄새를 맡고, 공기 속의 이물을 제거하며, 들이마시는 공기를 따뜻하게 하는 작용을 한다.
- **불순물** 순수한 물질에 섞여 있는 순수하지 않은 물질.
- **점액** 끈끈한 성질이 있는 액체.

**내용
독해**

1 이 글의 특징으로 알맞은 것은 무엇인가요? (   )

① 호흡에 관한 여러 이론을 소개한다.
② 호흡 기관과 소화 기관을 비교하여 설명한다.
③ 우리가 잘못 알고 있는 호흡에 대한 생각을 바로잡아 준다.
④ 호흡에 문제가 생길 경우 발생할 수 있는 질병의 종류를 소개한다.
⑤ 일상생활에서 흔히 일어날 수 있는 현상으로 읽는 이의 호기심을 유발한다.

내용 이해

2 '사레'에 대한 설명으로 알맞은 것은 무엇인가요? (   )

① 산소를 배출하는 과정에서 생기는 현상이다.
② 호흡 기관에 공기 이외의 것이 들어간 현상이다.
③ 사레가 들리면 식도가 막혀 사망에 이를 수 있다.
④ 음식물을 삼킬 때 기도가 닫혀서 일어나는 현상이다.
⑤ 입으로 섭취한 음식이 식도로 넘어갈 때 생기는 현상이다.

추론

3 이 글을 통해 답을 알 수 있는 질문이 <u>아닌</u> 것은 무엇인가요? (   )

① 섬모의 역할은 무엇인가요?
② 코로 들어온 공기의 이동 경로는 어떻게 되나요?
③ 코털과 점액이 없을 경우 일어날 수 있는 일은 무엇인가요?
④ 먼지와 세균이 우리 몸에 들어오면 발생하는 질병은 무엇인가요?
⑤ 폐포에서 다량의 산소와 이산화 탄소를 교환할 수 있는 까닭은 무엇인가요?

적용

4 다음 ㉮~㉰에 들어갈 말을 이 글에서 찾아 쓰세요.

> 　　사람과 마찬가지로 물고기도 호흡을 한다. 물고기는 아가미를 열고 닫으며 끊임
> 없이 물속의 (　㉮　)를 흡수하고 (　㉯　)를 배출한다. 따라서 아가미
> 는 호흡 기관인 (　㉰　)와 같은 역할을 한다.

(1) ㉮ : (　　　　　　　　　), (2) ㉯ : (　　　　　　　　　), (3) ㉰ : (　　　　　　　　　)

구조 분석

문단 요약

5 각 문단의 중심 내용으로 알맞은 것에 ○표, 틀린 것에 ✕표를 하세요.

1 문단	사례의 증상	( )
2 문단	폐의 구조와 역할	( )
3 문단	코, 기관, 기관지의 구조와 역할	( )
4 문단	호흡 기관의 뜻과 구성 요소, 호흡 과정	( )
5 문단	기도의 역할과 사례가 발생하는 이유	( )

핵심 내용

6 빈칸에 들어갈 알맞은 말을 이 글에서 찾아 쓰세요.

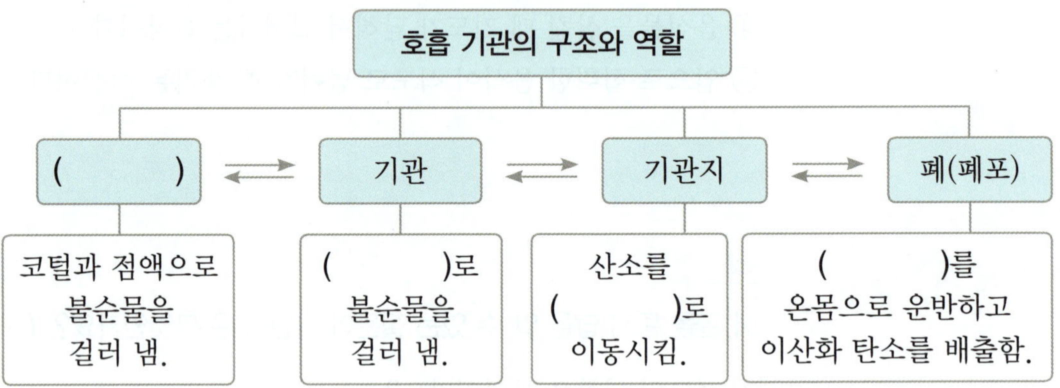

어휘

이해

7 다음 낱말의 뜻을 보기 에서 찾아 기호를 쓰세요.

보기

㉮ 끈끈한 성질이 있는 액체.

㉯ 어떤 일에 관계하여 참여함.

㉰ 순수한 물질에 섞여 있는 순수하지 않은 물질.

㉱ 병을 앓을 때 나타나는 여러 가지 상태나 모양.

㉲ 병의 증상, 감정의 변화, 어떤 행위 따위가 갑자기 세차게 일어나는 것.

(1) 점액 ( )   (2) 증상 ( )

(3) 발작적 ( )   (4) 관여 ( )

(5) 불순물 ( )

우리 몸의 호흡 기관

호흡은 숨을 들이마시고 내쉬는 활동이에요. 호흡을 통해 몸에 필요한 산소를 들이마시고 이산화 탄소를 몸 밖으로 내보내는 것이지요. 호흡 기관에는 코, 기관, 기관지, 폐가 있어요. 코는 공기가 드나드는 곳이에요. 기관은 공기가 이동하는 통로 역할을 해요. 기관지는 기관과 폐를 연결해 주는 관이고, 폐는 몸 밖에서 들어온 산소를 혈액에 전달하고 혈액 속의 이산화 탄소를 받아서 내보내는 곳이에요. 폐는 근육이 없어 스스로 움직이지 못해요. 갈비뼈 사이의 근육과 **가로막**이 폐를 확장시키고 수축시켜 호흡 운동을 하게 해 주지요. 그래서 우리가 숨을 들이마실 때 갈비뼈는 올라가고 가로막은 내려가요. 반대로 숨을 내쉴 때 갈비뼈는 내려가고 가로막은 올라가요.

· 숨을 들이마실 때

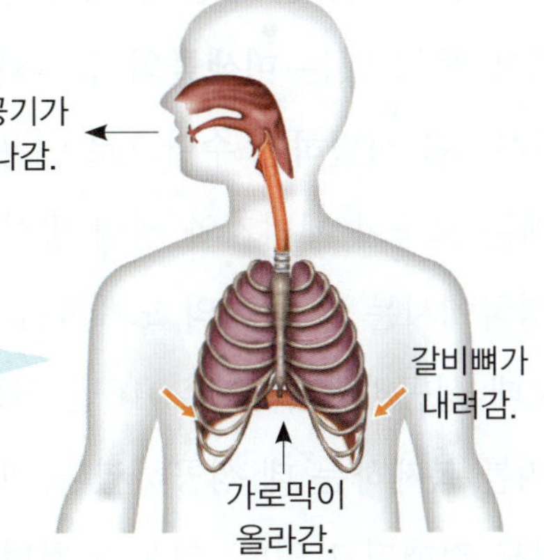

· 숨을 내쉴 때

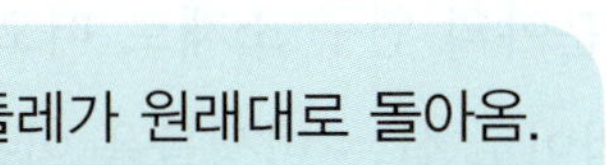

● **가로막** 배와 가슴 사이를 분리하는 근육.

 다음 빈칸에 들어갈 알맞은 용어를 쓰세요.

(1) ☐ ☐

호(부를 呼) 흡(숨 들이마실 吸)

: 숨을 내쉬고 들이마시다.

• 뜻: 생물이 외계에서 산소를 흡수하고 이산화 탄소를 몸 밖으로 내보냄. 또는 그런 과정. 외호흡과 내호흡으로 나눈다.

(2) **호흡** ☐ ☐

기(그릇 器) 관(벼슬 官): 생물의 몸을 구성하는 부분.

• 뜻: 호흡 작용을 맡은 기관. 특히 외호흡을 위하여 분화된 기관으로, 고등 동물의 허파, 어류의 아가미, 거미류의 책허파, 곤충류의 기관, 하등 동물의 피부 따위가 있다.

오줌의 재발견

1 우리는 하루 평균 1.5L의 오줌을 **배설한다**. 오줌은 어떻게 만들어져서 우리 몸 밖으로 나오는 것일까? 우리가 음식으로 섭취한 탄수화물, 지방, 단백질 등의 영양소는 호흡 과정에서 분해되어 에너지와 노폐물이 동시에 생성된다. 이때 생성된 노폐물 중 이산화 탄소는 호흡을 통해 몸 밖으로 배출되고, 물은 오줌과 땀을 통해 몸 밖으로 내보내진다. 그중에서 몸속 노폐물을 오줌과 땀으로 배출하는 작용을 '배설'이라고 한다.

2 배설 중 오줌을 만들어 내보내는 것을 담당하는 기관이 콩팥과 방광이다. 콩팥은 혈액 속 노폐물을 걸러 내는 역할을 한다. 콩팥을 거쳐 깨끗해진 혈액은 다시 몸속으로 보내지고, 노폐물은 방광으로 보내진다. 방광은 콩팥에서 보내온 노폐물을 저장하고 있다가 일정량이 되면 몸 밖으로 내보내는데, 이때 나오는 액체가 바로 오줌이다.

3 오줌은 노폐물이고 냄새가 나기 때문에 더러운 것으로 인식되기도 한다. 그러나 오줌은 우리 몸의 상태를 알려 주는 중요한 역할을 한다. 정상적인 오줌은 맑고 투명한데, 몸 상태가 좋지 않으면 진한 노란색이 된다. 오줌 검사를 했을 때 오줌이 누런색을 띠면서 **포도당**이 섞여 나오면 **당뇨병**을 의심해 볼 수 있고, 오줌에 거품이 많이 나면서 단백질이 섞여 나오면 신우신염이나 신증후군과 같은 콩팥 기능 이상을 의미하므로 **검진**을 받는 것이 좋다.

4 또 오줌은 다양한 정보를 제공하는 역할을 한다. 오줌은 우리가 섭취한 음식이나 약의 성분을 제공한다. 그래서 마약을 투약한 사람을 조사할 때 오줌을 검사하는데 그 이유는 오줌에 약의 성분이 섞여 나오기 때문이다. 또 사람마다 오줌에 들어 있는 **미생물**의 종류와 비율이 다르기 때문에 오줌 성분을 분석하여 사람을 **식별하는** 수단으로 이용할 수도 있다.

5 최근에는 오줌이 에너지와 생명 공학 분야의 연구 **소재**로 떠오르고 있다. 2015년 영국에서는 오줌 속의 노폐물을 먹이로 삼는 미생물을 이용해 전기를 생산하는 데 성공하였다. 또 2016년 일본에서는 쥐의 오줌에서 얻은 세포로 쥐 네 마리를 **복제하는** 데 성공하였다. 또한 이 세포로 다양한 병을 치료할 수 있는 연구도 진행되고 있다. 그동안 **천덕꾸러기**였던 오줌의 놀라운 변신이 시작되고 있는 것이다.

- **배설한다** 동물이 섭취한 영양소로부터 자신의 몸 안에 필요한 물질과 에너지를 얻은 후 생긴 노폐물을 콩팥이나 땀샘을 통해 밖으로 내보낸다.
- **포도당** 생물 조직 내에서 에너지원으로 소비되는 당류의 하나.
- **당뇨병** 오줌에 당분이 비정상적으로 많이 섞여 나오는 병.
- **검진** 건강 상태와 질병의 유무를 알아보기 위해 증상이나 상태를 살피는 일.
- **미생물** 눈으로는 볼 수 없는 아주 작은 생물.
- **식별하는** 분별하여 알아보는.
- **소재** 어떤 것을 만드는 데 바탕이 되는 재료.
- **복제하는** 본디의 것과 똑같은 것을 만드는.
- **천덕꾸러기** 남에게 천대를 받는 사람이나 물건.

**내용
독해**

전개 방식

1 이 글에 대한 설명으로 알맞지 <u>않은</u> 것은 무엇인가요? (　　　)

① 배설, 오줌의 의미를 밝히며 화제를 제시한다.
② 구체적인 사례를 들어 설명 내용을 뒷받침한다.
③ 앞에서 제시한 내용을 요약하며 글을 마무리한다.
④ 오줌의 역할을 하나하나 나열하는 방식을 취한다.
⑤ 질문을 던져 읽는 사람의 호기심을 자극하고 그 답을 설명한다.

내용 이해

2 이 글의 내용과 일치하는 것은 무엇인가요? (　　　)

① 최근에 오줌은 더러운 것으로 인식되기 시작했다.
② 오줌은 범죄를 수사하는 수단으로 이미 이용되고 있다.
③ 배설은 노폐물인 이산화 탄소와 물을 배출하는 것이다.
④ 당뇨병은 오줌에 거품이 많이 나면서 단백질이 섞여 나온다.
⑤ 방광은 깨끗해진 혈액을 다시 몸속으로 보내는 역할을 한다.

추론

3 이 글에 대한 반응으로 알맞지 <u>않은</u> 것은 무엇인가요? (　　　)

① 콩팥은 몸에 해로운 물질이 들어오지 못하게 막는 일을 하는군.
② 오줌에 단백질이 섞여 있지 않아야 콩팥이 건강하다고 할 수 있군.
③ 오줌에는 원래 어느 정도의 미생물과 세포가 섞여 있다고 볼 수 있군.
④ 소변 검사를 통해 파악할 수 있는 또 다른 질병이 있는지 알아봐야겠군.
⑤ 어떤 과정을 통해 미생물로 전기를 생산하는지 자료를 한번 찾아봐야겠군.

적용

4 ㉮와 같이 사람을 식별하는 역할을 하는 것을 이 글에서 찾아 쓰세요.

> ㉮ '홍채'는 눈의 각막과 수정체 사이에 있는 둥근 모양의 얇은 막인데, 이 홍채의 패턴은 사람마다 다르다. 이를 이용해 1980년 미국에서 개발한 것이 홍채 인식 기술인데, 이 기술은 홍채의 고유한 패턴을 이용하여 사람을 식별해 보안 구역의 출입을 통제하거나 금융 자동화 기기 및 전자 상거래 등에서 사용자를 인증한다.

（　　　　　　　　）

구조 분석

5 각 문단의 중심 내용을 찾아 선으로 알맞게 이으세요.

1문단 •	• 오줌은 다양한 정보를 제공함.
2문단 •	• 오줌은 콩팥과 방광을 통해 만들어짐.
3문단 •	• 오줌은 몸의 상태를 알려 주는 역할을 함.
4문단 •	• 배설은 몸속 노폐물을 오줌과 땀으로 배출하는 작용임.
5문단 •	• 최근 오줌은 에너지와 생명 과학 분야의 연구 소재로 주목받고 있음.

6 빈칸에 들어갈 알맞은 말을 이 글에서 찾아 쓰세요.

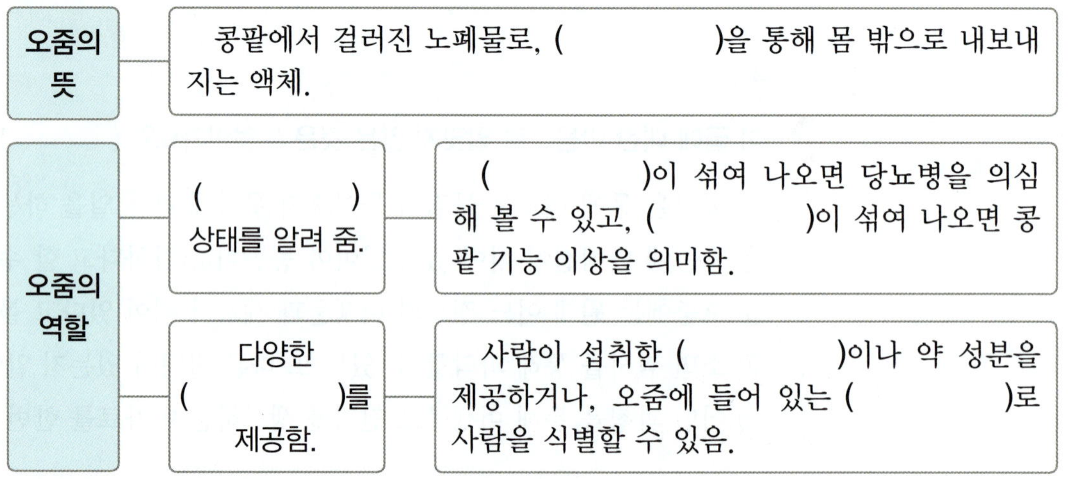

오줌의 뜻	콩팥에서 걸러진 노폐물로, ( )을 통해 몸 밖으로 내보내지는 액체.
오줌의 역할	( ) 상태를 알려 줌. — ( )이 섞여 나오면 당뇨병을 의심해 볼 수 있고, ( )이 섞여 나오면 콩팥 기능 이상을 의미함.
	다양한 ( )를 제공함. — 사람이 섭취한 ( )이나 약 성분을 제공하거나, 오줌에 들어 있는 ( )로 사람을 식별할 수 있음.

어휘

7 다음 문장에 들어갈 알맞은 낱말에 ○표 하세요.

(1) 땀은 체온 조절을 위해 (개설, 배설)되는 액체이다.

(2) 소방관이 입는 방화복은 불에 타지 않는 (소재, 체재)로 만들었다.

(3) 질병의 조기 발견과 예방을 위해 주기적인 (검색, 검진)이 필요하다.

(4) 스마트폰은 사용자의 지문을 (식별, 차별)하는 지문 인식 기술을 탑재한다.

(5) 평화의 상징이던 비둘기가 이제는 도심 속 (장난꾸러기, 천덕꾸러기) 신세가 되었다.

우리 몸의 배설 기관

음식에 들어있는 영양소와 산소를 이용해 몸에 필요한 에너지를 만들 때 노폐물이 생기는데, 이를 오줌이나 땀으로 내보내는 것을 **배설**이라고 해요. 음식물 속의 영양소들이 소화 기관을 따라 내려갈 때 흡수되지 못하고 남은 음식 찌꺼기를 항문을 통해 내보내는 것은 **배출**이라고 해요. 이 중 오줌을 담당하는 배설 기관에는 콩팥, 오줌관, 방광, **요도**가 있어요. 콩팥은 '신장'이라고도 부르며, 등 쪽으로 두 개가 있어요. 콩팥의 모양은 강낭콩을 닮았으며 크기는 주먹만 해요. 콩팥은 혈액에서 걸러 낸 노폐물을 오줌으로 만들어요. 이렇게 만들어진 오줌은 오줌관을 통해 방광으로 이동해요. 방광은 오줌을 잠시 보관하는 장소예요. 방광에 오줌이 어느 정도 쌓이면 요도를 통해 몸 밖으로 배설되는 거예요. 만약 콩팥에 문제가 생기게 되면 노폐물을 제대로 걸러 내지 못해 몸속에 노폐물이 쌓여 건강을 해치게 되죠.

핵심 용어 다음 빈칸에 들어갈 알맞은 용어를 쓰세요.

(1)

배(물리칠 排) 설(샐 泄): 밀어서 새어 나가게 함.
- 뜻: 노폐물을 몸의 안에서 밖으로 나가게 함.

(2)

배(물리칠 排) 출(날 出): 밀어서 밖으로 내보냄.
- 뜻: 동물이 섭취한 음식물을 소화하여 항문으로 내보내는 일.

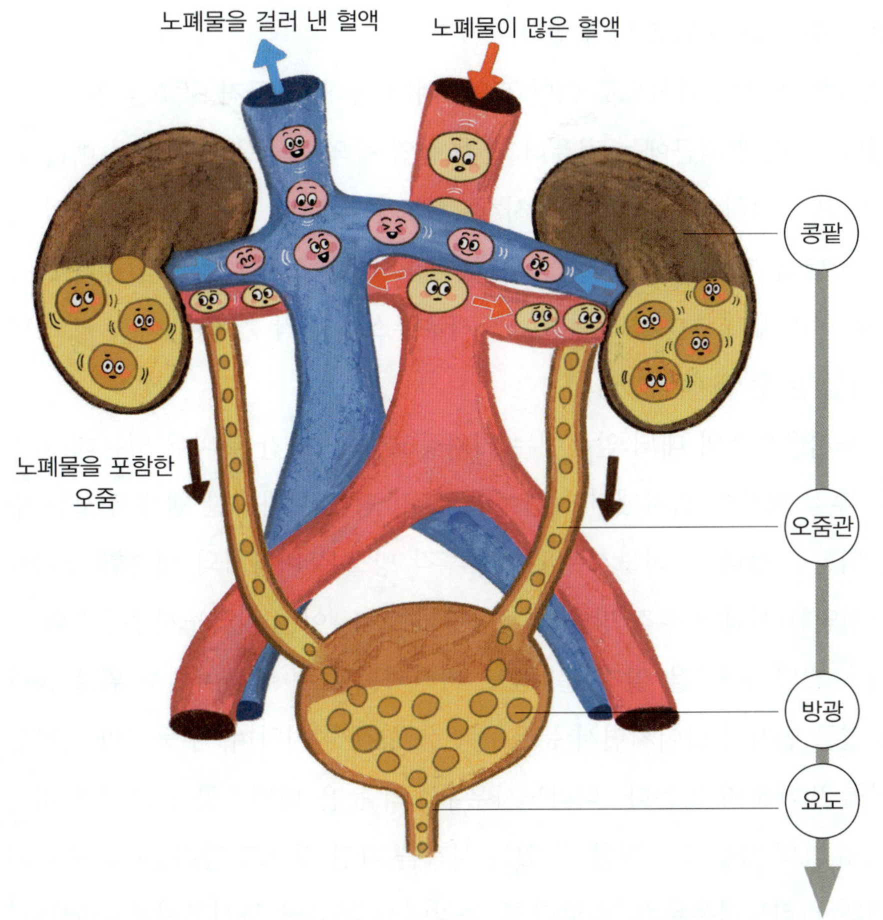

▲ 혈액 속의 노폐물을 오줌으로 만들어 몸 밖으로 내보내는 배설

● **요도** 오줌을 방광으로부터 몸 밖으로 배출하기 위한 관.

티라노사우루스의 감각 기관

1 2024년은 공룡에 관한 연구를 시작한 지 200년이 되는 해이다. 국립 과천 과학관에서는 이를 기념해 티라노사우루스 화석인 '스코티'를 **전시하였다**. 스코티는 1991년 캐나다에서 발견된 티라노사우루스 화석으로, 이 화석을 **발굴한** 사람들이 '스코티'라는 이름을 붙여 주었다. 스코티는 몸길이가 13m이고, 키는 4.5m에 달하며 몸무게는 9t일 것으로 추정하고 있다.

2 영화 등을 통해 우리에게 **친숙한** 티라노사우루스는 백악기 시대를 **주름잡았던** 육식 공룡이다. '폭군 도마뱀'이라는 뜻의 티라노사우루스는 수각류에 속하는데, 수각류란 두 발로 움직이는 거대한 육식 공룡을 말한다. 티라노사우루스 화석은 주로 캐나다, 미국 등 북아메리카에서 발견되고 있으며, 몸길이가 10~13m, 키는 4m 정도로 매우 크다. 이빨은 최대 30cm 정도로 한번 먹이를 물면 가죽과 몸은 물론 뼈까지 뚫고 들어갈 수 있는 크기이다. 티라노사우루스는 꼬리를 머리와 수평이 되게 들고 다녔으며, 앞발은 앞을 향하지 않고 서로 마주 보는 구조로 되어 있다.

3 과거에는 공룡의 화석으로 이빨 모양, 뼈의 형태 등 **골격** 구조를 연구하는 데 그쳤다. 그런데 최근에는 컴퓨터 단층 촬영 등의 기술을 이용하여 뼈를 **손상하지** 않고 화석의 내부 구조를 조사해 감각 기관, 수명 등을 연구할 수 있다. 특히 1990년에 거의 완벽하게 보전된 티라노사우루스의 화석을 컴퓨터 단층 촬영으로 머리뼈 내부를 조사해 티라노사우루스의 감각 기관이 어느 정도 발달했는지를 알 수 있게 되었다.

4 티라노사우루스의 대뇌 앞쪽에는 커다랗고 둥근 공간이 비어 있는데 이것이 바로 후각 망울이 위치했던 공간이다. 후각 망울은 다양한 냄새 **정보를 수집하는** 역할을 한다. 티라노사우루스의 후각 망울은 바나나와 비슷한 크기로 땅콩 크기만한 사람의 후각 망울보다 상당히 크다. 이는 티라노사우루스의 후각이 매우 발달하였음을 알려 준다. 또 머리뼈를 보면 주둥이에서 위로 올라갈수록 얼굴 면적이 넓어지면서 눈은 정면을 향해 위치하며, 주둥이와 콧잔등이 **시야**를 방해하지 않는다. 티라노사우루스의 눈은 테니스공과 크기가 비슷하여 6km 밖의 **사물**도 구별할 수 있는 시각을 가진 것으로 알려졌다. 세계 최대 크기의 티라노사우루스 '스코티'를 눈앞에서 본다면 무시무시하고 거대한 자태에 공포감마저 느낄지도 모르겠다.

- **전시하였다** 여러 가지 물품을 한곳에 벌여 놓고 보게 하였다.
- **발굴한** 땅속이나 흙더미, 돌더미 속에 묻혀 있는 것을 찾아서 파낸.
- **친숙한** 친하여 익숙하고 허물없는.
- **주름잡았던** 모든 일을 자기가 하고 싶은 대로 주동이 되어 처리하였던.
- **골격** 동물이나 사람의 몸을 이루는 뼈대.
- **손상하지** 물체를 깨거나 상하게 하지.
- **정보** 관찰이나 측정을 통하여 모은 자료를 실제 문제에 도움이 될 수 있도록 정리한 지식. 또는 그 자료.
- **수집하는** 취미나 연구를 위해 물건이나 자료 등을 찾아서 모으는.
- **시야** 눈으로 볼 수 있는 범위.
- **사물** 일과 물건을 아울러 이르는 말.

내용 독해

1 이 글은 무엇에 대해 쓴 글인가요? (   )

① 티라노사우루스의 사냥 방법
② 티라노사우루스 화석의 발굴 과정
③ 티라노사우루스의 체격과 감각 기관
④ 티라노사우루스가 살았던 시대의 특징
⑤ 티라노사우루스의 감각 기관의 발달 과정

내용 이해

2 이 글의 내용과 일치하는 것은 무엇인가요? (   )

① 사람의 후각 망울은 바나나만한 크기이다.
② 티라노사우루스는 쥐라기 시대에 살았던 공룡이다.
③ 컴퓨터 단층 촬영으로는 공룡의 골격 구조만 연구한다.
④ '스코티'는 공룡에 관한 연구를 시작한 지 200년이 된 해에 발굴되었다.
⑤ 후각 망울의 크기로 보아 티라노사우루스는 후각이 매우 발달했음을 알 수 있다.

추론

3 이 글을 읽고 **잘못** 추론한 친구는 누구인지 쓰세요.

> 수연: 컴퓨터 단층 촬영 기법을 활용하면 더 많은 화석을 발견할 수 있어.
> 지수: 티라노사우루스의 뛰어난 후각과 시력은 사냥에 도움이 되었을 거야.
> 호연: 백악기에 북아메리카 지역은 티라노사우루스가 살기 좋은 환경이었을 거야.

(   )

적용

4 티라노사우루스에 관해 정리한 기록으로 알맞지 **않은** 것의 기호를 쓰세요.

> ㉮ 종류: 수각류
> ㉯ 감각 기관: 후각과 시각이 발달함.
> ㉰ 이빨: 뼈까지 뚫을 수 있는 크기임.
> ㉱ 앞발: 앞을 향한 구조로 되어 있음.
> ㉲ 꼬리: 머리와 수평이 되게 들고 다님.
> ㉳ 체격: 몸길이 10~13m, 키 4m 정도

(   )

구조 분석

문단 요약

5 각 문단의 중심 내용을 찾아 선으로 알맞게 이으세요.

1 문단	티라노사우루스는 체격이 큼.
2 문단	티라노사우루스는 후각과 시각이 매우 발달함.
3 문단	1991년에 캐나다에서 티라노사우르스 화석인 '스코티'가 발견됨.
4 문단	과거에는 공룡 화석으로 공룡의 골격을 연구하였으나 최근에는 감각 기관 등을 연구함.

핵심 내용

6 빈칸에 들어갈 알맞은 말을 이 글에서 찾아 쓰세요.

티라노사우루스의 (　　　　)

코	(　　　　)
(　　　　) 정보를 수집하는 후각 망울이 상당히 큼. → 후각이 매우 발달했음을 알 수 있음.	주둥이와 콧잔등이 시야를 방해하지 않는 구조이고, 눈이 테니스공과 비슷한 크기임. → (　　　　)이 매우 발달했음을 알 수 있음.

어휘

이해

7 다음 낱말의 뜻을 보기 에서 찾아 기호를 쓰세요.

보기
㉮ 친하여 익숙하고 허물없다.
㉯ 물체를 깨거나 상하게 하다.
㉰ 여러 가지 물품을 한곳에 벌여 놓고 보게 하다.
㉱ 취미나 연구를 위해 물건이나 자료 등을 찾아서 모으다.
㉲ 땅속이나 흙더미, 돌 더미 속에 묻혀 있는 것을 찾아서 파내다.

(1) 발굴하다　(　　　)　　　(2) 친숙하다　(　　　)

(3) 전시하다　(　　　)　　　(4) 손상하다　(　　　)

(5) 수집하다　(　　　)

우리 몸의 감각 기관

주변으로부터 전달된 **자극**을 느끼고 받아들이는 눈, 귀, 코, 혀, 피부 등의 기관을 '**감각** 기관'이라고 해요. 눈은 여러 가지 물체를 보고 구별하는 시각, 귀는 소리를 듣는 청각을 담당해요. 코는 냄새를 맡는 후각, 혀는 맛을 볼 수 있는 미각을 담당하지요. 손과 같은 피부는 여러 가지 물체를 접촉하여 **촉감**을 느끼거나 온도, 압력 등을 느낄 수 있는 **촉각**을 담당해요. 감각 기관을 통해 받아들인 자극은 뇌로 전달돼요. 예를 들어 정면에서 공이 날아올 때 눈은 공을 보고 자극을 받아 뇌에 정보를 전달해요. 뇌는 시각을 통해 전달된 정보를 분석하여 공을 피할 것인지 판단하고, **운동 기관**에 몸이 움직이도록 명령하게 되는 거예요.

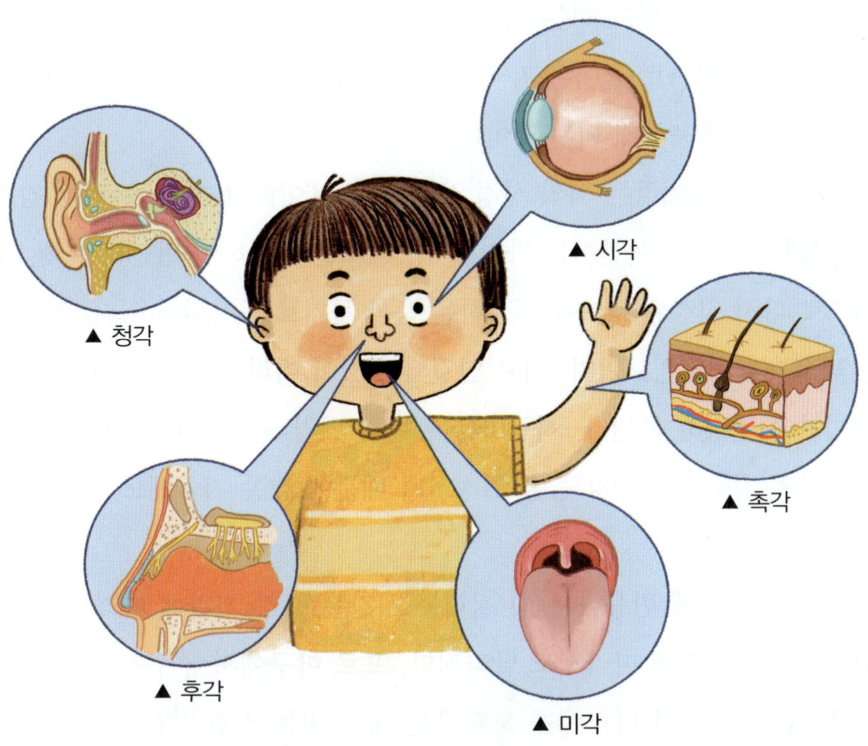

▲ 눈, 귀, 코, 혀, 피부는 주변의 자극을 받아들이는 감각 기관

 다음 빈칸에 들어갈 알맞은 용어를 쓰세요.

(1) ☐☐

감(느낄 感) 각(깨달을 覺): 느낌을 통해 깨달음.
• 뜻: 바깥의 어떤 자극을 느낌.

(2) ☐☐

촉(닿을 觸) 각(깨달을 覺): 어떤 것이 닿아서 깨달음.
• 뜻: 물건이 피부에 닿아서 느껴지는 감각.

● **자극** 사람이나 동물의 기관 등에 작용하여 반응을 일으키게 함. 또는 그런 사물.
● **촉감** 외부의 자극이 피부 감각을 통하여 전해지는 느낌.
● **운동 기관** 동물의 몸의 기관 중에서 움직임에 관여하는 기관을 통틀어 이르는 말.

왜 헛스윙을 하게 될까?

지문 분석

글자 수 1200

950 1050 1150

1 야구에서 **타자**가 **투수**가 던진 공을 맞히기 위해 방망이를 휘둘렀으나 공을 맞히지 못하는 것을 헛스윙이라고 한다. 헛스윙은 공이 날아오는 위치를 잘못 **인지했거나**, 방망이를 휘두르는 속도가 공이 날아오는 속도보다 빠르거나 느릴 때 하게 된다. 그럼 타자는 왜 헛스윙을 하는 것일까?

2 타자는 투수가 공을 던지는 순간 눈으로 공이 날아오는 정보를 받아들이고, 이 정보를 뇌로 전달한다. 그러면 뇌는 공이 날아오는 속도, 공이 날아오는 위치 등을 종합하여 **판단하고** 타자의 행동을 결정한다. 그리고 결정된 정보를 운동 기관에 명령하고, 타자는 이 명령에 따라 움직이게 된다. 이때 투수가 던진 공처럼 반응을 일으키는 요인을 '자극'이라 하고, 타자가 방망이를 휘두르는 것처럼 자극을 받고 하는 행동을 '반응'이라 한다. 즉, 눈, 코, 입, 귀, 피부 등의 감각 기관으로 들어온 자극을 뇌가 종합하고 판단하여 내린 명령에 따라 운동 기관이 반응하게 되는 것이다.

3 자극과 반응에 관여하는 뇌의 신경 세포를 '뉴런'이라고 한다. 뉴런은 감각 기관으로부터 자극을 받아들이는 가지 돌기, 정보를 분석하여 판단하는 핵, 운동 신경으로 다시 결정된 정보를 전달하는 축삭 돌기로 구성되어 있다. 사람의 뉴런은 약 1000억 개 정도이며, 서로 연결되어 있어 여러 개의 뉴런이 함께 정보를 종합하여 결정하게 된다. 사람마다 뉴런의 연결 구조가 다른데, 이 연결 구조가 사람의 **지능**이나 생각 등을 결정하기 때문에 같은 자극에도 반응 시간이 다르다.

4 일반적으로 자극에 반응하는 데 걸리는 시간은 감각 기관에 따라 다르고, 사람마다 다르며 노력에 따라서도 달라진다. **프로 야구**에서 투수가 공을 시속 150km로 던질 때 공이 타자에게 **도달하는** 데 걸리는 시간은 0.4초 정도로, 자극을 받고 반응하기에 매우 짧다. 그래서 타자가 헛스윙하게 되는 것이다. 비단 야구뿐만이 아니라 축구도 마찬가지다. 선수가 페널티 마크 지점에서 찬 공의 속력이 초속 30m일 때 공이 골대로 날아오는 시간은 0.4초 정도이다. 자극이 감각 뉴런을 지나 뇌에서 판단을 거친 다음 운동 뉴런을 통해 손과 발로 전달되는 데에는 0.3~0.35초 정도가 걸린다. 따라서 페널티 킥 상황에서 골키퍼가 공을 막는 것은 매우 어려운 일이다. 운동선수가 같은 동작을 반복 훈련하는 것은 반응 속도를 빠르게 하기 위한 것이다. 이제 이 어려운 일을 해내는 타자와 골키퍼에게 아낌없는 박수를 보내는 것은 어떨까?

- **타자** 야구에서, 배트를 가지고 공을 쳐서 공격하는 선수.
- **투수** 야구에서, 상대편의 타자가 칠 공을 포수를 향하여 던지는 선수.
- **인지했거나** 어떤 사실을 확실히 그렇다고 여겨서 알았거나.
- **판단하고** 사물을 인식하여 논리나 기준 등에 따라 판정을 내리고.
- **지능** 사물이나 상황을 이해하고 대처하는 지적인 적응 능력.
- **프로 야구** 직업 선수들이 생활의 수단으로 하는 야구.
- **도달하는** 목적한 곳이나 수준에 다다른.

내용 독해

목적

1 글쓴이가 이 글을 쓴 목적은 무엇인가요? (   )

① 야구 경기의 용어를 정확하게 설명하기 위해
② 자극과 반응이 일어나는 과정을 설명하기 위해
③ 타자가 공을 정확하게 맞히는 방법을 설명하기 위해
④ 자극에 대한 반응 시간을 줄이는 방법을 설명하기 위해
⑤ 자극으로부터 감각 기관을 보호하는 방법을 알려 주기 위해

내용 이해

2 이 글의 내용과 일치하지 <u>않는</u> 것은 무엇인가요? (   )

① 자극이 일어나기 위해서는 먼저 반응이 있어야 한다.
② 뉴런의 연결 구조에 따라 자극에 대한 반응이 다르다.
③ 운동 기관은 뉴런이 내린 명령을 실행하는 역할을 한다.
④ 뉴런의 가지 돌기는 감각 기관으로부터 받은 자극을 받아들인다.
⑤ 감각 기관에 따라 자극을 받고 반응하는 데 걸리는 시간이 다르다.

추론

3 이 글을 통해 추론할 수 있는 내용이 <u>아닌</u> 것은 무엇인가요? (   )

① 타자가 노력할수록 헛스윙하는 횟수를 줄일 수 있을 것이다.
② 사물을 볼 때와 소리를 들을 때 반응 시간이 서로 다를 것이다.
③ 자극에 대한 반응 속도가 빠른 사람일수록 지능이 높을 것이다.
④ 날아오는 공의 속도가 빠를수록 헛스윙할 확률이 높아질 것이다.
⑤ 똑같이 날아오는 공을 보더라도 사람마다 행동하는 속도는 다를 것이다.

적용

4 다음 중 자극과 반응의 과정을 설명할 때 제시할 수 있는 사례로 가장 알맞은 것의 기호를 쓰세요.

> ㉮ 뱀을 보고 놀라서 도망가는 행동
> ㉯ 자기도 모르게 노래를 흥얼거리는 행동
> ㉰ 주머니에 넣어 둔 지갑을 잃어버리는 행동

(   )

구조 분석

문단 요약

5 각 문단의 중심 내용으로 알맞은 것에 ◯표, 틀린 것에 ✕표를 하세요.

1문단	헛스윙의 뜻과 헛스윙을 하게 되는 상황	( )
2문단	타자가 날아오는 공을 보고 헛스윙을 하는 원인	( )
3문단	감각 기관과 운동 기관의 구조와 역할	( )
4문단	자극에 대한 반응 시간에 영향을 미치는 요인과 헛스윙을 하는 이유	( )

핵심 내용

6 빈칸에 들어갈 알맞은 말을 이 글에서 찾아 쓰세요.

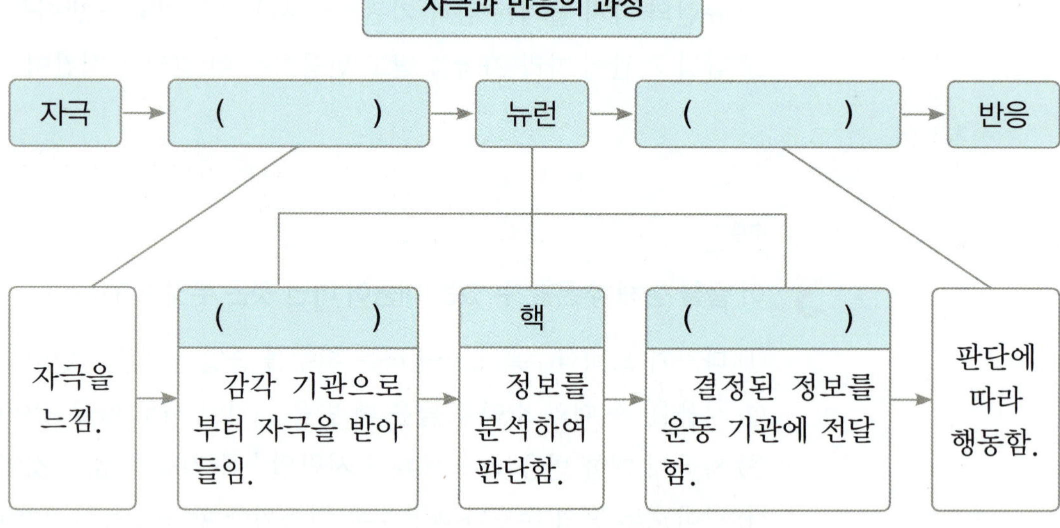

어휘

적용

7 다음 문장의 빈칸에 들어갈 알맞은 낱말을 보기 에서 찾아 쓰세요.

보기

| 지능 | 도달 | 인지 | 판단 | 투수 |

(1) 마라톤 선수들이 마침내 반환 지점에 ( )했다.

(2) 원님께 누가 옳고 그른지 ( )해 달라고 청했다.

(3) 4번 타자는 ( )이/가 던진 공을 담장 밖으로 넘겼다.

(4) 침팬지는 막대기를 도구로 사용할 수 있을 정도의 ( )을/를 가지고 있다.

(5) 구급 대원은 환자가 위급한 상황이라고 ( )하고 급히 병원으로 이송했다.

우리 몸의 여러 기관의 관련성

정답과 해설  12 쪽

콧속에 이물질이 들어가면 간질간질한 느낌이 들면서 자기도 모르게 재채기가 나오는 것처럼, 인간이나 동물 등의 생물이 환경과 **상호 작용**할 때 주변 환경이 생물에게 끼치는 영향을 **자극**이라고 해요. 이 자극은 눈, 코, 귀, 혀, 피부의 감각 기관을 통해 인식된 다음 신경과 **척수**를 통해 뇌로 전달돼요. 뇌는 자극에 대해 어떻게 반응할 것인지를 판단해 명령을 내려요. 그러면 다시 척수와 신경을 통해 뇌의 명령이 팔, 다리와 같은 운동 기관으로 전달되어 우리 몸이 움직이게 돼요. 이렇게 자극에 대해 생물이 하는 행동을 **반응**이라고 해요. '자극'과 '반응'의 과정에서 감각 기관과 척수, 신경, 뇌, 운동 기관과 같은 우리 몸의 기관들은 모두 연관되어 **기능하고** 활동한답니다.

핵심 용어 다음 빈칸에 들어갈 알맞은 용어를 쓰세요.

(1) ☐☐

자(찌를 刺) 극(창 戟): 창으로 찌름.
- 뜻: 창으로 찌르는 것과 같이, 생물체에 작용하여 움직임을 일으키는 외부의 영향.

(2) ☐☐

반(되돌릴 反) 응(응할 應): 되돌리어 응함.
- 뜻: 자극에 의해 일어나는 생체의 대응 행동.

감각 기관

▲ 감각 기관(손)으로 눈을 만짐.

행동을 결정하는 뇌

▲ 뇌에서 차가움을 받아들임.
→ 손을 따뜻하게 하도록 결정함.
→ 운동 기관에 정보를 전달함.

운동 기관

▲ 운동 기관(손)으로 장갑을 낌.

- **상호 작용** 짝을 이루거나 관계를 맺고 있는 이쪽과 저쪽 사이에서 이루어지는 작용.
- **척수** 척추의 뼈 속에 있는, 신경 세포가 모인 부분.
- **기능하고** 어떤 역할이나 작용을 하고.

운동과 에너지

학습할 내용

과학 교과서 개념	지문명	과학 교과서 핵심 용어
01 빛의 직진	그림자의 원리	빛의 직진, 그림자
02 빛의 반사	거울의 원리	입사각, 반사각
03 빛의 굴절	별은 거기에 없다	굴절, 경계면
04 보이지 않는 빛	적외선 열화상 카메라	가시광선, 자외선
05 온도의 측정과 변화	온도계의 변천	온도계, 온도 측정
06 온도가 다른 두 물체의 접촉	물을 시원하게 만들려면	열의 이동, 열평형
07 열의 이동 방법	과학적인 난방 장치 '온돌'	전도, 대류
08 빛에 의한 열의 이동	지구 온난화 현상	복사열, 온난화
09 단열	우주에서 어떻게 살 수 있을까?	단열, 진공 상태

빛의 직진

그림자의 원리

1 다들 한 번쯤은 불빛 가까이에서 손을 움직여 벽이나 창문에 여러 모양의 그림자를 만들어 본 적이 있을 것이다. 양 손가락을 사용해 귀가 뾰족한 개, 입을 벌린 여우, 뿔난 도깨비, 주전자 등을 나타낼 뿐만 아니라, 손재주가 좋은 사람은 주먹이나 팔을 사용해 배를 젓는 사공을 만드는가 하면 말 타는 **기수** 그림자도 만들어 낸다. 그림자놀이는 아시아, 유럽, 아메리카 대륙에 이르기 까지 대부분의 나라에서 존재했으며, 특히 중국과 인도에서는 인형극, 가면극 과 함께 **성행하였다.** 사람들은 그림자로 인형극을 하며 신화나 **민담**과 같은 이야기를 전했는데, 우리나라에서는 고려 시대에 '만석중 놀이'라는 그림자 연 극을 하며 부처님 오신 날을 기렸다.

2 그림자는 빛과 물체가 있는 곳이라면 어디에서든지 생긴다. 빛이 공기 중 에 **직진하다가** 어떤 물체에 닿으면 빛의 일부 혹은 전부가 막혀 어두운 부분 이 생기는데, 이것을 '그림자'라고 한다. 그림자는 빛이 나아가다가 물체를 **통 과하지** 못해 생기는 것이기 때문에 그림자의 모양은 물체의 모양과 비슷하게 나타난다.

3 또한, 그림자는 같은 물체라도 빛을 비추는 방향이나 물체가 놓인 방향에 따라 다른 모양으로 나타날 수 있다. 예를 들어, 고깔모자를 세워 두고 위에서 아래쪽으로 빛을 비출 때 그림자는 고깔모자의 바닥과 같은 원 모양으로 생긴 다. 반면 옆에서 빛을 비출 때는 그림자가 고깔모자의 옆면의 **윤곽**과 같은 삼 각형 모양으로 생긴다. 그리고 물체에 **동일한** 방향으로 빛을 비추더라도 물체 를 세워 놓을 때와 눕혀 놓을 때 그림자의 모양이 각각 다르게 나타나기도 한다.

4 이뿐만 아니라 같은 물체라도 빛을 비추는 **광원**과 물체 사이의 거리에 따 라 그림자의 크기가 다르게 나타날 수 있다. 예를 들어, 그림자의 크기를 크게 하려면 물체를 손전등 쪽으로 움직이거나 손전등을 물체 쪽으로 움직여 손전 등과 물체 사이의 거리를 가깝게 한다. 반대로 그림자의 크기를 작게 하려면 손전등과 물체 사이의 거리를 멀게 하면 된다. 이처럼 그림자의 모양이나 크 기를 변화시키는 원리를 이용해 그림자 동화나 그림자 연극과 같이 다양한 예 술 활동을 하기도 한다.

- **기수** 경마에서 말을 타는 사람.
- **성행하였다** 매우 크게 유행하였다.
- **민담** 예로부터 민간에 전하여 내려오는 이야기.
- **직진하다가** 곧게 나아가다가.
- **통과하지** 어떤 곳이나 때를 거쳐서 지나가지.
- **윤곽** 사물의 테두리나 대강의 모습.
- **동일한** 어떤 것과 비교하여 똑같은.
- **광원** 태양, 전구, 촛불 따위와 같이 스스로 빛을 발하는 물체를 통틀어 이르는 말.

내용 독해

1 이 글에서 설명하는 것은 무엇인가요? (   )

① 그림자마다 진하기가 다른 이유
② 그림자놀이가 변화되어 온 과정
③ 지구에 달의 그림자가 생기는 현상
④ 그림자가 생기는 원리와 그림자의 특징
⑤ 그림자놀이가 여러 문명으로 널리 퍼져 나간 역사

2 이 글의 내용과 일치하는 것은 무엇인가요? (   )

① 그림자놀이는 우리나라에만 존재한다.
② 그림자는 빛이 아예 없는 곳에 생긴다.
③ 물체가 놓인 방향을 바꾸면 그림자의 크기가 변한다.
④ 그림자의 모양은 물체의 모양과 좌우가 바뀌어 나타난다.
⑤ 빛을 비추는 방향을 바꾸면 그림자의 모양이 바뀔 수 있다.

3 이 글을 읽고 다음 실험의 결과를 알맞게 예측한 것은 무엇인가요? (   )

> 1. 스크린 앞에 종이 인형을 세우고, 손전등으로 종이 인형을 비춘다.
> 2. 스크린과 손전등은 그대로 두고 종이 인형을 손전등 쪽으로 이동한다.

① 스크린에 비치는 그림자의 모양이 달라질 것이다.
② 스크린에 비치는 그림자의 크기에는 변함이 없을 것이다.
③ 스크린에 비치는 그림자의 크기가 이전보다 더 커질 것이다.
④ 스크린에 비치는 그림자의 크기가 이전보다 더 작아질 것이다.
⑤ 손전등을 종이 인형과 멀어지게 할 때와 같은 결과가 나타날 것이다.

4 다음에서 설명하는 것은 무엇인지 이 글에서 찾아 세 글자로 쓰세요.

> 직진하는 빛이 물건에 막혀 생기는 그늘을 이르는 말로, 물건에 빛을 비추면 물건의 모양대로 나타난다. 빛이 없는 캄캄한 곳에서는 생기지 않고 빛이 있는 곳에만 생긴다. 사람들은 이것을 이용하여 인형극을 하는 등 다양한 예술 작품을 만들기도 한다.

(   )

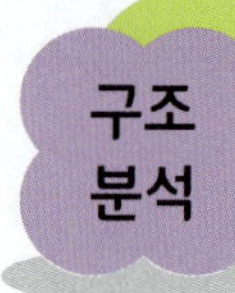

구조 분석

문단 요약

5 다음 빈칸에 들어갈 알맞은 말을 쓰며 이 글의 내용을 정리하세요.

문단	중심 내용
1	세계 여러 지역에서 즐겨 온 (　　　　　)놀이
2	(　　　　　)이 직진하다가 물체를 통과하지 못해 생기는 그림자
3	빛을 비추는 방향과 물체가 놓인 (　　　　　)에 따라 모양이 달라지는 그림자
4	광원과 물체 사이의 거리에 따라 (　　　　　)가 달라지는 그림자

핵심 정리

6 빈칸에 들어갈 알맞은 말을 이 글에서 찾아 쓰세요.

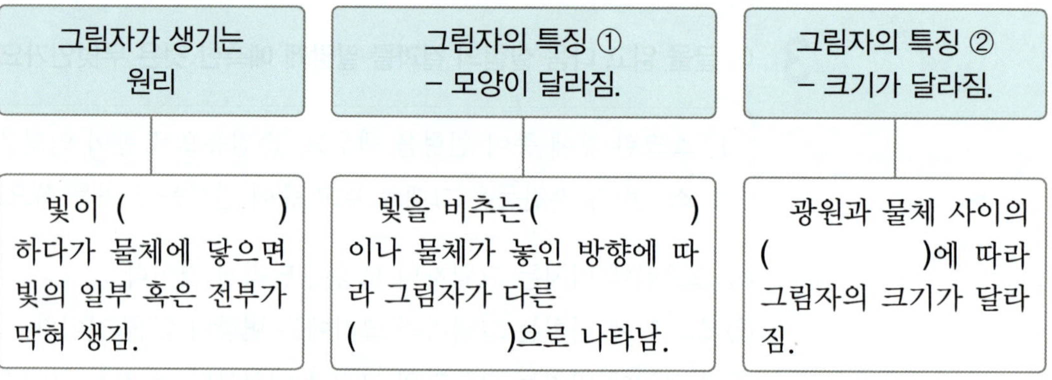

어휘

적용

7 다음 문장에 들어갈 알맞은 낱말에 ○표 하세요.

⑴ 기차가 터널을 (통과, 통일)하고 있다.

⑵ '서점'과 '책방'의 뜻은 (동일하다, 유일하다).

⑶ 사실주의는 19세기에 (성숙, 성행)하던 예술 양식이다.

⑷ 네거리에서 (직면, 직진)하여 100m만 더 가면 학교가 있다.

⑸ 쏟아지는 눈 사이로 사람들의 (두각, 윤곽)이 어렴풋하게 보였다.

빛의 직진

빛은 공기 중에서 **곧게** 나아가는 **성질**이 있어요. 이러한 성질을 **빛의 직진**이라고 해요. 빛이 직진하다가 물체를 만나면 빛이 통과하지 못해 물체 뒤에 어두운 부분이 생기는데, 이것을 **그림자**라고 해요.

물체의 그림자 크기를 변화시키려면 손전등의 위치나 물체의 위치, 스크린의 위치 등을 조절해야 해요. 먼저, 손전등을 물체에 가깝게 하면 그림자의 크기가 커져요. 반대로 손전등을 물체에서 멀게 하면 그림자의 크기가 작아지죠. 다음으로, 물체를 손전등에 가깝게 하면 그림자의 크기가 커지고, 물체를 손전등에서 멀게 하면 그림자의 크기가 작아져요. 마지막으로 스크린을 물체에서 멀게 하면 그림자의 크기가 커지고, 스크린을 물체에 가깝게 하면 그림자의 크기가 작아진답니다.

핵심 용어 다음 빈칸에 들어갈 알맞은 용어를 쓰세요.

(1) **빛의** ☐☐

직(곧을 直) 진(나아갈 進): 곧게 나아감.
• 뜻: 빛이 곧게 나아감.

(2) ☐☐☐

• 뜻: 물체가 빛을 가려서 그 물체의 뒷면에 드리워지는 검은 그늘.

• 곧게 나아가는 성질을 가진 빛

▲ 직진하는 빛이 물체를 통과하지 못하기 때문에 물체와 비슷한 모양의 그림자가 생김.

• 빛의 방향에 따른 그림자 모양

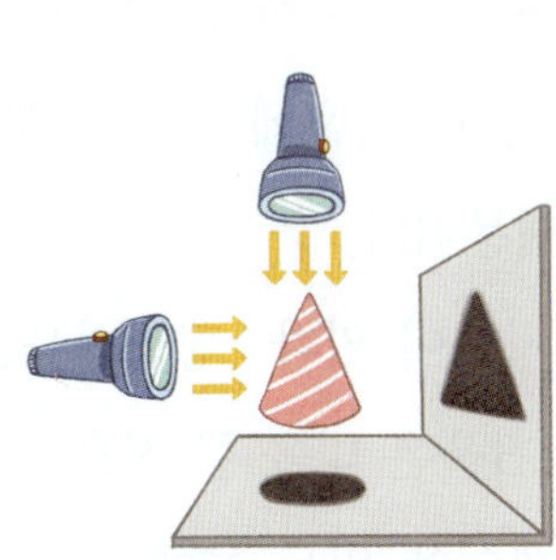

▲ 위에서 아래로 빛을 비출 때에는 원 모양, 옆에서 빛을 비출 때에는 삼각형 모양임.

• 빛과 물체의 거리에 따른 그림자 크기

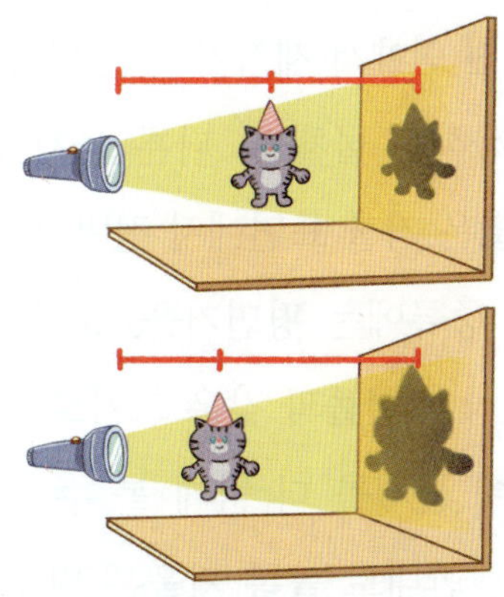

▲ 빛과 물체가 멀 때에는 작고, 빛과 물체가 가까울 때에는 큼.

● **곧게** 굽거나 비뚤어지지 아니하고 똑바르게.
● **성질** 사물이나 현상이 가지고 있는 고유의 특성.

지문 분석

글자 수 1055
950 1050 1150

빛의 반사

거울의 원리

1 인류 최초의 거울은 호수나 연못과 같은 물의 **표면**이었다. 그런데 물의 표면은 **휴대하기가** 불편하였다. 그래서 사람들은 암석을 갈아 매끈하게 **윤**을 내어 거울로 사용하기 시작했고, 이후 **청동**이나 구리 등을 이용하여 거울을 만들었다. 현재는 유리 뒤에 은이나 알루미늄을 **도금하여** 거울을 만든다. 이렇게 거울의 재료는 달라졌어도 모든 거울이 물체를 비추는 원리는 동일한데, 그것은 바로 빛의 **반사**이다.   5

2 빛은 직진하여 물체에 닿으면 일부는 물체에 흡수되고 일부는 물체의 표면에서 튕겨 나오는데, 이렇게 빛이 나아가다가 물체를 만나 표면에서 튕겨 나오는 현상을 '빛의 반사'라고 한다. 이때 눈은 반사된 빛을 인지하여 물체를 볼 수 있다. 예를 들어 거울 앞에 연필을 세워 놓으면 연필의 한 점에서 **사방**으로   10 나온 빛이 거울 표면에 닿아 반사되어 우리가 거울 속 연필을 보게 되는 것이다. 이때 눈으로 들어온 연필의 반사된 빛을 직선으로 **연장하면** 거울 속 연필의 한 점에서 만나게 된다. 사람의 뇌는 빛이 직진한다고 생각하기 때문에 거울 속의 연필에서 나온 빛이 눈에 들어왔다고 느끼지만, 사실은 거울 속의 연필에서 나온 빛이 아니다.   15

3 빛의 반사에는 정반사와 난반사가 있는데, 정반사는 나란하게 들어온 빛이 **광택**이 나는 금속 면이나 유리 같은 매끄러운 면에서 일정한 방향으로 반사되는 현상을 말한다. 난반사는 나란하게 들어온 빛이 종이나 구겨진 알루미늄박과 같은 거친 면에서 제각기 다른 방향으로 흩어져 반사되는 현상을 말한다. 종이는 난반사하는 물체로, 다른 물체가 비치지 않는다. 거울에 물체의 모습이   20 비치는 까닭은 거울 표면에서 정반사가 일어나기 때문이다.

4 거울의 종류에는 평면거울, 오목 거울, 볼록 거울이 있다. 평면거울은 좌우가 바뀐 상이 **실물**과 같은 크기로 보인다. 오목 거울은 빛을 한 점으로 모아주기 때문에 물체를 더 밝게 볼 수 있고 거울 가까이에 있는 물체를 더 크게 볼 수 있다. 반대로 볼록 거울은 빛을 퍼뜨리기 때문에 더 넓은 곳까지 볼 수   25 있고 물체는 실제보다 더 작게 보인다. 거울의 원리를 알면 자동차 뒷거울이 오목하다는 것과 편의점 거울은 볼록하다는 것을 인지하게 될 것이다.

- **표면** 사물의 가장 바깥쪽. 또는 가장 윗부분.
- **휴대하기가** 손에 들거나 몸에 지니고 다니기가.
- **윤** 반질반질하고 매끄러운 기운.
- **청동** 구리와 주석의 합금.
- **도금하여** 물체의 겉에 금이나 은 따위의 금속을 얇게 입혀.
- **반사** 일정한 방향으로 나아가던 파동이 다른 물체의 표면에 부딪쳐서 나아가던 방향을 반대로 바꾸는 현상.
- **사방(四** 넉 사, **方** 방향 방**)** 둘레의 모든 곳.
- **연장하면** 주어진 선분을 한쪽 방향 또는 양쪽 방향으로 늘이면.
- **광택** 빛의 반사로 물체의 표면에서 반짝거리는 빛.
- **실물** 실제로 있는 물건이나 사람.

전개 방식

1 이 글의 특징으로 알맞은 것은 무엇인가요? (   )

① 질문을 던져 독자의 관심을 유발하고 있다.

② 특정 현상을 다양한 관점에서 설명하고 있다.

③ 다른 대상과의 비교를 통해 대상의 특성을 밝히고 있다.

④ 핵심 개념을 밝힌 뒤에 그에 대한 내용을 전개하고 있다.

⑤ 전문가의 의견을 인용하여 현상의 원인을 분석하고 있다.

내용 이해

2 '빛의 반사'에 대한 설명으로 알맞은 것은 무엇인가요? (   )

① 빛이 물체에 흡수되는 현상이다.

② 사람이 사물을 볼 수 있게 하는 현상이다.

③ 빛이 곧게 나아가려는 성질을 나타내는 말이다.

④ 거울의 크기에 따라 정반사와 난반사로 나타난다.

⑤ 빛이 물건 표면에 부딪혀 항상 일정한 방향으로만 튕겨 나아가는 현상이다.

추론

3 **4** 문단을 통해 추론할 수 있는 내용은 무엇인가요? (   )

① 편의점의 감시 거울은 오목 거울일 것이다.

② 화장용 확대 거울은 대부분 볼록 거울일 것이다.

③ 도로나 골목의 안전 거울은 볼록 거울일 것이다.

④ 치과용 진료 거울로 평면거울이 많이 쓰일 것이다.

⑤ 옷 가게의 전신 거울은 대부분 볼록 거울일 것이다.

적용

4 잠망경에는 두 개의 평면거울이 있어 빛이 두 번 반사됩니다. 그림과 같이 숫자를 비춰 봤을 때 [1]과 [2]에서 나타나는 모습을 표에서 골라 차례대로 기호를 쓰세요.

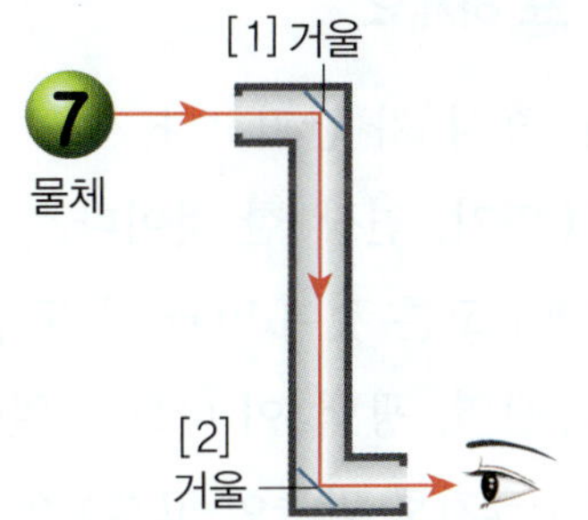

㉮	㉯	㉰	㉱
7	7	7	7

(,   )

**구조
분석**

5 다음은 어느 문단의 중심 내용인지 문단의 번호를 쓰세요.

중심 내용	문단
거울의 종류와 특징	(　　　)문단
거울의 역사와 거울의 원리	(　　　)문단
반사의 종류인 정반사와 난반사의 개념과 특징	(　　　)문단
'빛의 반사'의 뜻과 거울이 물체를 비추는 과정	(　　　)문단

6 빈칸에 들어갈 알맞은 말을 이 글에서 찾아 쓰세요.

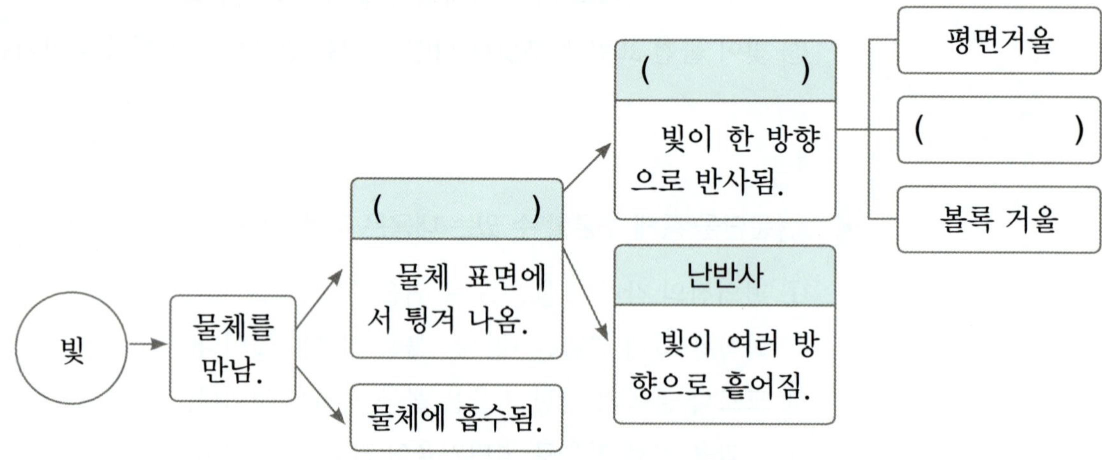

어휘

7 다음 문장에 들어갈 알맞은 낱말에 ◯표 하세요.

(1) 이 우산은 접을 수 있어서 (휴대, 휴식)가 간편하다.

(2) 직선은 선분을 양쪽으로 끝없이 (연기, 연장)한 것이다.

(3) 레몬은 전체적으로 (표면, 표현)이 고른 것이 맛과 향 모두 좋다.

(4) 나는 아버지의 구두를 반짝반짝 (광역, 광택)이 나도록 열심히 닦았다.

(5) 그 회사는 신제품을 (실물, 실속) 크기로 만들어 고객들에게 홍보했다.

빛의 반사

우리가 거울을 통해 자기 모습과 사물을 보고, 물체를 볼 수 있는 이유는 빛이 거울 표면에서 반사되어 들어오기 때문이에요. 반사의 종류에는 정반사와 난반사가 있어요. 거울과 같이 매끈한 면에서 일정한 방향으로 반사하는 현상을 정반사라고 하고, 나란하게 입사한 빛이 흰 종이와 같은 거친 면에서 여러 방향으로 흩어져 반사하는 현상을 난반사라고 해요.

빛이 직진하다 물체에 부딪히면 그 표면에서 튕겨 나와 반사돼요. 이때 물체를 향해 들어가는 빛을 '입사 **광선**', 물체에 부딪힌 후 반사되어 나오는 빛을 '반사 광선'이라고 한답니다. 그리고 반사되는 면과 **수직**인 선을 '법선', 입사 광선이 법선과 이루는 각을 **입사각**, 반사 광선이 법선과 이루는 각을 **반사각**이라고 하지요. 빛이 반사할 때 입사각과 반사각의 크기가 같은데, 이것을 '반사 법칙'이라고 해요.

핵심 용어 다음 빈칸에 들어갈 알맞은 용어를 쓰세요.

(1) ☐☐ **각**

입(들 入) 사(활 쏠 射): 들여 쏨.
• 뜻: 입사 광선과 법선이 이루는 각.

(2) ☐☐ **각**

반(되돌릴 反) 사(활 쏠 射): 되돌려 쏨.
• 뜻: 반사 광선과 법선이 이루는 각.

• 빛의 반사

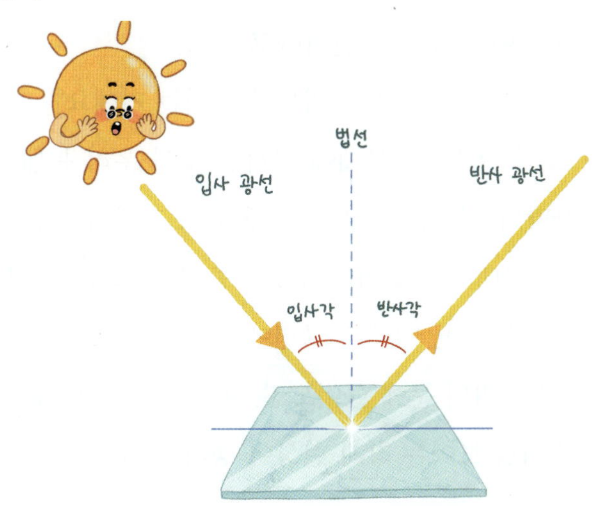

▲ 직진하던 빛이 성질이 다른 물질의 경계면에서 되돌아 나오는 현상

• 빛의 정반사

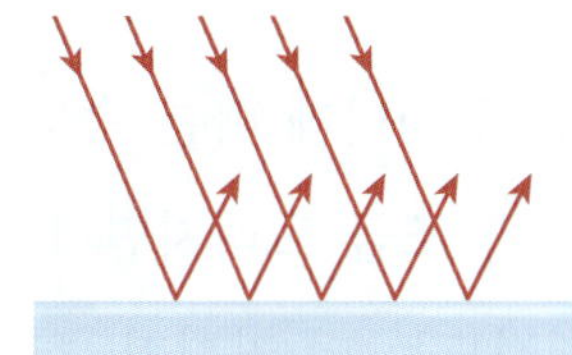

▲ 물체의 상을 볼 수 있음.

• 빛의 난반사

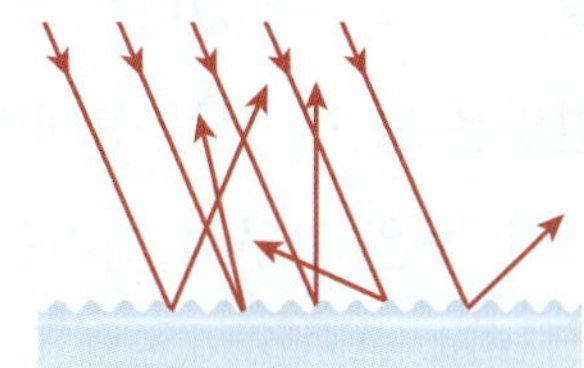

▲ 물체를 여러 방향에서 볼 수 있음.

● **광선** 빛의 줄기.
● **수직** 직선과 직선, 직선과 평면, 평면과 평면 따위가 서로 만나 직각을 이루는 상태.

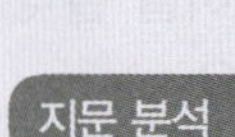

지문 분석

글자 수 1022
950 1050 1150

빛의 굴절

별은 거기에 없다

1 정진: 선생님, 어제 읽은 이야기책에서 사막에 간 주인공이 **오아시스**를 보고 달려갔지만 실제로는 아무것도 없는 장면이 있었어요.

선생님: 사막에서 자주 볼 수 있는 **신기루** 이야기구나.

정진: 네, 맞아요. 그 장면을 읽고 나니 신기루가 왜 생기는지 궁금해졌어요.

2 선생님: 신기루는 빛이 **굴절하기** 때문에 생기는 거란다. 빛은 통과하는 물질에 따라 **진행** 속도가 달라져. 이때 빛이 통과하는 매개체를 매질이라고 해. 매질은 빛이 진행하는 것을 방해하지. **진공** 상태에서는 매질이 없어서 빛이 빠르게 지나갈 수 있어. 그런데 **대기** 중에서는 빛의 진행을 방해하는 입자가 많아지니까 매질의 밀도가 높아져 빛의 속도가 느려진단다. 그리고 물은 대기보다 밀도가 더 높아서 물속에서는 빛의 진행 속도가 더 느려지지. 10

정진: 그러면 빛은 어떻게 굴절하는 건가요?

선생님: 빛은 매질이 달라질 때마다 속도가 달라지면서 매질의 **경계면**에서 직진하는 방향이 꺾이는데, 이를 빛의 굴절이라고 하지.

3 정진: 선생님, 그런데 왜 빛의 굴절로 신기루가 생기는 거예요?

선생님: 우리가 사물을 볼 수 있는 건 물체에 반사된 빛이 우리 눈에 들어오기 15 때문이란다. 뜨거운 사막의 지면은 매우 높은 온도로 가열되어 공기 밀도가 낮지만, 그 위의 공기는 상대적으로 차가워 공기층의 밀도가 높아서 공기의 굴절 정도가 층마다 달라진단다. 이때 지표면에 있는 물체에서 반사된 빛이 위쪽 부분으로 굴절하여 우리의 눈에 들어오면, 마치 지평선 아래에 있던 물체가 공중에 떠 있는 것처럼 보이는 **착시** 현상이 생기는 거지. 20

정진: 와, 신기해요!

4 선생님: 우리가 보는 밤하늘의 별도 사실은 보이는 위치보다 낮은 위치에 있다는 걸 알고 있니? 그것도 빛의 굴절 때문에 생기는 현상이란다.

정진: 그럼 별은 실제로 그곳에 없다는 건가요?

선생님: 그렇지. 별빛은 텅 빈 진공 상태인 우주 공간을 엄청나게 빠른 속도로 25 달려오다가 밀도가 높은 지구의 대기층을 만나 속도가 조금 느려지면서 굴절된단다. ㉠지표면에 가까워질수록 빛이 굴절되는 정도는 더 커지지. 하지만 우리는 눈으로 들어온 빛의 **연장선**에 물체가 있다고 생각하기 때문에 착시 현상이 생기는 거지.

정진: 빛의 굴절이 마치 마술처럼 신기한 현상을 만드네요. 30

- **오아시스** 사막 가운데에 샘이 솟고 풀과 나무가 자라는 곳.
- **신기루** 대기 속에서 빛의 굴절 현상에 의하여 공중이나 땅 위에 무엇이 있는 것처럼 보이는 현상.
- **굴절하기** 휘어서 꺾이기.
- **진행** 앞으로 향하여 나아감.
- **진공** 물질이 전혀 존재하지 아니하는 공간.
- **대기** 지구를 둘러싸고 있는 모든 공기.
- **경계면** 두 지역 사이에 일정한 기준으로 구분되는 한계 지점.
- **착시** 시각적인 착각 현상.
- **연장선** 어떤 일이나 현상, 행위 따위가 계속하여 이어지는 것.

내용 독해

1 글쓴이가 이 글을 쓴 목적은 무엇인가요? (   )

① 특정 이론의 발전 과정을 알려 주기 위해

② 과학적 원리를 통해 자연 현상을 설명하기 위해

③ 우리가 알고 있는 이론을 실험한 내용을 알려 주기 위해

④ 기존의 과학 이론을 비판하고 새로운 견해를 제시하기 위해

⑤ 다양한 이론의 비교를 통해 특정 이론의 우수성을 설명하기 위해

2 이 글의 내용과 일치하지 <u>않는</u> 것은 무엇인가요? (   )

① 사막의 신기루는 착시 현상이다.

② 매질에 따라 빛의 진행 속도가 다르다.

③ 밤에 보이는 별은 실제 위치보다 높이 떠 있는 것처럼 보인다.

④ 우리가 사물을 볼 수 있는 것은 물체에서 빛이 굴절되기 때문이다.

⑤ 물속과 대기에서 빛의 진행 속도가 다른 이유는 밀도가 다르기 때문이다.

3 이 글을 읽고 ㉠의 이유를 추론한 것으로 가장 알맞은 것은 무엇인가요? (   )

① 지표면에 가까워질수록 매질이 사라지기 때문에

② 지표면에 가까워질수록 빛의 속도가 빨라지기 때문에

③ 지표면에 가까워질수록 대기의 밀도가 낮아지기 때문에

④ 상층부의 압력으로 밀도가 낮아진 대기에서 빛의 속도가 더 느려지기 때문에

⑤ 상층부의 압력으로 밀도가 높아진 대기에서 빛의 속도가 더 느려지기 때문에

4 다음은 빛의 굴절로 인해 생기는 착시 현상에 대한 그림과 설명입니다. 밑줄 친 ㉮, ㉯에 해당하는 부분을 그림에서 찾아 각각 번호를 쓰세요.

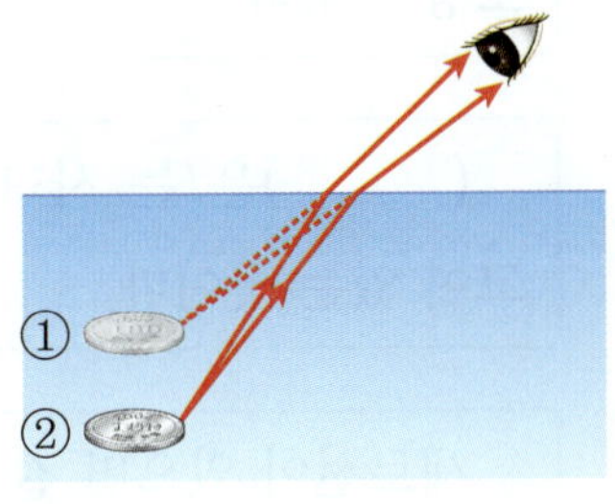

㉮동전에서 오는 빛이 물과 공기의 경계선에서 굴절하면, ㉯그 빛을 보는 사람은 눈으로 들어온 빛의 연장선에 동전이 있다고 생각하게 됩니다. 그래서 동전이 실제 동전의 위치와는 다르게 떠 보이는 것입니다.

(1) ㉮: (   )　　　　(2) ㉯: (   )

구조 분석

문단 요약

5 다음 빈칸에 들어갈 알맞은 말을 쓰며 이 글의 내용을 정리하세요.

문단	중심 내용
1	실제 있지 않은 오아시스가 보이는 (　　　　)에 대한 궁금증
2	(　　　　)의 밀도에 따라 직진하는 방향이 꺾이는 빛의 굴절 현상
3	빛의 (　　　　)로 생기는 착시 현상 사례인 신기루
4	빛의 굴절로 생기는 또 다른 착시 현상의 사례인 (　　　　)의 위치

핵심 내용

6 빈칸에 들어갈 알맞은 말을 이 글에서 찾아 쓰세요.

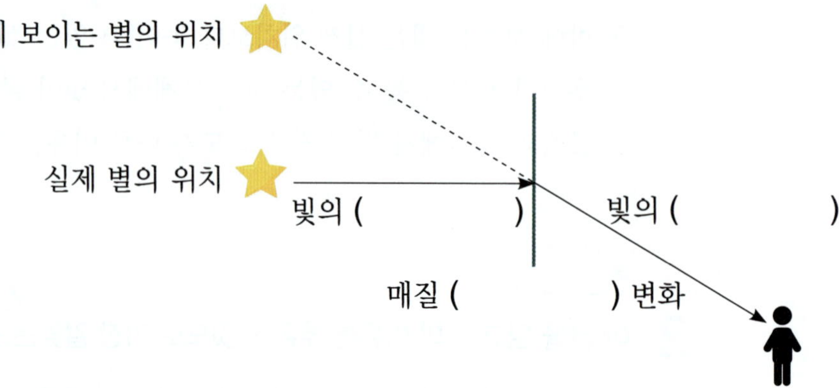

어휘

적용

7 다음 낱말이 들어갈 문장을 찾아 선으로 알맞게 이으세요.

(1) 착시　•

(2) 진행　•

(3) 진공　•

(4) 대기　•

(5) 오아시스　•

⑦ 신호가 바뀌면 (　　　)을/를 멈추어야 한다.

⑭ 황사는 미세 먼지와 같은 (　　　) 오염의 한 형태이다.

⑮ 음식이 상하지 않도록 공기를 빼내고 (　　　) 포장을 했다.

⑯ (　　　)은/는 사막 지대에서 발견되는 물이 고여 있는 곳이다.

⑰ 세로선이 있으면 길어 보이는 효과를 (　　　) 현상이라고 한다.

빛의 굴절

빛은 공기 중에서 물속으로 들어갈 때 공기와 물의 **경계**에서 꺾이고, 물속에서 공기 중으로 나올 때에도 물과 공기의 경계에서 꺾여요. 또한 공기와 유리가 만나는 경계에서도 빛은 꺾이지요. 이렇게 서로 다른 물질의 경계에서 빛이 꺾여 나아가는 현상을 빛의 **굴절**이라고 해요. 빛이 굴절하는 까닭은 빛이 진행하는 속도가 다르기 때문에 두 물질의 **경계면**에서 빛의 진행 방향이 꺾이기 때문이에요.

물고기에 닿아 반사된 빛은 물속에서 공기 중으로 나올 때 물과 공기의 경계에서 굴절해 사람의 눈으로 들어와요. 사람의 눈으로 들어온 빛의 연장선에 물고기가 있다고 생각하지만, 실제 물고기의 위치는 사람이 생각하는 물고기의 위치보다 더 아래쪽에 있어요.

▲사람은 빛이 직진하는 것으로 인식하여 굴절 광선의 연장선상에 물체가 있는 것으로 인식함.

핵심 용어 다음 빈칸에 들어갈 알맞은 용어를 쓰세요.

(1) ☐☐

굴(굽을 屈), 절(꺾을 折): 구부러져 꺾임.
· 뜻: 휘어서 꺾임.

(2) ☐☐☐

경(지경 境), 계(지경 界), 면(모양 面): 구간을 가르는 경계의 면.
· 뜻: 어떤 지역과 다른 지역 사이에 구분되어 갈리는 한계의 측면.

● **경계** 사물이 어떠한 기준에 의하여 분간되는 한계.

지문 분석

글자 수 　1087
950　1050　1150

보이지 않는 빛

적외선 열화상 카메라

1 텔레비전 프로그램에서 종종 캄캄한 방 안에 있는 사람들이 움직이는 모습을 카메라로 찍어 보여 줄 때가 있다. 이렇게 어두운 곳에서도 사람의 움직임이나 사물을 찍을 수 있는 카메라는 열화상 카메라이다. 일반 카메라는 우리가 눈으로 볼 수 있는 가시광선을 **감지하여** 사물 **고유**의 색을 찍지만, 열화상 카메라는 적외선을 감지하여 캄캄한 밤에도 사람의 움직임이나 사물을 찍을 수 있다. 5

2 빛은 앞으로 나갈 때 물결처럼 **출렁이며** 나가는데, 이때 한 번 출렁이는 길이를 파장이라고 한다. 빛은 파장은 여러 가지 색깔을 생성하는데, 길이에 따라 자외선과 가시광선, 적외선 등으로 구분된다. 햇빛이 프리즘을 통과하면 보라색, 남색, 파란색, 초록색, 노란색, 주황색, 빨간색으로 분리되는데, 이것 10 이 바로 가시광선으로 우리 눈으로 볼 수 있는 빛이다. 그리고 우리가 사물을 볼 수 있는 이유는 바로 가시광선 때문이다. 가시광선에서 보라색 부분의 파장이 가장 짧고 빨간색 부분으로 갈수록 파장이 길어진다. 자외선은 가시광선의 보라색 끝보다 바깥쪽 **범위**의 빛으로, 보라색보다 파장이 짧다. 적외선은 가시광선의 빨간색 끝보다 바깥쪽 범위의 빛으로, 빨간색보다 파장이 길다. 15 자외선과 적외선은 둘 다 눈으로 볼 수 없다.

3 우리가 햇빛을 받았을 때 따뜻하게 느끼는 까닭은 적외선 때문이다. 그래서 적외선을 '열선'이라고도 부른다. 일반적으로 사물은 열을 가지고 있어 적외선을 **발산한다**. 열화상 카메라는 바로 이 적외선을 감지하는 카메라이다. 열화상 카메라는 열에 따른 사물의 표면 온도를 색상으로 나타낸다. 온도가 20 낮을수록 검은색 또는 보라색에 가까워지고 온도가 높을수록 흰색 또는 빨간색으로 나타난다. 또 열화상 카메라는 가시광선을 감지하지 않기 때문에 주변 환경의 밝기와 관계없이 사진을 찍을 수 있다.

4 이와 같은 특징을 활용하여 열화상 카메라는 우리 주변에서 유용하게 쓰이고 있다. 소방관은 화재가 발생했을 때 연기 때문에 앞을 볼 수 없어도 열화상 25 카메라를 이용하여 구조 활동을 한다. 또 **무인** 항공기에 열화상 카메라를 달아 산불을 **감시하는** 데 사용한다. **비대면**으로 사람의 체온을 재기도 하고, 가축의 열을 재어 일정 온도 이상일 경우 **질병**을 확인해 **전염병 확산**을 방지하기도 한다.

- **감지(感** 느낄 감, **知** 알지)**하여** 느끼어 알아.
- **고유** 본래부터 가지고 있는 특유한 것.
- **출렁이며** 물 따위가 큰 물결을 이루며 흔들리며.
- **범위** 일정하게 한정된 영역.
- **발산한다** 냄새, 빛, 열 따위가 사방으로 퍼져 나간다.
- **무인(無** 없을 무, **人** 사람 인) 사람이 없음.
- **감시하는** 단속하기 위하여 주의 깊게 살피는.
- **비대면** 직접 만나지 않거나 서로 얼굴을 마주 보고 대하지 않음.
- **질병** 몸의 온갖 병.
- **전염병** 전염성을 가진 병들을 통틀어 이르는 말.
- **확산** 흩어져 널리 퍼짐.

목적

1 글쓴이가 이 글을 쓴 목적은 무엇인가요? (   )

① 열화상 카메라 연구에 관심을 끌기 위해

② 열화상 카메라의 발명 계기를 설명하기 위해

③ 열화상 카메라의 발전 과정을 소개하기 위해

④ 열화상 카메라의 원리와 활용 사례를 설명하기 위해

⑤ 열화상 카메라의 활용 분야를 늘리자고 주장하기 위해

내용 이해

2 이 글의 내용과 일치하는 것은 무엇인가요? (   )

① 열화상 카메라는 적외선을 발산해 사물을 감지한다.

② 열화상 카메라는 사물의 표면 온도를 감지해 나타낸다.

③ 적외선은 파장에 따라 우리 눈에 서로 다른 색으로 보인다.

④ 가시광선은 빨간색에서 보라색으로 갈수록 파장이 길어진다.

⑤ 열화상 카메라로 밤에 사물을 촬영하면 검은색으로 나타난다.

추론

3 이 글을 읽고 바르게 추론한 친구는 누구인지 쓰세요.

소희: 열화상 카메라로 얼음을 찍으면 빨간색으로 나타날 거야.

성환: 열화상 카메라는 밤에 도둑을 잡을 때 활용할 수 있을 거야.

정윤: 노란색 바나나를 열화상 카메라로 찍으면 노란색으로 찍힐 거야.

진수: 열화상 카메라로 산을 찍을 때 파란색이 보이면 산불을 의심해 볼 수 있어.

(   )

적용

4 열화상 카메라로 촬영한 다음 사진을 보고 소의 건강 상태에 대해 판단하여 알맞은 낱말에 각각 〇표 하세요.

열화상 카메라에 찍힌 소의 몸색깔이 화면에서 붉게 나오는 것을 보니 소의 체온이 (높다 / 낮다). 평소에 촬영된 모습과 비교해서 영상의 색이 더 (붉다면 / 검다면) 전염병을 의심해 볼 수 있다.

구조 분석

5 각 문단의 중심 내용으로 알맞은 것에 ○표, 틀린 것에 ×표를 하세요.

1 문단	열화상 카메라의 다양한 활용 사례	(	)
2 문단	빛의 파장에 따라 구분되는 자외선, 가시광선, 적외선의 특징	(	)
3 문단	열화상 카메라의 원리와 특징	(	)
4 문단	일반 카메라와 열화상 카메라의 특징 비교	(	)

6 빈칸에 들어갈 알맞은 말을 이 글에서 찾아 쓰세요.

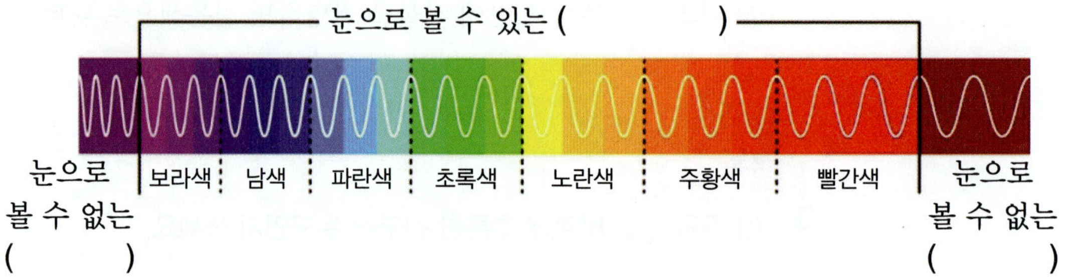

어휘

7 다음 낱말의 뜻을 보기 에서 찾아 기호를 쓰세요.

보기
㉮ 느끼어 알다.
㉯ 흩어져 널리 퍼짐.
㉰ 본래부터 가지고 있는 특유한 것.
㉱ 단속하기 위하여 주의 깊게 살피다.
㉲ 직접 만나지 않거나 서로 얼굴을 마주 보고 대하지 않음.

(1) 고유　　(　　)　　　　(2) 확산　　(　　)

(3) 비대면　(　　)　　　　(4) 감시하다　(　　)

(5) 감지하다　(　　)

보이지 않는 빛

여러 가지 색의 빛이 고르게 합성되어 흰색으로 보이는 빛을 백색광이라고 해요. 햇빛, 백열등, 형광등과 같은 백색광이 프리즘을 통과하면 여러 가지 색의 빛으로 나누어진답니다. 햇빛이 공기 중에서 **프리즘**을 통과하면 하얀색 도화지에 여러 가지 빛깔로 나타나지요. 각각의 색의 빛마다 경계면에서 꺾이는 정도가 달라 여러 가지 색의 빛으로 나누어져 보이는 거예요. 우리가 볼 수 있는 빛은 가시광선으로 빨강, 주황, 노랑, 초록, 파랑, 남색, 보라 등의 색깔로 나타나요. 가시광선보다 파장이 긴 빛은 적외선, 가시광선보다 파장이 짧은 빛은 **자외선**이라고 해요.

핵심 용어 다음 빈칸에 들어갈 알맞은 용어를 쓰세요.

(1) ☐☐ **광선**

가(옳을 可) 시(보일 視): 눈으로 볼 수 있음.
- 뜻: 사람의 눈으로 볼 수 있는 빛.

(2) ☐☐☐

자(자줏빛 紫) 외(바깥 外) 선 (선 線): 자줏빛 바깥 선.
- 뜻: 가시광선의 보라색 바깥쪽에 나타나는 가시광선보다 파장이 짧은 전자파를 통틀어 이르는 말.

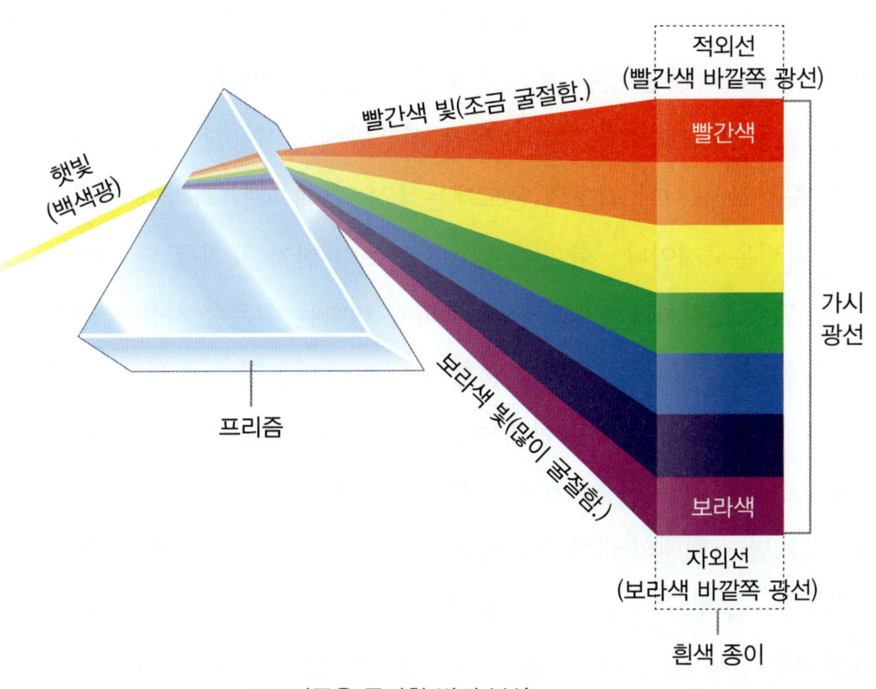

▲프리즘을 통과한 빛의 분산

● **프리즘** 광선을 굴절 · 분산시킬 때 쓰는, 유리나 수정 따위로 된 다면체의 광학 부품.

온도의 측정과 변화

온도계의 변천

1 우리는 주변 온도를 피부로 **어림한다**. 몸이 아플 때는 열이 있는지 없는지 이마에 손을 대어 체온을 어림하고, 바깥 공기를 피부로 느껴 기온을 어림한다. 또 목욕물의 온도가 적당한지 물에 직접 손을 넣어 느껴 본다. '온도'란 차갑고 따뜻한 정도를 숫자로 표시한 것으로 온도를 정확하게 **측정하고** 싶을 때는 온도계를 사용한다. 5

2 1593년경 이탈리아 과학자 갈릴레이가 최초의 온도 측정 장치를 발명했다. 그는 온도에 따라 기체의 부피가 변화하는 원리를 이용하여 온도를 측정하려 했으나 이러한 측정은 물의 상태에 따라 달라지는 등 정확도가 많이 떨어졌다. 1600년대 후반에는 갈릴레이의 제자들이 액체의 밀도 차이를 이용한 온도계를 발명하고 '갈릴레이 온도계'라고 이름을 붙였다. 갈릴레이 온도계는 10 투명한 액체가 들어 있는 유리관 안에 밀도가 서로 다른 물체들을 넣어 온도에 따라 뜨거나 가라앉는 것을 보고 온도를 읽었다. 하지만 온도 변화를 눈으로 볼 수만 있을 뿐 숫자로 표시하지 못해 실생활에서 사용할 수는 없었다.

3 온도를 숫자로 표시한 최초의 온도계는 1714년에 독일 과학자 파렌하이트가 만든 ㉠화씨온도계이다. '화씨'는 파렌하이트의 한자 표기를 딴 것이다. 화 15 씨온도계는 열에 **민감하게** 반응하면서 부피가 변하는 수은을 사용해 정확하게 온도를 측정할 수 있었다. 처음에는 **혼합된** 액체의 **어는점**을 화씨 0도, 사람의 체온을 화씨 100도로 정했으나 현재는 물의 어는점을 화씨 32도, **끓는점**을 화씨 212도로 정하고 그 사이를 180개로 나누어 온도를 표시한다.

4 이후 1742년 스웨덴의 과학자 셀시우스가 온도 체계를 새로 정한 것이 ㉡섭 20 씨온도계이다. '섭씨'도 셀시우스의 한자 표기를 따서 붙인 이름이다. 셀시우스는 물의 어는점을 0도, 끓는점을 100도로 정하고 그 사이를 100개로 나누어 수은 온도계에 표시하였다. 물의 어는점과 끓는점을 기준 온도로 정한 이유는 **기압**이 일정하다면 물의 어는점과 끓는점은 어디서든 일정하게 유지되기 때문이다. 여기서 한 가지 재미있는 점은, 셀시우스가 처음에는 물의 어는 25 점을 섭씨 100도, 끓는점을 섭씨 0도로 정했다는 것이다. 온도가 낮을수록 온도계의 숫자가 올라간다는 것인데, 이는 셀시우스가 추운 나라에 살아서 영하의 온도를 측정할 일이 더 많았기 때문일 것이라 추측된다. 현재 미국을 비롯한 극소수의 국가를 **제외하고** 우리나라를 포함한 대부분의 국가가 섭씨온도를 사용한다. 30

- **어림한다** 대강 짐작으로 헤아린다.
- **측정하고** 일정한 양을 기준으로 하여 같은 종류의 다른 양의 크기를 재고.
- **민감하게** 자극에 빠르게 반응을 보이거나 쉽게 영향을 받는 데가 있게.
- **혼합된** 두 가지 이상의 물질이 화학적인 결합을 하지 아니하고 섞인.
- **어는점** 물이 얼기 시작할 때 또는 얼음이 녹기 시작할 때의 온도. 1기압 아래에서 섭씨 0도를 이름.
- **끓는점** 액체가 끓기 시작하는 온도. 물의 경우는 100도임.
- **기압** 대기의 압력.
- **제외하고** 따로 떼어 내어 한데 헤아리지 아니하고.

내용 독해

1 이 글의 특징으로 알맞은 것은 무엇인가요? (   )

① 온도계의 역사를 시간의 흐름에 따라 설명하고 있다.

② 온도계의 문제점을 지적하고 해결책을 제시하고 있다.

③ 온도계를 사용하는 과정을 단계에 따라 설명하고 있다.

④ 온도계를 활용할 때의 장점과 활용 방법을 설명하고 있다.

⑤ 우리나라와 다른 나라의 온도계를 비교하여 설명하고 있다.

내용 이해

2 ㉠과 ㉡에 대한 설명으로 알맞은 것은 무엇인가요? (   )

① ㉠과 ㉡은 물의 어는점을 표시하는 방법이 다르다.

② ㉠은 ㉡과 달리 처음 정한 기준 온도를 지금까지 사용하고 있다.

③ ㉠은 ㉡과 달리 만든 사람의 이름을 영어로 표현한 이름을 붙였다.

④ ㉠은 물의 어는점과 끓는점 사이를 100등분 하고, ㉡은 180등분했다.

⑤ ㉠은 ㉡과 달리 우리나라를 포함한 세계 대부분의 국가에서 사용하고 있다.

추론

3 이 글을 통해 추론할 수 있는 내용이 <u>아닌</u> 것은 무엇인가요? (   )

① 온도계는 온도를 숫자로 표시할 수 있을 때 실용성이 있다.

② 섭씨온도를 화씨온도로 바꿔서 표기해야 하는 나라도 있다.

③ 온도에 민감하게 반응하는 재료를 써야 온도를 정확하게 측정할 수 있다.

④ 기압이 일정하다면 어디에서 측정해도 물이 어는 온도와 끓는 온도는 각각 같다.

⑤ 섭씨온도계와 화씨온도계로 같은 날 같은 장소에서 온도를 측정하면 숫자가 같다.

적용

4 ㉮의 내용을 참고하여 '커'와 '작아' 중 다음 글의 빈칸에 알맞은 말을 각각 골라 쓰세요.

> ㉮온도가 높아지면 온도계의 수은 기둥도 높아진다. 그러나 온도가 낮을수록
> 온도계의 숫자가 ⑴ (   )지도록 설정하였던 셀시우스의 섭씨온도
> 계에서는, 온도가 높을수록 온도계의 숫자가 ⑵ (   )진다. 셀시우
> 스가 죽은 뒤 친구였던 식물학자 칼 폰 린네가 이를 뒤집어서 온도가 높을수록
> 온도계의 숫자가 ⑶ (   )지고, 온도가 낮을수록 온도계의 숫자가
> ⑷ (   )지는 현재 온도 체계로 만들었다.

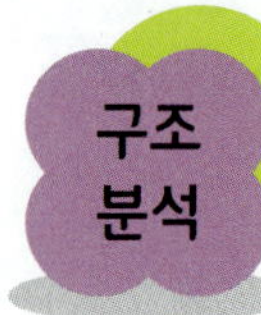

구조 분석

문단 요약

5 다음은 이 글에 나타난 각 문단의 중심 내용입니다. 글의 내용에 맞게 순서대로 기호를 쓰세요.

> ㉮ 화씨온도계의 발명과 기준 온도
> ㉯ 섭씨온도계의 발명과 기준 온도
> ㉰ 실생활에서 온도를 어림하는 방법과 온도의 뜻
> ㉱ 최초의 온도계와 갈릴레이 온도계의 작동 원리와 장단점

(   ) → (   ) → (   ) → (   )

핵심 내용

6 빈칸에 들어갈 알맞은 말을 이 글에서 찾아 쓰세요.

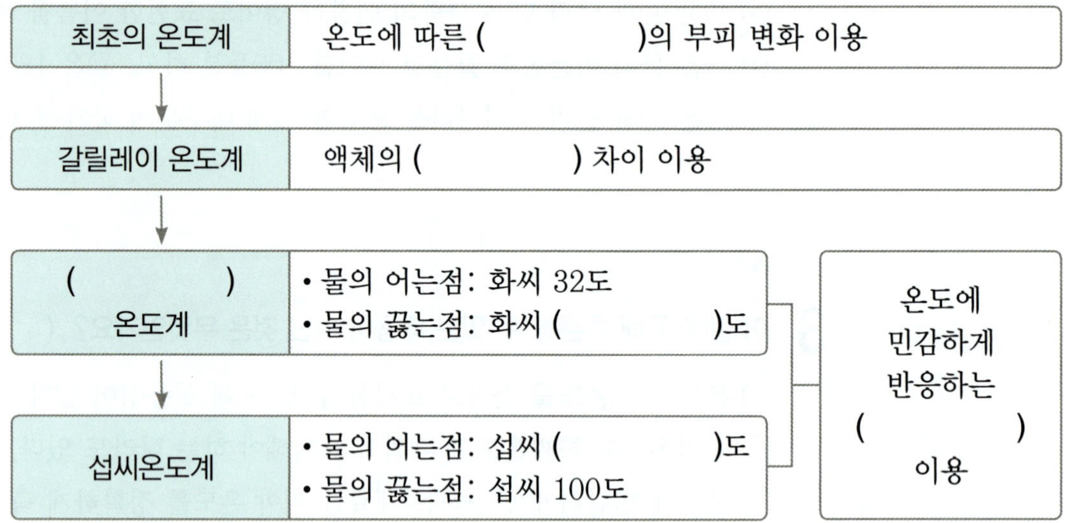

어휘

적용

7 다음 문장의 빈칸에 들어갈 알맞은 낱말을 보기 에서 찾아 쓰세요.

> **보기**
> 측정   제외   민감   어림   어는점

⑴ 식물은 온도에 ( )하게 반응한다.

⑵ 간호사는 온도계로 체온을 ( )하였다.

⑶ ( )(으)로 계산해 봐도 도망간 닭은 10마리가 넘었다.

⑷ 냉동고는 내용물의 온도를 물의 ( ) 이하로 유지한다.

⑸ 다친 친구를 ( )하고 우리 반은 모두 운동장에 모였다.

온도의 측정과 변화

온도계는 기체나 액체의 부피가 온도에 따라 변하는 것을 이용하여 **온도 측정**을 하는 기구예요. 보통 수은이나 알코올을 이용하여 만들어요. 우리가 일상에서 자주 보는 온도계는 빨간 알코올 기둥이 오르락내리락하는 알코올 온도계예요. 알코올은 색이 없는 액체인데 온도를 확인하기 위해 빨간색으로 물을 들인 거지요.

온도계 속의 알코올은 온도가 올라가면 부피가 늘어나고 온도가 내려가면 부피가 줄어들어요. 그래서 높은 열을 받으면 부피가 늘어나 알코올 기둥의 높이가 높아지고 반대로 온도가 내려가면 부피가 줄어들어 알코올 기둥의 높이가 낮아지지요. 알코올 온도계는 고리, 몸체, 액체샘으로 이루어져 있어요. 알코올 온도계의 **눈금**을 읽을 때는 관 속에 있는 액체 기둥의 높이가 변하지 않을 때까지 기다렸다가 액체 기둥의 끝이 닿은 부분에 눈높이를 맞추고 눈금의 숫자를 읽어요.

핵심 용어 다음 빈칸에 들어갈 알맞은 용어를 쓰세요.

(1) ☐☐**계**

온(따뜻할 溫) 도(정도 度): 따뜻한 정도.
• 뜻: 물체의 온도를 재는 계기.

(2) **온도**☐☐

측(잴 測) 정(정할 定): 정한 기준에 따라 잼.
• 뜻: 물리적 상태량의 하나인 온도의 크기를 재는 일.

▲ 큰 눈금은 10도 간격, 작은 눈금은 1도 간격

▲ 눈금을 읽을 때는 액체 기둥의 끝이 닿은 위치에 눈높이를 맞춘다.

● **눈금** 자·저울·온도계 따위에 표시하여 길이·양·도수 따위를 나타내는 금.

06

물을 시원하게 만들려면

지문 분석

글자 수　970

950　1050　1150

1 축구 경기를 마치고 땀에 잔뜩 젖은 나와 범이는 곧장 냉장고로 달려갔다.

"형, 냉장고에 물이 없어! 식탁 위에 있는 건 **미지근한데**, 어떡하지?"

"음, 그러면 얼음을 넣어서 물을 시원하게 만들자! 잠깐만 기다려 봐."

"기다리라고? 형, 나 목말라. 그냥 마시면 안 돼?"

"조금만 기다려. 미지근한 물이 열을 얼음에 보내야 온도가 낮아지거든."　5

2 범이는 내가 무슨 말을 하는지 몰라 고개만 갸웃거렸다.

"내가 과학 시간에 배웠는데, ㉠온도가 다른 두 물체가 **접촉하면** 온도가 높은 물체에서 온도가 낮은 물체로 열이 이동한대."

"그럼 나중에는 온도가 높았던 물체의 온도는 낮아지고, 온도가 낮았던 물체의 온도가 높아지는 건가?"　10

"아니, 그 상태가 **지속되면** 온도가 높은 물체의 온도는 낮아지고 온도가 낮은 물체의 온도는 높아져. 그러면 열이 더 이상 이동할 수 없게 되고 결국 두 물체의 온도가 같아져. 두 물체의 온도가 **평형**을 이룬 열평형 상태가 되는 거지."

3 "무슨 말인지 하나도 모르겠어."　15

"쉽게 설명하면……. 아, 지난주에 우리 병원 갔잖아. 의사 선생님께서 **청진기**를 배에 대셨을 때 차갑지 않았어?"

"맞아, 차가워서 깜짝 놀랐지."

"그건 범이 네 체온이 청진기 온도보다 높아서 그래. 네 열이 청진기로 이동해서 네가 차갑다고 느끼게 되는 거지. 주사 맞을 때 알코올 솜으로 **소독하**　20
면 시원한 느낌 들지? 그것도 알코올 솜이 피부의 열을 빼앗아 갔기 때문이야."

"우아, 형 되게 똑똑하다."

범이의 칭찬에 나는 **어깨가 올라갔다.**

4 "더 가르쳐 줄까? 열평형 상태가 되었을 때 온도가 높은 물체가 잃은 열의 양은 온도가 낮은 물체가 얻은 열의 양과 같대. 그러니까 높은 온도의　25
물체에서 이동한 열만큼 낮은 온도의 물체가 열을 받게 되는 거지. 두 물체의 온도 차이가 클수록 이동하는 열의 양도 많대."

점점 지루한 표정을 짓던 범이는 내 말이 끝나자 눈을 크게 뜨며 말했다.

"그건 잘 모르겠고! 형, 이제 물 좀 마시자!"

"하하, 미안. 어서 마셔."　30

- **미지근한데** 더운 기운이 조금 있는 듯한데.
- **접촉하면** 서로 맞닿으면.
- **지속되면** 어떤 상태가 오래 계속되면.
- **평형** 물체 사이에 서로 작용하는 힘과 회전력이 서로 비기어 크기가 전혀 없음. 또는 그런 상태.
- **청진기** 환자의 몸 안에서 나는 소리를 듣는 데 쓰는 의료 기구.
- **소독하면** 병의 감염이나 전염을 예방하기 위하여 병원균을 죽이면.
- **어깨가 올라갔다** 칭찬을 받거나 하여 기분이 으쓱해졌다.

**내용
독해**

1 이 글에서 설명하는 것은 무엇인가요? (   )

① 여러 가지 물체의 온도
② 물을 마실 때 주의할 점
③ 열의 이동, 열평형의 뜻과 예시
④ 열의 이동이 발생하지 않는 사례
⑤ 물체의 종류에 따른 열의 이동 속도

2 이 글의 내용과 일치하는 것은 무엇인가요? (   )

① 열은 온도가 낮은 물체에서 높은 물체로 이동한다.
② 온도가 서로 다른 물체가 접촉하면 온도가 같아진다.
③ 열평형 상태를 이룬 두 물체는 온도가 계속해서 상승한다.
④ 알코올 솜으로 피부를 문지르면 알코올 솜의 열이 피부로 이동한다.
⑤ 온도가 낮은 물체가 얻은 열의 양이 온도가 높은 물체가 잃은 열의 양보다 많다.

3 ㉠의 사례로 알맞은 것을 두 가지 찾아 기호를 쓰세요.

㉮ 더운 여름 양산을 써서 햇빛을 가린다.
㉯ 구운 식빵 위에 올려놓은 차가운 버터가 녹는다.
㉰ 유리창에 암막 커튼을 쳐 놓으면 빛이 들어오지 않는다.
㉱ 추운 겨울 핫팩을 손에 쥐고 있으면 차가웠던 손이 따뜻해진다.

(,   )

4 '열평형'을 나타내는 그래프로 알맞은 것을 찾아 기호를 쓰세요.

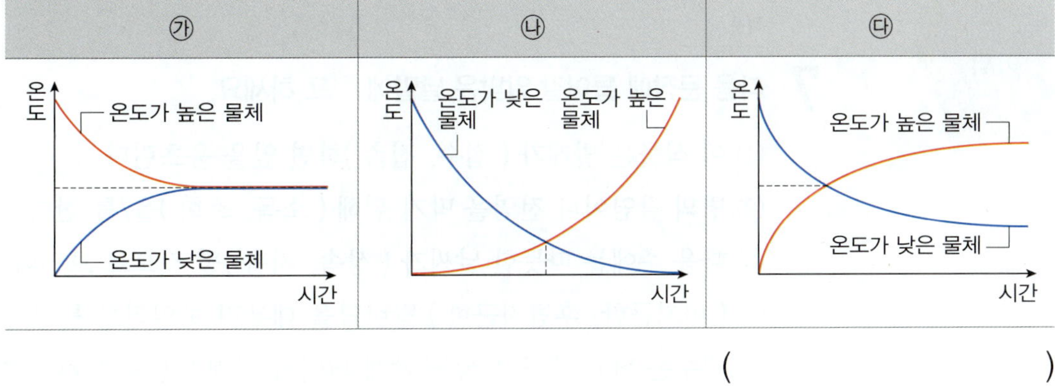

(   )

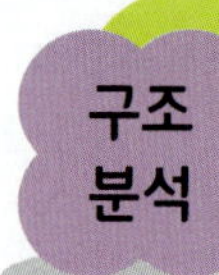

문단 요약

5 다음 빈칸에 들어갈 알맞은 말을 쓰며 이 글의 내용을 정리하세요.

문단	중심 내용
1	(　　　　　　)을 넣어서 물을 시원하게 만듦.
2	(　　　　　　)의 이동과 열평형에 대해 설명함.
3	열의 이동을 예를 들어 설명함.
4	열평형 상태에서 이동한 열의 (　　　　)을 설명함.

핵심 내용

6 빈칸에 들어갈 알맞은 말을 이 글에서 찾아 쓰세요.

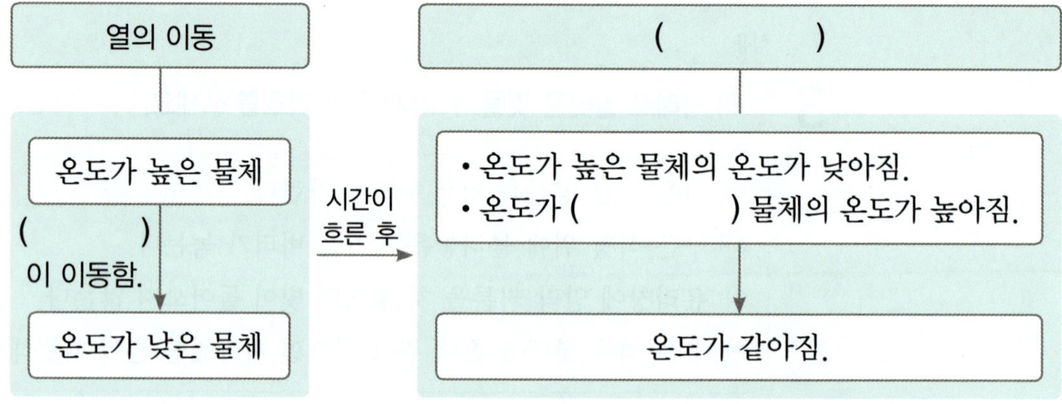

적용

7 다음 문장에 들어갈 알맞은 낱말에 ◯표 하세요.

⑴ 이 식물은 벌레가 (접수, 접촉)하면 잎을 움츠린다.

⑵ 병의 감염이나 전염을 막기 위해 (소독, 소화)을/를 한다.

⑶ 다음 주에는 따뜻한 날씨가 (상속, 지속)될 것으로 보인다.

⑷ (미지근한, 후텁지근한) 방바닥을 데우려 보일러를 틀었다.

⑸ 진수는 학교 대표로 상을 받게 되어서 어깨가 (올라갔다, 처졌다).

온도가 다른 두 물체의 접촉

정답과 해설 **18** 쪽

물질의 성질을 나타내는 가장 작은 알갱이인 **분자**는 우리 눈에 보이지 않지만 항상 움직이고 있어요. 이것을 분자 운동이라고 하는데, 온도가 낮은 물체는 분자 운동이 **둔하고**, 온도가 높은 물체는 분자 운동이 활발해요.

온도가 다른 두 물체가 접촉하면 물체의 온도가 변해요. 또 온도가 높은 물체에서 낮은 물체로 열의 이동이 일어나면서 분자 운동도 달라지게 되지요. 온도가 높은 물체는 열을 잃어 분자 운동이 둔해지고, 온도가 낮은 물체는 열을 얻어 분자 운동이 활발해져요. 시간이 지나 접촉한 두 물체의 온도가 같아지면 열평형 상태가 되지요. 열평형 상태에 이르면 **양방향**으로 이동하는 열의 양이 같아져 분자의 움직임이 균형을 이루어요.

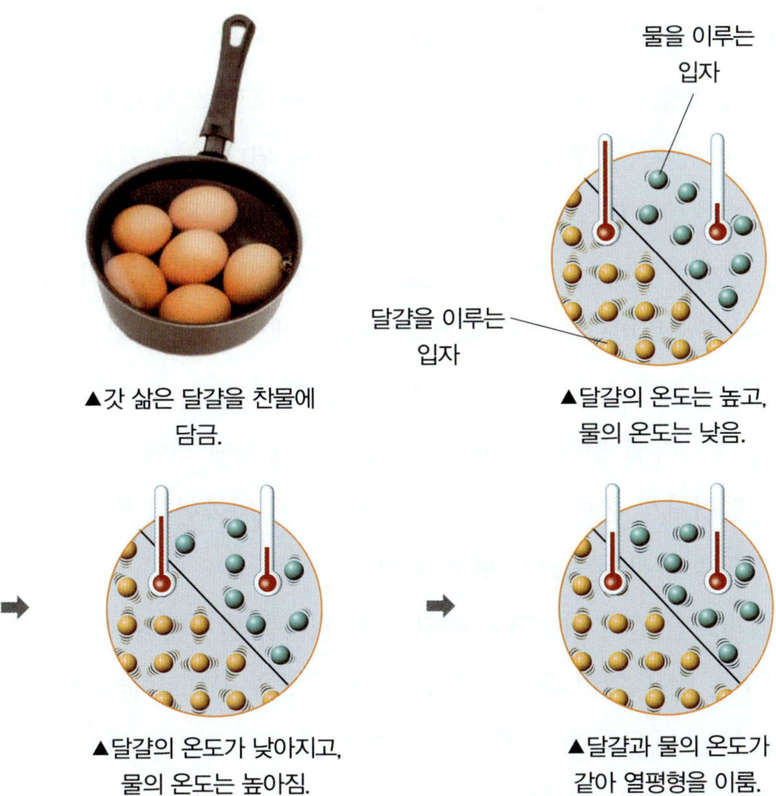

▲갓 삶은 달걀을 찬물에 담금.

▲달걀의 온도는 높고, 물의 온도는 낮음.

▲달걀의 온도가 낮아지고, 물의 온도는 높아짐.

▲달걀과 물의 온도가 같아 열평형을 이룸.

- **분자** 어떤 물질의 고유한 성질을 띠고 있는 가장 작은 알갱이.
- **둔하고** 동작이 느리고 굼뜨고.
- **양방향** 한쪽으로만 향하는 것이 아니라 양쪽으로 향하는 것.

다음 빈칸에 들어갈 알맞은 용어를 쓰세요.

(1) **열의** ☐☐

이(옮길 移) 동(움직일 動): 움직여 옮김.
- 뜻: 열이 온도가 높은 곳에서 낮은 곳으로 이동하는 것.

(2) ☐☐☐

열(열 熱) 평(평평할 平) 형(저울대 衡): 열이 평평한 상태.
- 뜻: 서로 온도가 다른 물체를 접촉시켰을 경우에, 열이 흐르다가 같은 온도가 되었을 때 열의 흐름이 정지되는 상태.

지문 분석

글자 수 1113
950 1050 1150

열의 이동 방법

과학적인 난방 장치 '온돌'

1 온돌은 우리나라 고유의 전통 **난방** 기술로, 방바닥에 불을 **때서** 구들장을 뜨겁게 하여 실내를 따뜻하게 하는 장치이다. 우리 민족은 지금으로부터 2천여 년 전부터 온돌을 사용하였는데, 그 흔적은 철기 시대 초기의 집터 유적에서도 찾을 수 있다. 이후 삼국 시대부터 고려, 조선, 그리고 지금에 이르기까지, 온돌은 오랜 기간 우리 민족의 겨울을 책임져 왔다. 온돌은 오염 물질을 적게 발생시키고 에너지 **효율**도 높다는 장점이 알려져 최근에는 미국과 일본을 비롯한 여러 나라에 수출되고 있다.

2 온돌은 '구들'이라고도 하는데, 구들은 '구운 돌'에서 유래했다. 방바닥에 깐 돌인 구들장 아래로 열기가 지나가도록 해 방바닥을 덥히는 원리가 이름에 드러나 있는 것이다.

3 온돌에는 열을 전달하고 보관하는 다양한 장치들이 있다. 먼저 방 바깥에 구멍을 뚫어 만든 '아궁이'에 장작을 때면 열기가 아궁이의 안쪽으로 들어간다. 아궁이는 난방용으로 쓰거나 난방과 조리 **겸용**으로 쓰기도 했다. 아궁이 안쪽으로 들어간 열기는 '부넘기'라는 **턱**을 지나게 된다. 부넘기의 역할은 통로를 따라 열기는 안으로 넘어가게 하고 재는 넘어가지 않게 막는 것이다. 열기는 구들장 밑으로 나 있는 고래로 전달된다. 열기가 고래를 따라 움직이면 구들장이 데워져서 방바닥이 따뜻해진다. 아궁이에 가까운 아랫목은 열기가 바로 전달되어 더 뜨겁고, 아궁이에서 먼 윗목은 덜 뜨겁다. 고래의 끝에는 **고랑**을 깊게 파 '개자리'를 만든다. 개자리는 뜨거운 공기에 섞여 있던 그을음이나 찌꺼기가 떨어지게 한다. 남은 열기는 개자리에 머물면서 방바닥을 데우고, 연기는 연도를 따라 굴뚝으로 빠져나간다.

4 온돌을 살펴보면 열이 이동하는 여러 가지 원리를 발견할 수 있다. 열기가 구들장을 달구는 것은 열이 온도가 높은 곳에서 낮은 곳으로 물질을 따라 이동하는 '전도 현상' 때문이다. 또한, 구들장에서 올라온 열기가 방바닥을 데우면 공기가 순환하며 열을 전달하는 '대류 현상'이 일어난다. 따뜻한 공기는 올라가고 차가운 공기는 내려와서 방 안이 **훈훈해지는** 것이다. 온돌은 '따뜻함이 바닥에서 돌출하여 배어 나온다'라는 뜻을 가진다고 한다. 온돌을 그저 '따뜻한 돌'로 설명한다면 온돌을 오해한 것이다. 온돌은 조상의 지혜와 과학 원리가 결합한 소중한 문화유산이다.

5

10

15

20

25

- **난방** 실내의 온도를 높여 따뜻하게 하는 일.
- **때서** 아궁이 따위에 불을 지피어 타게 해서.
- **효율** 들인 노력과 얻은 결과의 비율.
- **겸용** 한 가지를 여러 가지 목적으로 씀.
- **턱** 평평한 곳의 어느 한 부분이 갑자기 조금 높이 된 자리.
- **고랑** 두둑한 두 땅 사이에 좁고 길게 들어간 곳.
- **훈훈해지는** 날씨나 온도가 견디기 좋을 만큼 더워지는.

내용 독해

설명 대상

1 이 글에서 설명하는 것은 것을 두 가지 고르세요. (　　,　　)

① 온돌의 구조
② 온돌의 과학 원리
③ 온돌의 변화와 발전
④ 우리나라 전통 난방의 종류
⑤ 우리나라 난방 기구의 변화

내용 이해

2 온돌이 열을 전달하는 과정에 대한 설명으로 알맞은 것은 무엇인가요? (　　　　)

① 개자리에는 열기가 전달되지 않는다.
② 연도는 그을음이나 찌꺼기가 떨어지는 곳이다.
③ 부넘기는 재가 고래에서 아궁이로 넘어가는 것을 막는다.
④ 고래 밑으로 나 있는 구들장이 데워지면 방이 따뜻해진다.
⑤ 아궁이의 열기가 굴뚝으로 빠져나가는 과정에서 구들장이 데워진다.

적용

3 일상생활에서 볼 수 있는 전도 현상으로 알맞은 것은 무엇인가요? (　　　　)

① 난로를 낮은 곳에 설치한다.
② 에어컨을 높은 곳에 설치한다.
③ 국그릇에 넣은 숟가락이 뜨거워진다.
④ 불이 났을 때 허리를 숙이고 대피한다.
⑤ 목욕물이 담긴 욕조에서 온도가 높아진 물은 위로 올라가고 위에 있던 물이 아래로 밀려 내려온다.

추론

4 온돌에 의해 방이 따뜻해지는 이유를 생각하며 알맞은 말에 ○표 하세요.

> 　온돌에 의해 방이 따뜻해지는 이유는 대류 현상 때문이다. 액체나 기체는 열을 받으면 부피가 커지면서 가벼워져서 (위쪽, 아래쪽)으로 이동하고, 열이 식으면 부피가 작아지면서 무거워져서 (위쪽, 아래쪽)으로 이동한다. 이런 움직임이 반복되면서 열이 전체에 퍼져 방 안의 공기가 따뜻해진다.

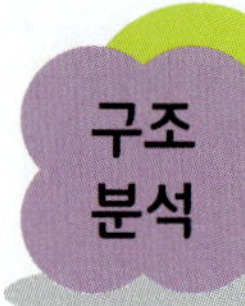

문단 요약

5 다음 질문의 답을 찾을 수 있는 문단을 찾아 문단의 번호를 쓰세요.

온돌의 이름은 어디서 유래했는가?	(　　　)문단
우리나라 고유의 난방 장치는 무엇인가?	(　　　)문단
온돌에서 찾을 수 있는 과학 원리는 무엇이 있는가?	(　　　)문단
아궁이의 열기가 고래를 따라 움직이는 과정은 어떻게 되는가?	(　　　)문단

핵심 정리

6 빈칸에 들어갈 알맞은 말을 이 글에서 찾아 쓰세요.

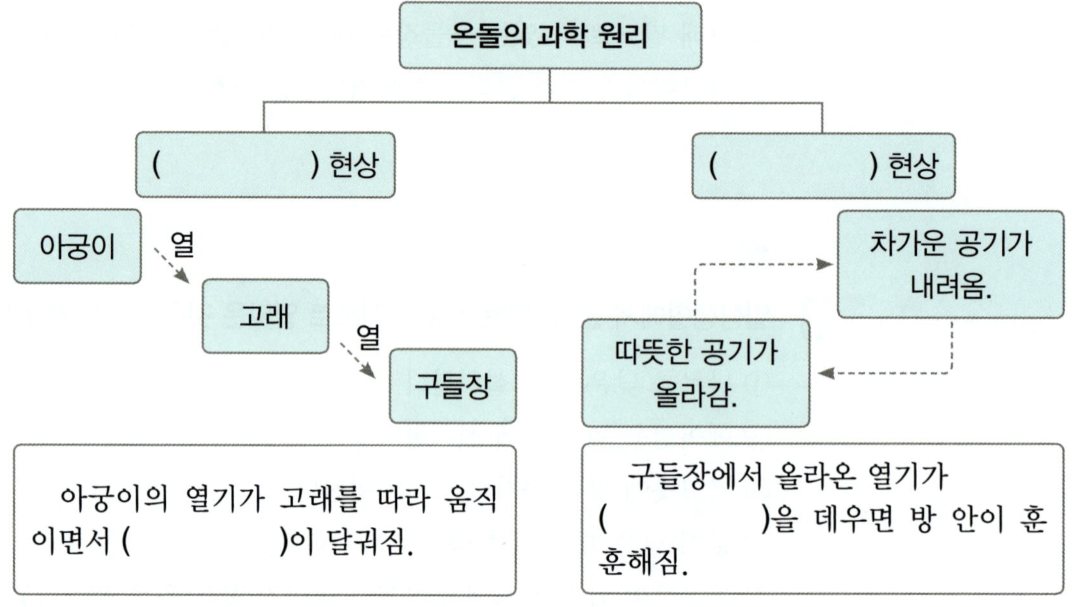

적용

7 다음 문장의 빈칸에 들어갈 알맞은 낱말에 ○표 하세요.

⑴ 이 세탁기는 에너지 (환율, 효율)이 높다.

⑵ 불을 (때었더니, 꺼뜨렸더니)방 안이 따뜻해졌다.

⑶ 봄이 되자 바깥공기가 (훈훈해졌다, 선선해졌다).

⑷ 침대 (겸용, 전용) 소파는 좁은 공간에서 사용하기에 편리하다.

⑸ 급하게 방에서 뛰어나오던 동생이 (턱, 꿈)에 걸려 그만 넘어졌다.

열의 이동 방법

정답과 해설 **19** 쪽

고체에서 고체 물질을 따라 온도가 높은 곳에서 낮은 곳으로 열이 이동하는 현상을 **전도**라고 해요. **촘촘하게** 배열된 고체의 분자는 자유롭게 움직이지 못하기 때문에 반드시 다른 물질과 접촉해야 열을 전달할 수 있어요. 고체 물질이 끊겨 있거나, 두 고체 물질이 접촉하고 있지 않다면 열의 전도는 일어나지 않는 것이죠. 고체에서 열은 **가열한** 부분에서부터 먼 쪽으로 이동해요.

액체나 기체는 온도가 높아지면 부피가 커지고 가벼워져서 위로 올라가고, 온도가 낮아지면 부피가 작아지고 무거워져서 아래로 내려와요. 이렇게 액체나 기체가 순환하면서 열이 전달되는 것을 **대류**라고 해요. 시간이 **경과하여** 열의 이동이 되풀이되면 열이 전체에 퍼져요.

핵심 용어 다음 빈칸에 들어갈 알맞은 용어를 쓰세요.

(1) ☐☐

전(전할 傳) 도(인도할 導): 전하여 옮김.
- 뜻: 열 또는 전기가 물체 속을 이동하는 일. 또는 그런 현상.

(2) ☐☐

대(대할 對) 류(흐를 流): 마주하며 흐름.
- 뜻: 기체나 액체에서, 물질이 이동함으로써 열이 전달되는 현상.

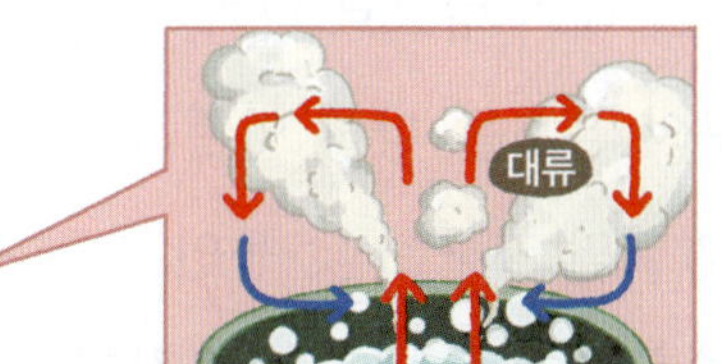

▲ 온도가 높아진 기체는 위로, 온도가 낮은 기체는 아래로 이동하는 '대류'

▲ 온도가 높아진 액체는 위로, 온도가 낮은 액체는 아래로 이동하는 '대류'

▲ 가열한 부분에서 열이 이동하는 '전도'

- **촘촘하게** 틈이나 간격이 매우 좁거나 작게.
- **가열한** 어떤 물질에 열을 가한.
- **경과하여** 시간이 지나가.

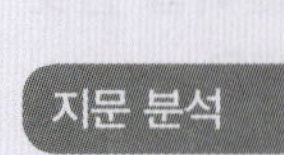

지문 분석

글자 수 1054
950 1050 1150

빛에 의한 열의 이동

지구 온난화 현상

1 지구의 기온의 상승하면서 전 세계적으로 심각한 문제들이 발생하고 있다. 2003년 유럽에서는 **폭염**으로 약 3만 명의 사망자가 발생했다. 또 지구에 내리는 눈이 감소하고 빙하가 녹으면서 **해수면**이 상승하여 남태평양의 섬나라 투발루는 국토의 대부분이 **침수되었고**, 키리바시 공화국도 두 개의 섬이 바다에 잠겼다. 이렇게 지구가 뜨거워지는 것은 바로 지구 온난화 현상 때문 5
이다. 그렇다면 지구 온난화 현상은 왜 발생하는 것일까?

2 태양열은 중간에 다른 물질을 통하지 않고 지구로 직접 전해진다. 이렇게 태양열처럼 다른 물질의 도움을 받지 않고 열이 직접 전달되는 현상을 ㉠'복사'라 하며, 복사를 통해 전해지는 에너지를 '복사열'이라고 한다. 태양의 복사열이 **지표면**을 데우면, 지구도 복사열을 대기 중으로 **방출한다.** 이때 지구의 10
복사열 일부가 대기 밖으로 나가지 못하고 대기 중 온실가스에 흡수되어 순환하면서 지구의 온도를 항상 일정하게 유지하는데, 이것이 온실 효과이다. 온실 효과가 없다면 지구는 낮 동안 태양 복사열에 의해 매우 뜨거워지고, 밤에는 열을 방출하여 매우 차가워질 것이다.

3 온실 효과를 일으키는 온실가스는 수증기, 이산화 탄소, 메탄, 아산화 질 15
소, 과불화 탄소 등으로 이루어진다. 지구 온난화 현상은 지구를 둘러싼 온실가스의 양이 지나치게 증가하여 지구가 흡수하는 복사열의 양이 늘어나면서 기온이 점점 상승하여 발생한다. 대표적인 온실가스인 이산화 탄소의 대기 중 농도는 1800년대에 280ppm이었던 것이 2000년에는 367ppm으로 증가하였다. 이처럼 20세기 이후 지구의 기온은 계속 상승하고 있다. 20

4 따라서 지구 온난화 현상을 막기 위해서는 온실가스의 배출을 줄여야 한다. 이 중 이산화 탄소의 배출량이 늘어난 것은 산업이 발달하면서 석유나 석탄 등 **화석 연료**의 사용이 증가했기 때문이다. 또 메탄의 배출량이 늘어난 것은 **폐기물**이나 음식물 쓰레기, 가축의 배설물 등이 증가했기 때문이다. 이를 줄이기 위해서는 이산화 탄소를 배출하는 화석 연료를 대체할 에너지를 개발 25
하고, 자원을 재활용해 쓰레기를 줄여야 한다. 또한 이산화 탄소를 **포집하고** 저장하는 기술 등의 개발도 필요하다.

- **폭염** 매우 심한 더위.
- **해수면** 바닷물의 표면.
- **침수되었고** 지반이 내려앉거나 해수면이 높아져 육지가 바닷물 속으로 가라앉게 됨.
- **지표면** 지구의 표면. 또는 땅의 겉면.
- **방출한다** 빛이나 열 등을 밖으로 내보낸다.
- **ppm** 농도의 단위.
- **화석 연료** 오래전에 땅속에 묻힌 생물로부터 만들어진 화석에서 나오는 석유, 석탄, 천연가스 따위.
- **폐기물** 못 쓰게 되어 버리는 물건.
- **포집하고** 여러 가지 방법으로 일정한 물질 속에 있는 미량 성분을 분리하여 잡아 모으고.

**내용
독해**

목적

1 글쓴이가 이 글을 쓴 까닭은 무엇인가요? (   )

① 온실가스의 개념과 역할에 대해 알리려고

② 열의 이동 방법을 종류별로 비교하여 설명하려고

③ 온실 효과의 단점보다 장점에 주목해야 한다고 말하려고

④ 지구 온난화의 원인과 이를 해결할 대책에 대해 설명하려고

⑤ 기온 상승으로 인한 지구의 다양한 문제들을 찾아보자고 권하려고

내용 이해

2 이 글의 내용과 일치하는 것은 무엇인가요? (   )

① 지구의 기온 상승은 온실 효과의 원인이다.

② 지구 온난화로 인해 사망자가 발생하기도 한다.

③ 온실가스가 증가하면 지구의 기온이 일정하게 유지된다.

④ 지구는 다른 물질의 도움을 받아야 열을 전달할 수 있다.

⑤ 지구가 방출하는 복사열은 모두 지구 대기 중에 흡수된다.

추론

3 이 글에 대한 반응으로 알맞지 <u>않은</u> 것은 무엇인가요? (   )

① 온실 효과가 없었다면 인류는 생존할 수 없었겠군.

② 산업의 발달이 지구 온난화에 미친 영향은 크지 않았겠군.

③ 온실가스가 없다면 지구의 복사열이 모두 대기 밖으로 나가겠군.

④ 온실가스를 배출하는 석유의 사용량을 줄이는 대책을 연구 중이겠군.

⑤ 지구 온난화가 계속되면 저온의 환경에 최적화된 생물들은 사라지겠군.

적용

4 다음을 읽고, ㉮에 해당하는 것을 보기 에서 두 가지 골라 기호를 쓰세요.

> 열이 이동하는 방법에는 세 가지가 있다. '전도'는 주로 고체로 된 물체를 가열할 때 직접 열이 닿지 않은 부분까지 열이 전달되는 현상이다. '대류'는 액체나 기체를 가열하면 물질이 순환하면서 열을 전달하는 현상이다. 그리고 열이 다른 물질의 도움 없이 직접 전달되는 것을 ㉮'복사'라고 한다.

보기

㉮ 무대 위에서 강한 조명을 받는 부분이 따뜻해진다.

㉯ 난로 위에 고구마를 놓아 두면 고구마가 골고루 익는다.

㉰ 한여름 길가에 주차한 자동차 안에 있던 탄산음료가 폭발한다.

㉱ 뜨거운 물을 받아 놓은 물속에 들어갈 때 물의 위쪽이 더 뜨겁다.

(,   )

구조 분석

5 각 문단의 중심 내용을 찾아 선으로 알맞게 이으세요.

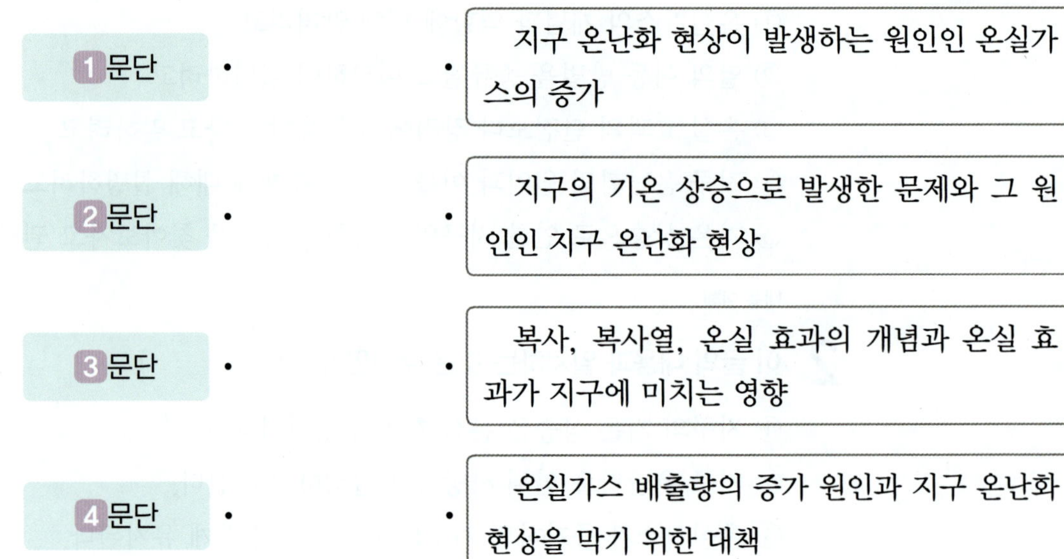

6 빈칸에 들어갈 알맞은 말을 이 글에서 찾아 쓰세요.

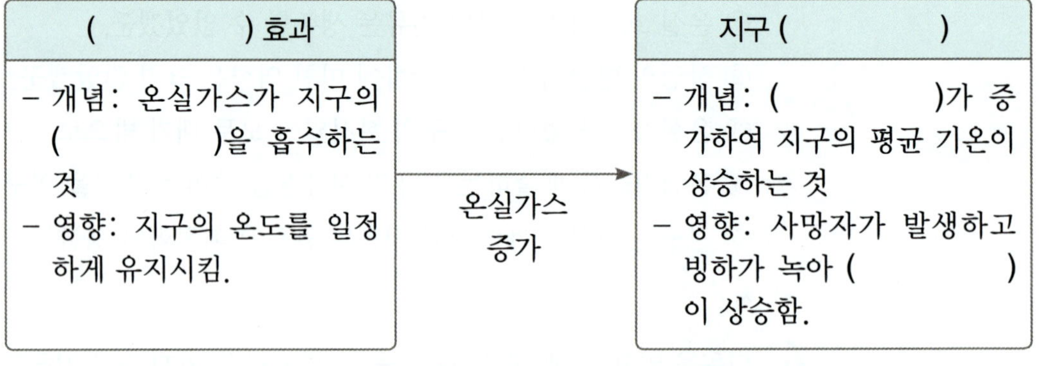

어휘

7 다음 문장의 빈칸에 들어갈 알맞은 낱말을 보기 에서 찾아 쓰세요.

보기
폭염　　　침수　　　방출　　　폐기물　　　해수면

⑴ 생태계의 변화로 해안 저지대가 (   )되었다.

⑵ 올 여름 긴 (   )(으)로 아이스크림 판매가 늘었다.

⑶ 적조 현상은 식물 플랑크톤이 (   )을/를 덮어서 발생한다.

⑷ 고장 난 가전제품을 버릴 때에는 (   ) 스티커를 붙여야 한다.

⑸ 이 실험실에는 방사능을 (   )하는 기기들이 있으므로 관계자 외에는 출입을 삼가십시오.

빛에 의한 열의 이동

정답과 해설 **20** 쪽

열은 전도, 대류, 복사의 방법으로 이동해요. 이 중 복사는 빛처럼 다른 물질의 도움 없이 직접 열을 전달하는 것을 말해요. 지구가 태양으로부터 빛을 받아 지표면을 데우고, 다시 지구의 **복사열**을 대기 밖으로 내보내는 것이 모두 복사예요. 복사는 물질을 거치지 않기 때문에 전도나 대류보다 열이 빠르게 전달되지요. 우리가 난로 옆에 서면 바로 따뜻해지는 것도 복사에 의해 열이 전달되기 때문이에요.

산업이 발달함에 따라 화석 연료 사용이 많아지고 온실가스 배출이 늘어나면서 전 세계적으로 지구 **온난화**가 빠르게 진행되고 있어요. 이것은 지구 **대기권**에 온실가스가 지나치게 증가하여 태양으로부터 지구로 들어오는 복사열을 흡수하는 양이 많아졌어요. 따라서 지구의 표면 온도가 조금씩 상승하여 지나치게 더운 날씨가 계속되거나, 빙하가 녹아 북극곰이 살 곳을 잃게 되는 거랍니다.

핵심 용어 다음 빈칸에 들어갈 알맞은 용어를 쓰세요.

(1) ☐☐☐

복(바큇살 輻) 사(활 쏠 射) 열 (더울 熱): 사방으로 활을 쏘듯 퍼지는 열.
- 뜻: 열이 물질의 도움 없이 직접 전달되는 복사를 통해 전해지는 에너지.

(2) ☐☐☐

온(따뜻할 溫) 난(따뜻할 暖) 화 (될 化): 따뜻하게 됨.
- 뜻: 지구의 기온이 높아지는 현상.

▲ 온실가스가 증가하여 복사열을 흡수하는 양이 많아져 지구의 표면 온도가 상승하는 '지구 온난화'

● **대기권** 지구를 둘러싸고 있는 대기의 범위. 지상 약 1,000km까지를 이르며, 온도의 분포에 따라 밑에서부터 대류권, 성층권, 중간권, 열권으로 나눈다.

단열

우주에서 어떻게 살 수 있을까?

1 나는 방학을 맞아 아버지와 함께 우주를 배경으로 한 영화를 봤다. ㉠홀로
화성에 남겨진 주인공이 구조대가 도착할 때까지 생존을 위해 노력하는 과정
이 담긴 영화였다. 나는 영화를 보는 내내 주인공이 입은 우주복에 눈길이 갔
다. 한눈에 보아도 우주복과 헬멧은 거대하고 무거워 보였다. 우주복은 어떤
원리로 우주 환경에서 인간을 보호해 주는 것인지 궁금해하는 나에게 아버지   5
께서 우주의 환경과 우주복의 기능에 대해 설명해 주셨다.

2 우주는 물질이 전혀 존재하지 않는 진공 상태이기 때문에 기압이 없고, 산
소와 같은 기체도 없다고 한다. 우리가 지구에서 살아갈 수 있는 이유는 사람
의 몸과 지구의 대기압이 같은 1기압이므로 대기압이 사람의 몸을 누르는 힘
과 사람의 몸 안에서 밀어내는 힘이 같기 때문이다. 하지만 우주 공간은 진공,   10
즉 0기압인데, 기압이 낮아지면 액체의 끓는점이 낮아지기 때문에 상온에서도
사람의 혈액이 끓어올라 죽게 된다고 한다. 또 우주에서는 산소가 없어 호흡
도 할 수 없다.

3 또한 우주는 진공 상태여서 지구에서와는 달리 300도가 넘는 태양의 복사
열이 공기층 통과 없이 바로 전달된다고 한다. 지구는 복사열과 공기층으로   15
평균 기온이 유지되지만, 우주의 평균 온도는 영하 270도이다. 복사열이 닿은
곳은 너무 뜨겁고, 복사열이 닿지 않은 곳은 너무 차갑다. 따라서 우주는 사람
이 **생존하기** 어렵다.

4 아버지께서는 영화 속 주인공이 우주에서 생활할 수 있는 것은 모두 우주
복 덕분이라고 하셨다. 우주복은 다양한 **신소재**가 12~14개의 층으로 이루어   20
져 있다고 한다. 공기가 외부로 나가는 것을 막는 층이 있어 기압이 없는 우주
에서 우주복 안의 기압을 유지하고, 산소를 공급하고 이산화 탄소를 제거하는
장치가 있어 우주에서 호흡도 가능하다고 한다. 그리고 우주복에는 액체를 **냉
각하거나** 가열하는 튜브와 **보온**을 위한 **단열** 소재로 된 층이 있어 체온을 일
정하게 유지해 주고, 우주 헬멧은 금으로 도금하여 태양의 복사열을 반사한다   25
고 한다.

5 이외에도 우주복에는 **통신** 장치, 전력 공급 장치, **우주 먼지**로부터 몸을
보호하는 장치 등이 있다고 말씀하였다. 아버지의 설명을 듣고 나니 이렇게
여러 장치가 달린 우주복의 무게가 얼마나 될지 궁금해졌다. 그래서 이번 방
학이 끝나기 전에 아버지와 함께 우주 과학관에 가 보기로 했다.   30

지문 분석

글자 수   1123
950 1050 1150

- **생존하기** 살아 있거나 살아
  남기.
- **신소재** 이전의 재료에는 없
  는 뛰어난 특성을 지닌 소재
  를 통틀어 이르는 말.
- **냉각하거나** 식혀서 차게 하
  거나.
- **보온** 주위의 온도에 관계없
  이 일정한 온도를 유지함.
- **단열** 물체와 물체 사이에 열
  이 서로 통하지 않도록 막음.
  또는 그렇게 하는 일.
- **통신** 정보 전달을 다루는 과
  학 기술.
- **우주 먼지** 우주 공간에 흩어
  져 있는 미립자 모양의 물질
  을 통틀어 이르는 말.

설명 대상

1 이 글은 무엇에 대해 쓴 글인가요? (   )

① 우주 영화

② 우주복의 기능

③ 지구와 우주의 공통점

④ 우주 과학관의 위치와 역할

⑤ 우주 개발을 위한 인간의 노력

내용 이해

2 사람이 우주에서 생활하기 위해 필요한 것으로 알맞지 <u>않은</u> 것은 무엇인가요? (   )

① 이산화 탄소를 제거하는 장치가 필요하다.

② 외부의 열을 흡수하는 소재로 만든 우주복이 필요하다.

③ 우주에서는 태양의 복사열을 반사하는 기능이 필요하다.

④ 우주는 진공 상태이기 때문에 산소를 공급하는 장치가 필요하다.

⑤ 우주에서는 기압이 없기 때문에 기압을 유지하는 장치가 필요하다.

추론

3 이 글에 대한 반응으로 알맞은 것은 무엇인가요? (   )

① 우주에 공기층이 있다면 기온 차가 심해져 사람이 살 수 없어.

② 오토바이 안전모도 금으로 도금을 하면 겨울에 따뜻할 것 같아.

③ 옛날부터 옷을 만들던 소재가 우주복을 만드는 데에도 쓰였구나.

④ 보온 효과를 위한 단열 소재는 겨울철에 입는 옷에 사용해도 좋을 거 같아.

⑤ 호흡을 쉽게 하기 위해 지구에서 입는 옷에도 산소 공급 장치가 필요하겠어.

어휘·어법

4 ㉠과 관련 있는 한자 성어는 무엇인가요? (   )

① 조삼모사(朝三暮四): 간사한 꾀로 남을 속여 희롱함.

② 일취월장(日就月將): 나날이 다달이 자라거나 발전함.

③ 삼순구식(三旬九食): 삼십 일 동안 아홉 끼니밖에 먹지 못함.

④ 고군분투(孤軍奮鬪): 남의 도움을 받지 않고 힘에 벅찬 일을 잘해 나가는 것.

⑤ 각골난망(刻骨難忘): 남에게 입은 은혜가 뼈에 새길 만큼 커서 잊히지 아니함.

구조
분석

문단 요약

5 다음은 어느 문단의 중심 내용인지 문단의 번호를 쓰세요.

중심 내용	문단
우주복에 대한 궁금증	( )문단
우주복에 대해 더 알고 싶은 내용	( )문단
기압과 산소가 없어 사람이 살 수 없는 우주	( )문단
너무 뜨겁거나 너무 차가워서 사람이 살 수 없는 우주	( )문단
우주복의 구조와 우주복의 기압 유지, 산소 공급, 체온 유지, 복사열 반사 기능	( )문단

핵심 내용

6 빈칸에 들어갈 알맞은 말을 이 글에서 찾아 쓰세요.

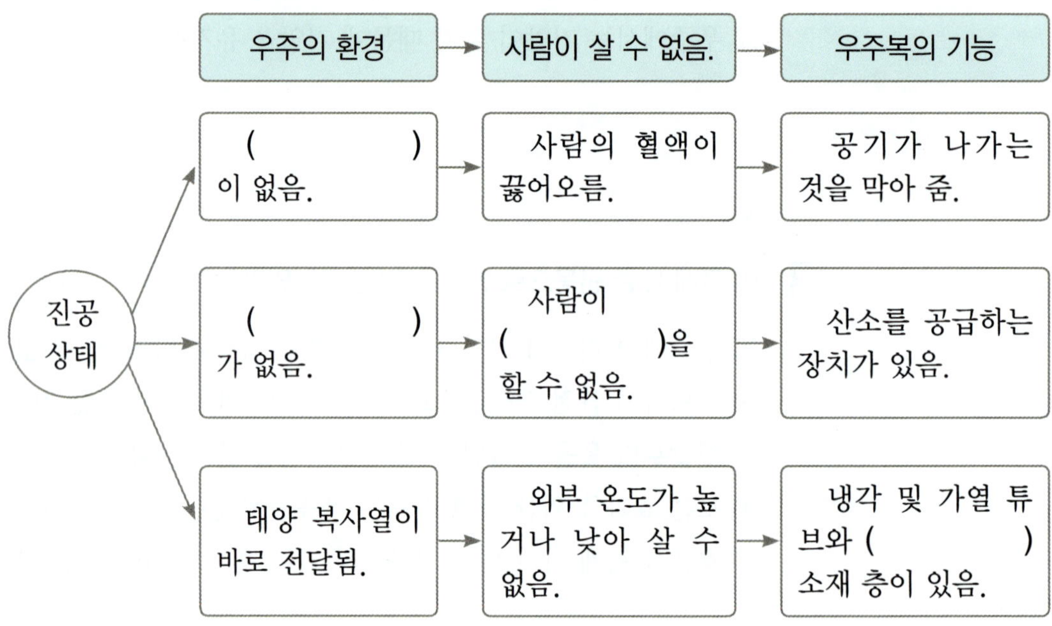

어휘

적용

7 다음 문장에 들어갈 알맞은 낱말에 ○표 하세요.

⑴ 실종자의 (생존 , 의존)을 확인했다.

⑵ 남은 고기는 냉동실에 넣어 (냉각 , 퇴각)해 두었다.

⑶ (보온, 보관)을 위해서 얇은 옷을 여러 겹 겹쳐 입는 것이 좋다.

⑷ (단열, 단수)이/가 잘되게 집을 지으면 난방비를 절감할 수 있다.

⑸ 스마트폰과 같은 (교통 , 통신) 수단의 발달로 우리 삶이 더욱 편리해졌다.

단열

열의 이동 방법에는 고체에서 물질을 따라 열이 전달되는 전도, 액체나 기체에서 물질이 움직이면서 열이 전달되는 대류, 다른 물질의 도움 없이 열이 직접 전달되는 복사가 있어요. **단열**이란 이런 열의 이동을 막는 것을 말해요. 우리 생활 속에서 열의 이동을 **차단하여** 온도를 유지하는 단열의 원리를 이용한 물건들을 쉽게 찾아볼 수 있답니다. 우리가 자주 사용하는 보온병은 물을 담는 내부를 금속으로 만들어 열을 반사시켜 복사로 인한 열이 빠져나가는 것을 막아 줘요. 그리고 **이중**으로 된 벽과 벽 사이를 **진공 상태**로 만들어 기체에 의한 대류나 고체 사이의 전도도 생기지 않아요. 이렇게 열의 이동을 막아 주어 물의 온도를 일정하게 유지할 수 있답니다.

▲ 벽과 벽 사이에 단열재를 넣은 이중벽 구조

▲ 쇠로부터 열의 전달을 차단하는 소재로 만든 손잡이

▲ 열기가 밖으로 빠져나가지 않게 하는 보온 가방

▲ 외부의 열을 차단하고 차가운 온도를 유지하는 아이스박스

핵심 용어 다음 빈칸에 들어갈 알맞은 용어를 쓰세요.

(1) ☐☐

단(끊을 斷) 열(더울 熱): 열의 이동을 막음.
- 뜻: 열을 차단하거나 보온하는 것.

(2) ☐☐ **상태**

진(참 眞) 공(빌 空): 완전히 비어 있는 상태.
- 뜻: 공간 속에 공기 등의 물질이 전혀 없는 상태.

- **차단하여** 액체나 기체 등의 흐름을 막거나 끊어서 통하지 못하게 하여.
- **이중** 두 겹. 또는 두 번 겹치는 것.

지구와 우주

학습할 내용

	과학 교과서 개념	지문명	과학 교과서 핵심 용어
01	지층	어떤 지층이 먼저일까?	습곡, 단층
02	퇴적암	퇴적암의 특징	암석, 퇴적암
03	화석	화석의 가치	화석, 지층
04	날씨와 우리 생활	번개가 생기는 원리	기온, 날씨
05	물의 여행	안개와 스모그	물, 순환
06	기압	어린이날부터 강한 비 예상	저기압, 고기압
07	바람의 발생	태풍	해풍, 육풍

지층

어떤 지층이 먼저일까?

1 지층은 자갈, 모래, 진흙, 화산재 등의 물질이 물이나 바람에 의해 **운반되어** 바닷속이나 강바닥 또는 지표면에 쌓여 층을 이룬 것을 말한다. 이때 운반된 물질이 쌓이는 것을 '퇴적', 쌓인 물질을 '퇴적물'이라고 한다. 지층은 층마다 퇴적 **시기**와 퇴적물이 달라 줄무늬가 나타난다. 그럼 땅속이나 바닷속 등에 만들어진 지층에서 어떤 층이 먼저 **생성된** 것인지 알아내는 방법이 있을까?   5

2 첫째, '**지층 누중**의 법칙'이 있다. 지층 누중의 법칙이란 먼저 퇴적된 지층이 나중에 퇴적된 지층보다 아래에 **위치한다는** 법칙이다. 종이를 차곡차곡 쌓거나 샌드위치를 만들 때 아래부터 한 층 한 층 쌓는 것과 같은 **원리**이다. 지층 누중의 법칙은 지층이 수평으로 쌓여 있을 때 **적용된다**. 만약 지층이 옆으로 쓰러져 수직으로 놓여 있는 경우에는 적용될 수 없다.   10

3 둘째, '관입의 법칙'이 있다. 관입이란 마그마가 주변의 암석을 뚫고 들어가는 것을 말한다. 관입의 법칙은 마그마가 지층에 관입하여 굳어 화강암이 되었을 때, 관입한 화강암은 관입당한 암석보다 나중에 생성된 것이라는 법칙이다. 땅속 깊은 곳에서 암석이 열과 압력에 의해 녹아 액체가 된 마그마가 자신을 둘러싼 지층 중 약한 곳을 뚫고 들어가 굳어서 화강암이 되기 때문이다.   15

4 셋째, '부정합의 법칙'이 있다. 부정합의 법칙은 지층의 부정합면을 기준으로 위아래 지층 사이의 생성 시기에는 상당한 시간 간격이 있다는 뜻이다. 예를 들어 지층이 가로로 압력을 받게 되면 휘어서 물결 모양으로 주름이 지게 되는데 이 지층 위에 다시 지층이 쌓이면 위아래로 서로 다른 모양이 된다. 이렇게 위의 지층과 아래의 지층이 어긋나 있는 상태를 '부정합'이라고 하고, 이때 서로 다른 지층이 맞닿은 면을 '부정합면'이라고 한다. 지층에서 부정합면이 **관찰되면**, 부정합면을 기준으로 한동안 **중단되었다가** 다시 퇴적이 시작된 것으로 생각한다.   20

5 지층의 생성 순서가 항상 이 법칙에 맞는 것은 아니다. 예를 들어 지층이 수평이라도 지각 변동으로 위아래가 바뀌면 지층 누중의 법칙을 적용할 수 없다. 따라서 지층의 생성 순서는 이런 법칙 외에 다양한 원리를 적용하여 **추정하고** 있다.   25

- **운반되어** 강물이나 바람에 의해 흙, 모래, 자갈 따위가 옮겨져.
- **시기** 어떤 일이나 현상이 진행되는.
- **생성(生 날 생, 成 이룰 성)된** 사물이 생겨난.
- **지층 누중** 퇴적층이 쌓인 순서.
- **위치한다는** 일정한 곳에 자리를 차지한다는.
- **원리** 사물의 근본이 되는 이치.
- **적용된다** 알맞게 이용되거나 맞추어져 쓰인다.
- **관찰되면** 사물이나 현상이 관심 있게 자세히 살펴보아지면.
- **중단되었다가** 중도에서 끊어졌다가.
- **추정하고** 미루어 생각하여 판정하고.

설명 대상

1 이 글에서 설명하는 것은 무엇인가요? (   )

① 지층의 종류

② 지층 형성의 조건

③ 지층의 생성 시기

④ 지층 생성 추정의 법칙

⑤ 다양한 지층 이름의 유래

내용 이해

2 이 글의 내용과 일치하는 것은 무엇인가요? (   )

① 관입한 암석이 관입당한 암석보다 먼저 생성되었다.

② 바닷속에 만들어진 지층은 생성 순서를 추정하기 어렵다.

③ 두 지층이 시간 간격 없이 연속으로 쌓이면 부정합 관계이다.

④ 지각 변동이 있었다면 먼저 생성된 지층도 위에 있을 수 있다.

⑤ 지각 변동이 없다면 수평으로 쌓여 있는 지층 중 아래쪽이 있는 것이 나중에 생긴
지층이다.

추론

3 다음 지층에 대해 바르게 짐작하지 <u>못한</u> 친구는 누구인지 쓰세요.

희망: 가장 빨리 생성된 층은 ㉲일 거야.

지민: ㉮와 ㉱가 퇴적된 시기는 시간 차이가 클 거야.

아영: 지층이 수직으로 쌓여 있으므로 지층 누중의
법칙이 적용되어 있을 거야.

(   )

적용

4 이 글의 내용으로 보아 다음 ㉮~㉱ 중 가장 나중에 생성된 것의 기호를 쓰세요.

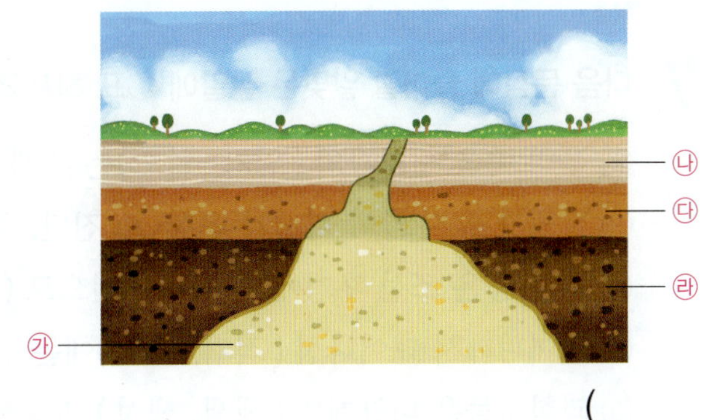

(   )

문단 요약

5 다음 빈칸에 들어갈 알맞은 말을 쓰며 이 글의 내용을 정리하세요.

문단	중심 내용
1	(　　　　　　)의 뜻과 지층의 생성 순서를 나타내는 방법에 대한 궁금증
2	지층 생성 순서 추정 법칙 – 지층 (　　　　　)의 법칙
3	지층 생성 순서 추정 법칙 – (　　　　　)의 법칙
4	지층 생성 순서 추정 법칙 – (　　　　　)의 법칙
5	지층 생성 순서 추정을 위해 다양한 (　　　　　)가 적용되고 있음.

핵심 내용

6 빈칸에 들어갈 알맞은 말을 이 글에서 찾아 쓰세요.

(　　　　　)

여러 가지 물질이 물이나 바람에 의해 운반되고 쌓여서 층을 이룬 것.

지층 누중의 법칙	관입의 법칙	부정합의 법칙
먼저 퇴적된 지층이 나중에 퇴적된 지층보다 (　　　　　)에 위치함.	관입한 화강암은 관입당한 암석보다 (　　　　　) 생성된 것임.	지층의 (　　　　　)을 기준으로 위아래 지층 사이의 생성 시기에는 상당한 시간 간격이 있음.

적용

7 다음 문장에 들어갈 알맞은 낱말에 ○표 하세요.

(1) 우리 마을 도서관의 (위치, 위도)는 우체국 옆이다.

(2) 날씨가 좋지 않아 비행기 운항이 (진단, 중단)되었다.

(3) 이 작품은 조선 후기에 만들어진 것으로 (추정, 추진)된다.

(4) 할머니께서 태어나신 (적기, 시기)에는 휴대 전화가 없었다고 한다.

(5) 과학자들은 태양계의 (생색, 생성) 과정을 밝히기 위한 연구를 계속하고 있다.

지층

정답과 해설 **22** 쪽

강이나 바닷가에 있는 절벽을 보면 암석이 여러 개의 층을 이루고 있는 모습을 볼 수 있을 거예요. 이것을 지층이라고 해요. 지층은 진흙, 모래, 자갈 등이 흐르는 물이나 바람에 의해 운반되다가 물의 흐름이 느려지는 곳에 쌓여서 만들어져요. 이때 쌓이는 물질을 퇴적물이라고 해요. 퇴적물이 오래 쌓이게 되면 다져지고 굳어져서 암석이 되지요.

지층의 종류에는 **습곡**과 **단층**이 있어요. 습곡은 수평으로 퇴적된 지층이 가로로 압력을 받아 휘어진 것으로, 물결 모양의 주름이 생겨요. 히말라야 **산맥**, 알프스 산맥 등이 대표적인 습곡 산맥이에요. 단층은 지층이 외부의 힘으로 두 개의 조각으로 끊어져 어긋난 것이에요. 단층은 수직으로 끊어져 위아래가 어긋난 모양, 경사면으로 끊어져 비스듬하게 위아래로 어긋난 모양, 가로세로로 어긋난 모양 등 그 형태가 다양해요.

핵심 용어 다음 빈칸에 들어갈 알맞은 용어를 쓰세요.

(1) ☐ ☐

습(주름 褶) 곡(굽을 曲): 주름처럼 굽다.
- 뜻: 지층이 물결 모양으로 주름이 지는 현상.

(2) ☐ ☐

단(끊을 斷) 층(층 層): 끊어진 층.
- 뜻: 지각 변동으로 지층이 갈라져 어긋나는 현상. 또는 그런 지형.

• 지층

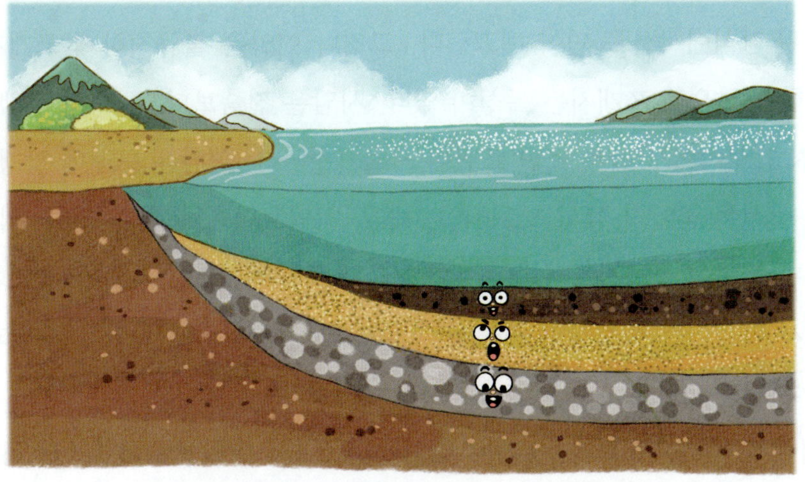

▲ 진흙, 모래, 자갈 등으로 이루어진 암석이 층을 이룸.

• 습곡

• 단층

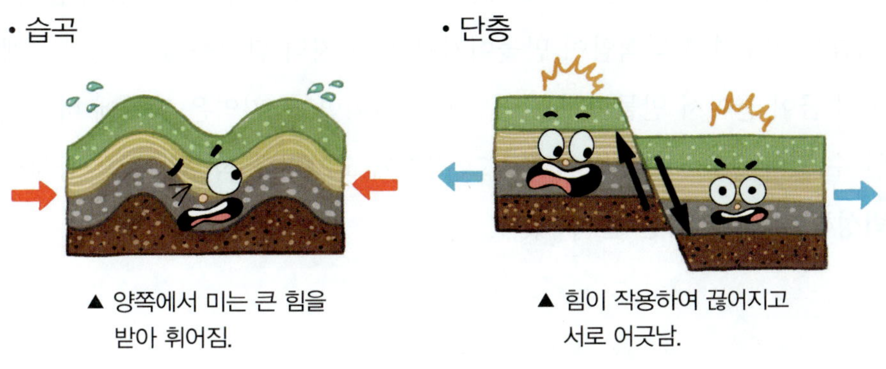

▲ 양쪽에서 미는 큰 힘을 받아 휘어짐.

▲ 힘이 작용하여 끊어지고 서로 어긋남.

● **산맥** 지반 운동, 지질 구조와 관련하여 직선상으로 형성된 산지.

퇴적암

퇴적암의 특징

1 암석은 **광물**이 모여 단단하게 굳어진 덩어리를 말한다. 한 종류의 광물로 만들어지는 암석도 있지만 대부분의 암석은 여러 종류의 광물이 섞여서 만들어진다. 암석은 만들어지는 과정에 따라 **화성암**, **변성암**, 퇴적암으로 분류된다.

2 이 중 퇴적암은 **풍화**와 **침식**, 운반, 퇴적 작용으로 만들어진다. 암석은 오랜 시간에 걸쳐 풍화되고 침식되어 **잘게** 부서진다. 이렇게 부서진 암석은 강물이나 바람에 운반되어 호수나 바다 밑에 쌓이게 된다. 쌓인 퇴적물은 그 위에 다시 쌓인 퇴적물의 무게에 의해 알갱이 사이의 간격이 좁아진다. 그리고 좁아진 입자 사이의 공간에 물속에 녹아있던 여러 물질이 채워지고 시간이 흘러 굳어지면 퇴적암이 된다. 또 화산 폭발로 뿜어져 나온 화산재가 쌓여 생성되기도 하고, 고체나 생물체가 쌓여 생성되기도 한다.

3 퇴적암은 퇴적암을 이루는 알갱이의 종류에 따라 이암과 셰일, 사암, 역암으로 나눌 수 있다. 이 중 이암과 셰일은 진흙 같이 크기가 작은 알갱이들이 굳어져서 된 암석이어서 표면이 매끄럽다. 그러나 이암은 **불규칙하게 쪼개지고**, 셰일은 한 방향으로 쪼개지는 특성이 있다. 사암은 진흙보다 큰 모래 알갱이로 만들어진 암석이어서 만져 보면 표면이 거칠거칠하다. 역암은 모래에 알갱이가 큰 자갈이 섞여 굳어진 암석으로 이암, 셰일, 사암보다 알갱이가 크다. 역암은 만져 보면 표면이 울퉁불퉁하다. 이 외에도 동물의 **뼈**, 조개나 소라 껍데기 등이 쌓여서 만들어진 석회암과 식물이 고체로 굳어져서 오랫동안 높은 열과 압력을 받아 생긴 석탄이 있다.

4 육지에서 가까운 바다에서는 주로 자갈이 퇴적되어 역암이 많다. 자갈과 같이 알갱이가 큰 암석은 무게 때문에 멀리 운반되지 못하고 퇴적되기 때문이다. 그리고 육지에서 먼 바다일수록 사암, 이암과 셰일 순서로 퇴적암이 많다.

5 퇴적암을 연구하면 퇴적암이 만들어지던 때의 지역 환경을 알 수 있다. 예를 들어 소금이 굳어서 만들어지는 암염이 발견되면 그 지역은 과거에 바다였음을 알 수 있다. 또 석탄이 발견되면 그 지역에 고사리나 **석송**과 같은 양치식물이 **번성하던** 곳이었음을 알 수 있다.

- **광물** 금, 은, 철 따위와 같은 금속을 포함하는 자연에서 생기는 물질.
- **화성암** 마그마가 냉각·응고되어 이루어진 암석을 통틀어 이르는 말.
- **변성암** 화성함이나 퇴적암 따위가 주로 땅 밑에서 변질되어 형성된 암석.
- **풍화** 지표를 구성하는 암석이 햇빛, 공기, 물, 생물 따위의 작용으로 점차로 파괴되거나 분해되는 일.
- **침식** 비, 하천, 빙하, 바람 따위의 자연 현상이 지표를 깎는 일.
- **잘게** 알곡이나 과일, 모래 따위의 둥근 물건이나 글씨 따위의 크기가 작게.
- **불규칙하게** 규칙에서 벗어나 있게. 또는 규칙이 없게.
- **쪼개지고** 둘 이상으로 나누어지고.
- **석송(石 돌 석, 松 소나무 송)** 석송과의 상록 여러해살이풀.
- **번성하던** 한창 성하게 일어나 퍼지던.

내용 독해

1 이 글에 대한 설명으로 알맞은 것은 무엇인가요? (　　　　)

① 실험을 통해 문제의 해결 방안을 제시하고 있다.
② 대상에 대한 다양한 의견들을 서로 비교하고 있다.
③ 예상되는 상황을 제시하여 독자의 관심을 끌고 있다.
④ 전문가의 의견을 인용하여 현상의 원인을 분석하고 있다.
⑤ 대상이 형성되는 과정을 설명한 후 종류와 생성 장소를 소개하고 있다.

2 이 글의 내용과 일치하는 것은 무엇인가요? (　　　　)

① 퇴적암은 생성 시기에 따라 종류가 달라진다.
② 역암, 사암, 이암 중 역암의 알갱이가 가장 크다.
③ 퇴적암은 모두 자갈과 같은 무생물이 굳어져서 생성된다.
④ 암석은 모두 풍화와 침식, 운반, 퇴적의 과정으로 만들어진다.
⑤ 육지와 가까운 바다일수록 이암과 셰일이 가장 많이 만들어진다.

3 이 글을 통해 추론할 수 있는 내용이 <u>아닌</u> 것은 무엇인가요? (　　　　)

① 쪼개진 모양을 보고 이암과 셰일을 구분할 수 있다.
② 바다의 위치에 따라 퇴적암의 종류를 예상할 수 있다.
③ 알갱이의 크기를 보고 역암과 이암을 구분할 수 있다.
④ 퇴적물의 종류를 보고 침식 작용이 발생한 지역을 알 수 있다.
⑤ 조개, 소라, 고사리는 오래전부터 있었던 생물임을 알 수 있다.

4 이 글을 읽고 ㉮~㉯에 들어갈 퇴적암의 종류를 쓰세요.

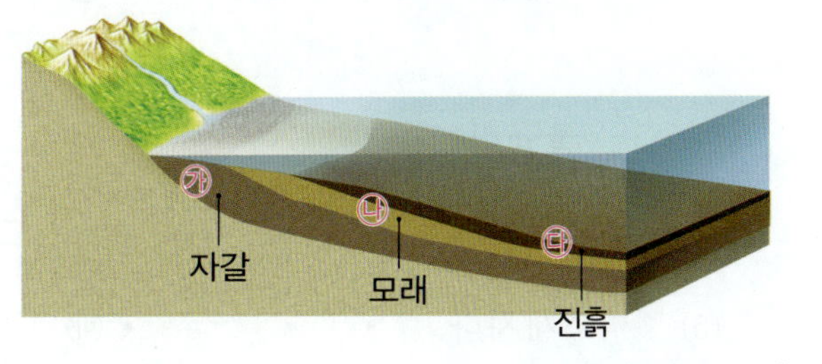

(1) ㉮: (　　　　　　) (2) ㉯: (　　　　　　) (3) ㉯: (　　　，　　　)

**구조
분석**

5 각 문단의 중심 내용으로 알맞은 것에 ○표, 틀린 것에 ×표를 하세요.

1문단	알갱이의 종류에 따른 퇴적암의 종류	( )
2문단	퇴적암이 만들어지는 과정	( )
3문단	크기에 따른 암석의 구분 방법	( )
4문단	생성 장소에 따른 퇴적암의 종류	( )
5문단	퇴적암 연구로 알 수 있는 내용	( )

6 빈칸에 들어갈 알맞은 말을 이 글에서 찾아 쓰세요.

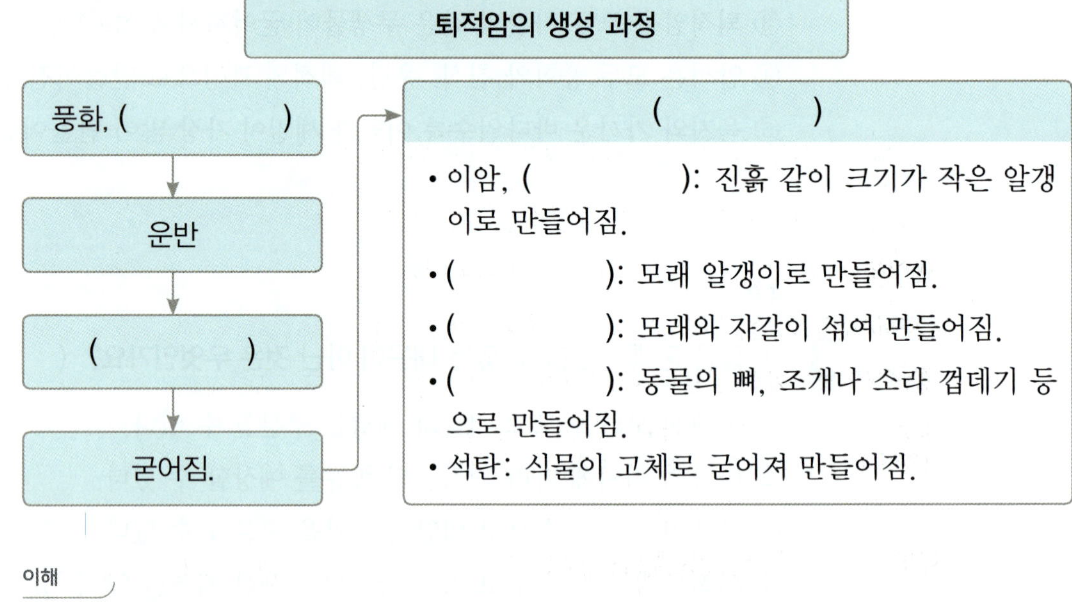

어휘

7 다음 낱말의 뜻을 찾아 선으로 알맞게 이으세요.

(1)	잘다	•	• ㉮	둘 이상으로 나누어지다.
(2)	광물	•	• ㉯	한창 성하게 일어나 퍼짐.
(3)	번성	•	• ㉰	규칙에서 벗어나 있음. 또는 규칙이 없음.
(4)	불규칙	•	• ㉱	금, 은, 철 따위와 같은 금속을 포함하는 자연에서 생기는 물질.
(5)	쪼개지다	•	• ㉲	알곡이나 과일, 모래 따위의 둥근 물건이나 글씨 따위의 크기가 작다.

퇴적암

　　암석은 여러 가지 광물이 섞여 단단하게 굳어진 덩어리예요. 흔히 돌이라고 부르는 것이 바로 암석이지요. 그중에서도 **퇴적암**은 대부분의 지층을 이루는 암석으로, 진흙, 모래, 자갈 등의 여러 가지 알갱이가 굳어져 만들어진 것을 말해요. 암석이 오랜 세월 동안 공기, 물 등에 의해 부서지고 깎여 만들어지는 **퇴적물**은 흐르는 물과 바람, 빙하 등을 따라 이동하여 안전한 장소의 바닥에 쌓여요. 무거운 자갈 등은 주로 강의 **상류**에 가라앉아 쌓이고, 가벼운 모래, 진흙 등은 강의 **하류**까지 이동하여 가라앉아 쌓여요. 먼저 쌓인 퇴적물은 나중에 그 위에 쌓이는 퇴적물이 누르는 힘 때문에 알갱이 사이의 공간이 좁아져요. 거기에 물속에 녹아 있는 여러 가지 물질과 알갱이들이 서로 엉겨 붙으면 단단한 퇴적암이 된답니다.

핵심 용어 다음 빈칸에 들어갈 알맞은 용어를 쓰세요.

(1) ☐ ☐

　암(바위 巖) **석**(돌 石): 바위나 돌.
　• 뜻: 지각을 구성하고 있는 단단한 물질.

(2) ☐ ☐ ☐

　퇴(흙무더기 堆) **적**(쌓을 積) **암**(바위 巖): 흙무더기가 쌓여 만들어진 바위.
　• 뜻: 퇴적 작용으로 생긴 암석.

• 퇴적암이 만들어지는 과정

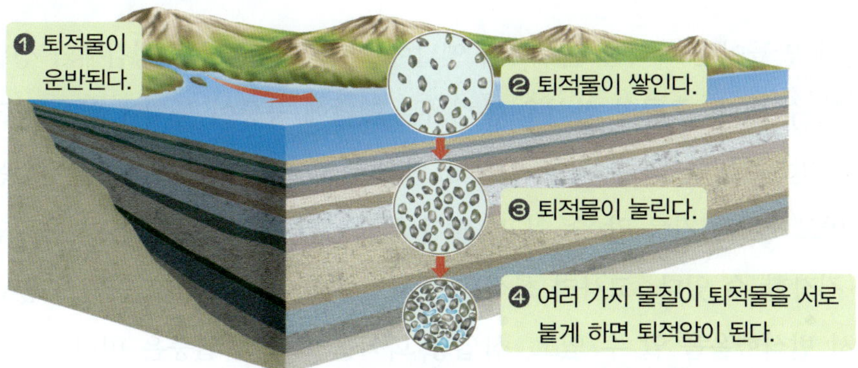

▲ 퇴적물이 쌓이고 눌린 뒤 알갱이들이 서로 붙어 퇴적암이 됨.

• 퇴적물의 이동

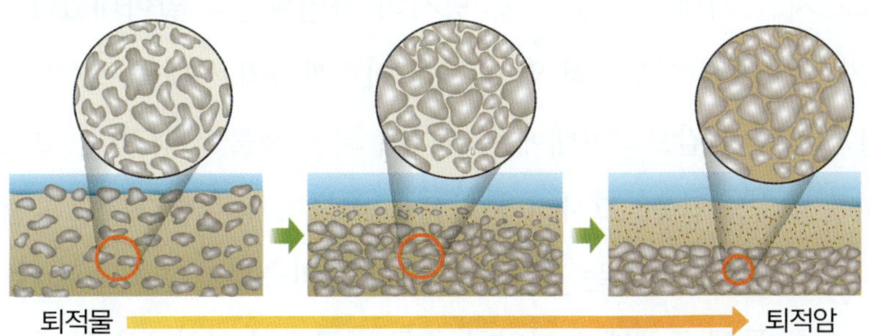

▲ 물속의 여러 가지 물질과 알갱이들이 서로 엉겨 붙어 퇴적암이 생성됨.

● **퇴적물** 암석의 파편이나 생물의 유해 따위가 물, 빙하, 바람, 중력 따위의 작용으로 운반되어 땅 표면에 쌓인 물질.
● **상류** 강이나 내의 발원지에 가까운 부분.
● **하류** 강이나 내의 아래쪽 부분.

화석의 가치

1 화석은 옛날에 살았던 동식물의 **유해**나 **흔적**이 암석이나 지층 속에 남아 있는 것을 말한다. 화석은 어떻게 만들어질까? 먼저 죽은 동식물의 유해가 강이나 호수 아래로 가라앉아 바닥에 묻히면, 그 위로 물이나 바람에 의해 운반된 퇴적물이 계속 쌓여 지층이 생기고 굳어져 화석이 된다. 화석은 **지각 변동**으로 지층이 지표면 위로 솟아오르고 비와 바람에 의해 지층이 깎이면서 발견된다.

2 그럼 죽은 동식물은 모두 화석이 될까? 화석이 만들어지기 위해서는 몇 가지 조건을 만족해야 한다. 먼저 동물에는 뼈 또는 이빨, 껍데기와 같은 단단한 부분이 있어야 하고, 식물에는 줄기나 잎과 같은 부분이 있어야 화석으로 만들어질 수 있다. 그리고 동식물이 죽은 후 유해가 썩기 전에 퇴적물 속에 빨리 묻혀야 한다. 한 종류의 동식물 수가 많고, 넓은 지역에 **서식할수록** 화석이 되기 쉽다.

3 이렇게 만들어진 화석을 연구하며 옛날에 살았던 동식물의 생김새와 생활 모습을 알 수 있다. 공룡알 화석을 통해서는 옛날에 공룡이 둥지에 알을 낳고 살았음을 알 수 있다. 또한 공룡 발자국 화석을 보고 공룡이 두 발로 걸었는지, 네 발로 걸었는지를 알 수 있고, 발자국 사이의 간격으로 공룡이 움직인 속도를 짐작할 수 있다. 고사리 화석을 통해 고사리가 따뜻하고 습기가 많은 육지에서 **번식했음을** 알 수 있고, **삼엽충** 화석을 보고 삼엽충은 머리, 가슴, 꼬리의 세 부분으로 이루어져 있으며 바다에 서식했음을 알 수 있다.

4 또한 화석을 통해 지구의 역사도 알 수 있다. 과학자들은 지층 속 화석 연구를 바탕으로 지질 시대를 구분하고, 당시의 자연환경을 알아내었다. 지질 시대란 지구가 이루어진 이후부터 **역사 시대** 이전까지의 시대를 말한다. 지질 시대 중 가장 오래된 선캄브리아대에는 바다에 최초 생물이 생겼다. 고생대에는 날씨가 따뜻하여 삼엽충, 고사리와 같은 동식물이 등장했다. 또 파충류의 시대, 공룡의 시대라고도 불리는 중생대에 살았던 파충류가 화석으로 많이 발견되고 있다. 이를 통해 중생대에 다양한 종류의 공룡이 살았음을 알 수 있다. 그뿐만 아니라 겉씨식물, 곤충 등도 번성하였다. 그리고 신생대에는 공룡이 **멸종하고** 포유류와 속씨식물이 번성하였다.

지문 분석

글자 수 1063
950 1050 1150

- **유해** 주검을 태우고 남은 뼈. 또는 무덤 속에서 나온 뼈.
- **흔적** 어떤 현상이나 실체가 없어졌거나 지나간 뒤에 남은 자국이나 자취.
- **지각 변동** 지구 내부의 원인 때문에 생기는 지각의 동요와 변형.
- **서식할수록** 생물 따위가 일정한 곳에 자리를 잡고 살수록.
- **번식했음을** 붇고 늘어서 많이 퍼졌음을.
- **삼엽충** 껍데기 부분이 세 갈래의 모양으로 나누어져 있는 동물.
- **역사 시대** 문자로 쓰인 기록이나 문헌 따위가 있는 시대.
- **멸종하고** 생물의 한 종류가 아주 없어지고. 또는 생물의 한 종류를 아주 없애 버리고.

내용 독해

1 이 글의 특징으로 알맞은 것은 무엇인가요? (　　　)

① 화석을 발굴하는 방법을 순서대로 설명하고 있다.
② 시대에 따라 달라진 화석의 모습을 설명하고 있다.
③ 동물의 화석과 식물의 화석을 비교하여 설명하고 있다.
④ 지질 시대와 역사 시대 화석의 공통점과 차이점을 설명하고 있다.
⑤ 화석이 만들어지는 과정과 화석을 통해 알 수 있는 것들을 설명하고 있다.

2 이 글을 통해 알 수 있는 내용이 <u>아닌</u> 것은 무엇인가요? (　　　)

① 선캄브리아대에는 바다에 최초 생물이 생겨났다.
② 화석을 연구하면 지질 시대의 자연환경을 알 수 있다.
③ 공룡 발자국 화석을 통해 공룡의 걸음 방식을 알 수 있다.
④ 고사리 화석을 보고 고생대에도 고사리가 존재했음을 알 수 있다.
⑤ 식물은 뼈와 같이 단단한 부분이 없어 화석으로 만들어지지 않는다.

3 이 글을 읽고 추론할 수 있는 내용을 <u>잘못</u> 말한 친구는 누구인지 쓰세요.

> 준혁: 중생대의 파충류는 넓은 지역에 서식했을 거야.
> 인성: 현재 동식물들도 죽으면 그 유해가 화석이 될 수 있어.
> 가영: 크기가 작은 동식물일수록 화석으로 잘 만들어졌을 거야.

(　　　　　　　　)

4 다음 ㉮~㉣를 화석이 만들어져 발견되는 과정에 따라 순서대로 기호를 쓰세요.

(　　　) → (　　　) → (　　　) → (　　　)

구조 분석

문단 요약

5 각 문단의 중심 내용을 찾아 선으로 알맞게 이으세요.

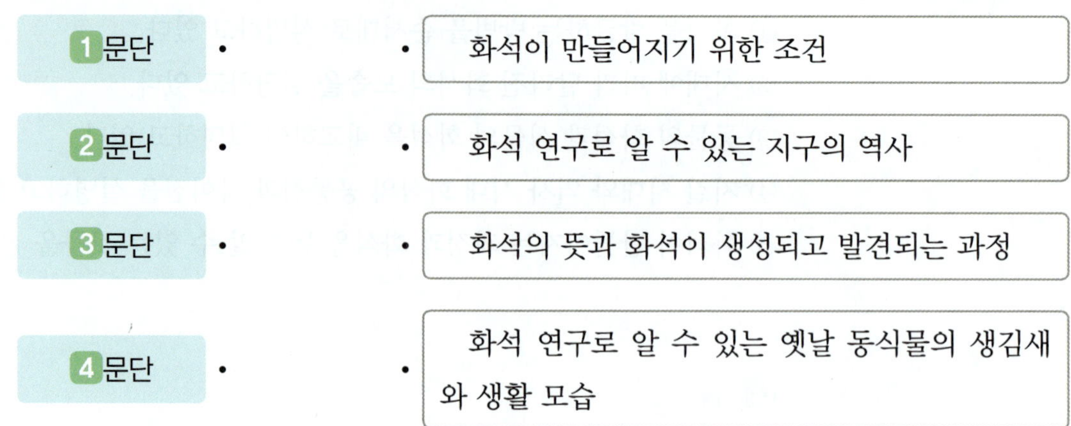

핵심 내용

6 빈칸에 들어갈 알맞은 말을 이 글에서 찾아 쓰세요.

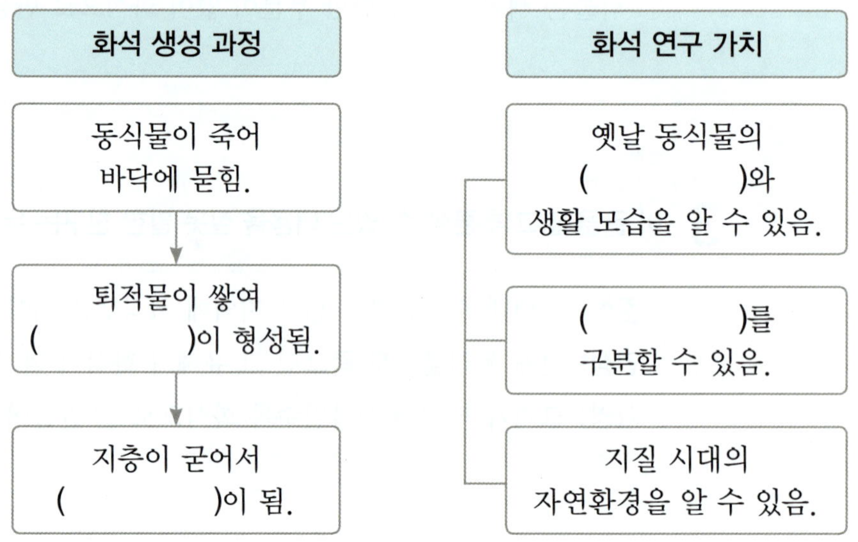

어휘

적용

7 다음 문장에 들어갈 알맞은 낱말에 ○표 하세요.

⑴ 돌아가신 분의 (유언, 유해)을/를 땅에 묻었다.

⑵ 그곳은 과거에 사람이 살았던 (지적, 흔적)이 남아 있다.

⑶ 야생 동물이 (멸종, 조종)되지 않도록 인간은 환경을 보호해야 한다.

⑷ 이 식물은 한라산 기슭에서만 (번식, 숙식)하는 아주 희귀한 약초이다.

⑸ 이곳은 맹꽁이가 (시식, 서식)하는 곳이라 그런지 밤에 맹꽁이 울음소리가 요란하다.

화석

화석은 오래전 살았던 동식물의 유해나 흔적이 암석이나 **지층**에 남아 있는 것을 말해요. 화석에는 조개, 공룡알, 물고기, 암모나이트 등과 같은 동물 화석이 있어요. 또 고사리, 단풍잎, 은행잎 등 식물 화석도 있지요. 그 외에 발자국이나 배설물 등 동물이 남긴 흔적도 화석의 한 종류예요. 화석을 연구하면 현재는 멸종되었거나 **진화한** 생물의 예전 모양과 특징을 알 수 있어요. 지층에서 발견된 말의 화석을 **연대순**으로 정리하면 말은 발가락 수가 줄어들었고, 몸집과 어금니가 커졌으며 주름이 많아진 모습으로 변화해 온 것을 알 수 있어요. 이렇게 화석을 통해 과거부터 현재까지 생물의 모습이 어떻게 달라졌는지를 알 수도 있답니다.

핵심 용어 다음 빈칸에 들어갈 알맞은 용어를 쓰세요.

(1) ☐☐

화(될 化) 석(돌 石): 돌이 된 것.
- 뜻: 지질 시대에 생존한 동식물의 유해와 활동 흔적 따위가 퇴적물 중에 매몰된 채로 또는 지상에 그대로 보존되어 남아 있는 것을 통틀어 이르는 말.

(2) ☐☐

지(땅 地) 층(층 層): 땅의 층.
- 뜻: 진흙, 모래, 자갈 등으로 이루어진 암석이 층층이 쌓여 층을 이루고 있는 것.

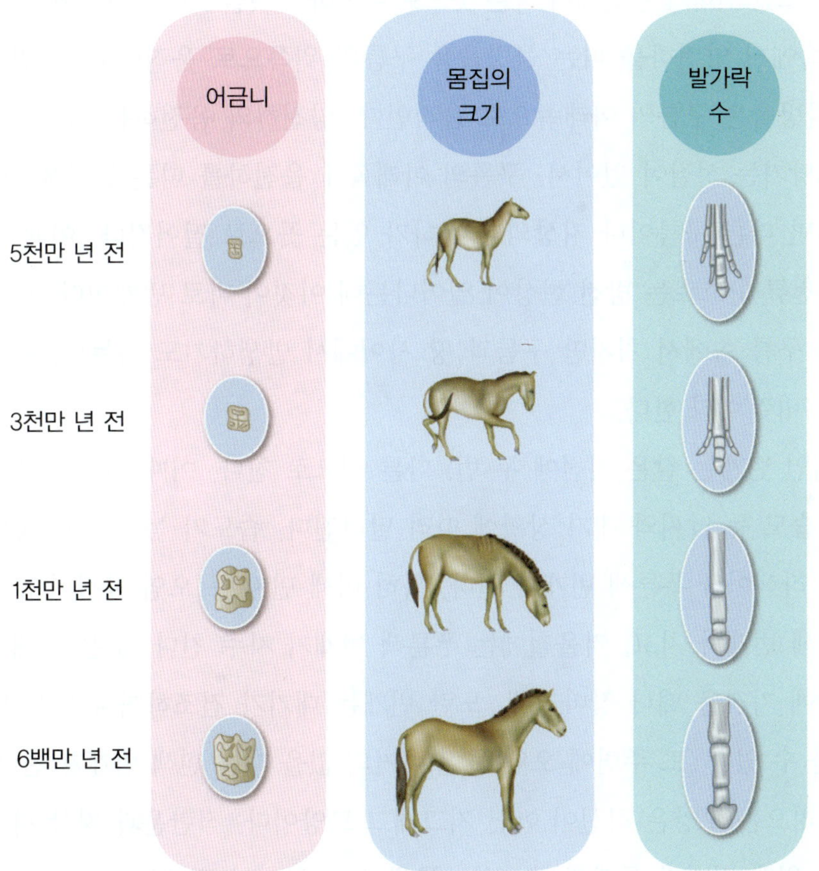

▲ 시간의 흐름에 따라 말의 어금니와 몸집이 커지고, 발가락 수가 줄어듦.

- **진화한** 생물이 생명의 기원 이후부터 점진적으로 변해 간.
- **연대순** 지나간 시간을 일정한 햇수로 나눈 것을 따라 벌여 놓은 순서.

날씨와 우리 생활

번개가 생기는 원리

1 전국에 **장마**가 계속되는 가운데 지난 16일 새벽, 번개가 1시간 넘게 이어져 **화제**가 되고 있다. 번개는 주로 날씨가 흐리거나 비가 올 때 일어나는 현상이다. 그런데 최근에는 맑은 하늘에서 치는 마른번개도 **잦아지고** 있다고 한다. 스위치도 없는 하늘에서 이렇게 번쩍이는 불꽃이 발생하는 까닭은 무엇일까?

2 번개는 보통 적란운에서 발생한다. 적란운은 산처럼 높게 발달한 구름으로 소나기를 내리게 하는 구름이다. 솜사탕처럼 폭신폭신해 보이는 구름이지만 그 속에는 수많은 물방울과 작은 얼음 알갱이가 돌아다니는데 이들이 부딪히면서 전기가 발생하게 된다. 이러한 전기적 성질을 '전하'라고 하고 (+) 전기의 성질을 가지는 전하를 '양전하', (−) 전기의 성질을 가지는 전하를 '음전하'라고 한다. 또한 전하가 한곳에서 다른 곳으로 이동하는 것을 '전류'라고 한다.   10

3 구름 속에서 양전하를 띠는 물방울은 구름의 위쪽으로 움직이고, 음전하를 띠는 물방울은 구름의 아래쪽으로 움직인다. 양전하와 음전하는 자석처럼 서로 끌어당기는 성질이 있어서, 구름의 아래쪽에 음전하를 띠는 물방울들이 많이 모이면 다른 구름이나 **지상**의 양전하가 있는 곳으로 떨어진다. 이때 순간적으로 전류가 흐르는 **방전** 현상이 일어나는데 이것이 바로 번개이다. 번개   15
는 대부분 구름 속에서 치지만 구름과 땅 사이에서 발생하기도 하는데, 이러한 번개는 '벼락'이라 한다.

4 일반적인 번개는 같은 지점에 두 번, 다른 색으로 친다. 이때 번개의 색은 기온이나 **습도** 등 날씨와 대기 상황에 따라 달라진다. 습도가 높고 비를 **동반**할 때는 보라색이나 푸른색 번개가 친다. 특히 미세 먼지 등 오염 물질이 많을   20
때는 보라색 번개가 치고, 겨울철에는 푸른색 번개가 자주 친다. 붉은 번개는 구름이 땅에 가까울 때나 장마철에, 노란 번개는 대기가 **건조하거나** 맑은 날씨일 때 볼 수 있다. 또 주변에 오염 물질이 거의 없을 때는 흰색 번개가 친다. 번개가 내려오는 모양은 직선이 아닌 지그재그 모양이다. 적란운과 지상 사이의 공기는 원래 전기가 통과할 수 없는 물체이다. 하지만 번개는 2초 가량의   25
짧은 시간 동안 습도가 높고 잘 뚫릴 만한 공기를 **탐색해** 지상으로 내려가는 길을 찾는다. 이러한 번개의 움직임이 바로 지그재그 모양으로 보이는 것이다. "번개가 잦으면 풍년이 든다."라는 말이 있다. 번개의 강렬한 전압이 대기 중 질소를 분해해 땅에 천연 비료로 녹아들게 만든다고 하니, 번개가 칠 때 기뻐할 사람도 분명 있을 것이다.   30

- **장마** 여름철 여러 날을 계속해서 비가 내리는 현상이나 날씨. 또는 그 비.
- **화제** 이야기할 만한 재료나 소재.
- **잦아지고** 어떤 일이나 행위가 자주 있게 되고.
- **지상(地** 땅 지, **上** 위 상**)** 땅의 위.
- **방전(放** 놓을 방, **電** 번개 전**)** 전지와 같이 전기를 띤 물체에서 전기가 외부로 흘러나오는 현상.
- **습도** 공기 가운데 수증기가 들어 있는 정도.
- **동반할** 어떤 일이나 현상이 함께 나타날.
- **건조하거나** 물기나 습기가 말라서 없거나.
- **탐색해** 사라지거나 드러나지 않은 사물이나 현상 따위를 자세히 살펴 찾아.

**내용
독해**

설명 대상

1 이 글에서 알려 주는 것은 무엇인가요? (   )

① 전하의 종류와 활용법
② 전류가 흐르기 위한 조건
③ 번개가 우리 생활에 미치는 악영향
④ 적란운에서만 번개가 발생하는 까닭
⑤ 번개가 발생하는 원리와 번개의 특징

내용 이해

2 이 글의 내용과 일치하는 것은 무엇인가요? (   )

① 구름과 구름 사이에서도 벼락이 친다.
② 적란운은 옆으로 넓게 발달한 구름이다.
③ 습도가 높을 때에는 노란색 번개가 친다.
④ 구름 속 물방울과 얼음 알갱이들은 멈춰 있으려는 성질을 가진다.
⑤ 구름 속에서 음전하는 아래쪽으로 모이고, 양전하는 위쪽으로 모인다.

추론

3 이 글을 통해 답을 알 수 있는 질문이 <u>아닌</u> 것은 무엇인가요? (   )

① 번개는 주로 어떤 날씨에 나타날까?
② 흰색 번개는 어떤 상황에서 나타날까?
③ 구름의 모양이 달라지는 까닭은 무엇일까?
④ 구름 속에서 전기가 발생하는 까닭이 무엇일까?
⑤ 구름 속 음전하가 양전하가 있는 곳으로 떨어지는 까닭은 무엇일까?

적용

4 다음 빈칸에 들어갈 말을 글에서 찾아 쓰세요.

> 천둥은 번개가 발생할 때 같이 나타난다. 번개는 공기 중에 전류가 흐르는
> [   ] 현상으로, 번개가 치면 순간적으로 공기의 온도가 올라간다.
> 이때 공기가 급격히 팽창하며 소리가 나는데 이를 천둥이라고 한다.

(   )

구조
분석

문단 요약

5 각 문단의 중심 내용을 찾아 선으로 알맞게 이으세요.

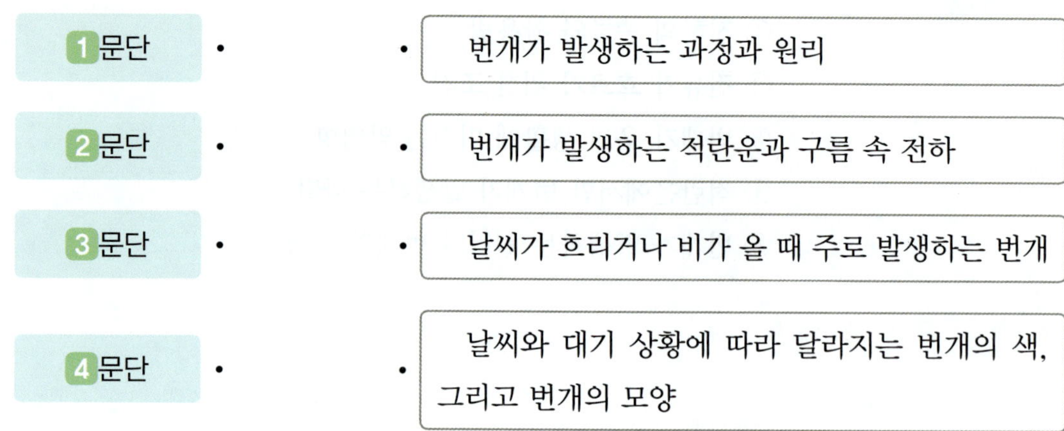

핵심 내용

6 빈칸에 들어갈 알맞은 말을 이 글에서 찾아 쓰세요.

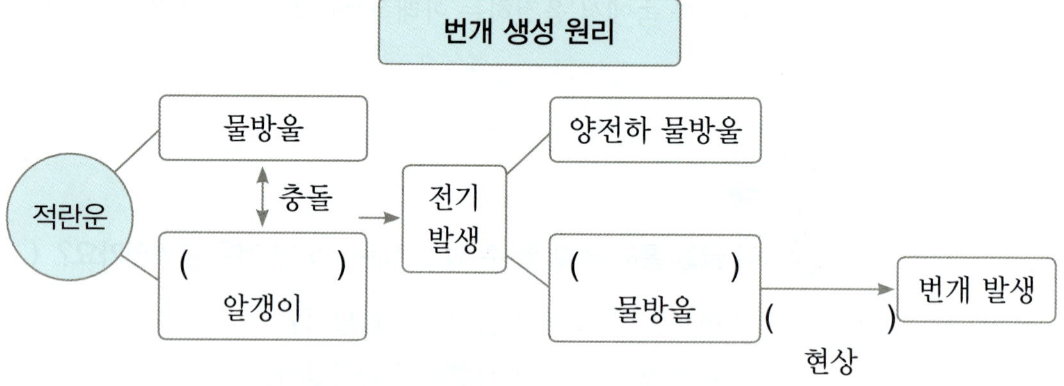

어휘

적용

7 다음 문장의 빈칸에 들어갈 알맞은 낱말을 보기 에서 찾아 쓰세요.

보기

| 건조 | 탐색 | 습도 | 지상 | 화제 |

⑴ 하늘에서는 (   )의 건물들이 아주 작게 보였다.

⑵ 겨울철에는 바람이 많이 불어서 (   )이/가 낮아진다.

⑶ 나는 어색한 분위기를 바꾸려고 새로운 (   )을/를 꺼냈다.

⑷ 피부가 (   )해지는 것을 막기 위해서 물을 많이 마셔야 한다.

⑸ 고대 문명에서 시작된 별자리 (   )은/는 오늘날까지 이어진다.

날씨와 우리 생활

그날그날의 비, 구름, 바람, 기온 따위가 나타나는 상태인 날씨는 우리 생활에 많은 영향을 줍니다. '일기'라고 부르기도 하는 날씨를 알려 주는 것을 일기 예보라고 하지요.

그중에서도 구름은 물이 햇빛에 증발되어 생기는 수증기가 먼지 등의 물질과 응결하여 미세한 물방울이 되어 떠 있는 것으로, 일정한 과정에 의해 생성이 되지요. 먼저 공기 덩어리가 하늘 높이 올라가면서 공기의 양이 줄어들어 부피가 커져요. 그리고 공기 덩어리의 온도가 점점 낮아져서 수증기가 응결하기 시작하지요. 수증기가 응결하여 생긴 작은 물방울이나 얼음 알갱이가 모여 구름이 되는 것이랍니다.

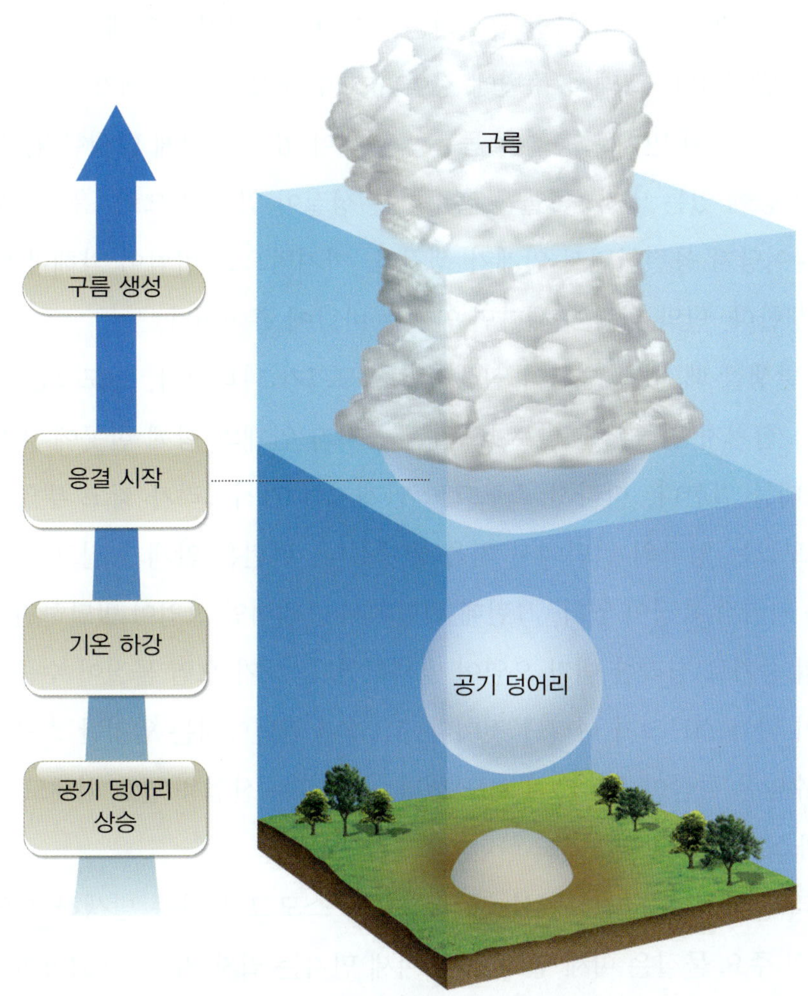

▲ 수증기가 응결하여 생긴 작은 물방울이나 얼음 알갱이들이 모여 구름이 됨.

- **영향** 어떤 사물의 효과나 작용이 다른 것에 미치는 일.
- **예보** 앞으로 일어날 일을 미리 알림. 또는 그런 보도.
- **응결하여** 한데 엉기어 뭉쳐.

핵심 용어 다음 빈칸에 들어갈 알맞은 용어를 쓰세요.

(1) ☐☐

기(공기 氣) 온(온도 溫): 공기의 온도.

- 뜻: 지표면으로부터 1.5미터 정도의 높이에 있는 공기의 온도.

(2) ☐☐

- 뜻: 그날그날의 비, 구름, 바람, 기온 따위가 나타나는 기상 상태.

물의 여행

안개와 스모그

1 일기 예보를 보면 안개 **주의보**가 **발령되는** 날이 있다. 안개 주의보는 짙은 안개로 인하여 차량 운행 등에 상당한 지장을 줄 것이 **예상될** 때 발표하는 기상 주의보이다. 안개는 구름처럼 대기 중의 수증기가 응결하여 만들어진 작은 물방울이다. 그런데 구름이 공중에 떠 있는 것과 다르게 안개는 지표 가까이에 떠 있어 앞을 내다보는 것을 방해한다. 　5

2 안개 주의보는 일반적으로 새벽이나 아침에 발령된다. 그 까닭은 안개가 발생하는 조건 때문이다. 먼저, 안개는 대기 중에 수증기가 많고 **일교차**가 큰 날 많이 발생한다. 즉, 맑은 날 낮 동안 태양의 복사열로 인해 증발된 수증기가 증가하였다가 밤이 되어 기온이 떨어지면 응결되어 안개가 되는 것이다. 응결이란 수증기가 냉각되어 물방울이 되는 것이다. 두 번째로 안개는 습도가 　10
높을수록 잘 발생한다. 그래서 주변에 강이나 호수가 있으면 안개가 더 진하고 자주 발생한다. 세 번째로 응결을 돕는 응결핵이 있으면 쉽게 발생한다. 응결핵은 대기 중에 있는 입자 중 물을 흡수하는 성질이 있는 것으로, 응결핵이 수증기를 끌어당겨 응결하면서 안개가 생긴다. 마지막으로 바람이 약해야 안개가 잘 발생한다. 만약 바람이 세다면 안개는 바람에 흩어진다. 　15

3 안개가 발생할 때 대기 오염이 심해지면 스모그가 나타난다. 스모그는 연기와 안개가 합쳐져 만들어진 말로, 오염된 공기가 안개와 함께 한곳에 머물러 있는 상태를 말한다. 따라서 스모그도 안개처럼 가시거리가 짧고 뿌옇게 보인다. 스모그는 영국의 런던에서 처음 발생했다. 런던은 안개가 짙고 자주 발생한다는 지역적 특징이 있다. 그런데 런던에서 근대적인 산업이 발달하면서 　20
석탄 사용의 증가로 심각한 대기 오염이 발생하였고, 대기 오염 물질이 수증기의 응결핵이 되어 스모그가 나타난 것이다. 1952년 런던에서는 엄청난 스모그가 발생해 수많은 사람이 목숨을 잃기도 했다. 스모그는 산업용 **연료** 외에도 자동차 **배기가스**로 인해 발생하기도 한다.

4 우리나라도 빠르게 발전하면서 그 영향으로 스모그가 자주 발생하고 있　25
다. 스모그의 주요 물질은 미세 먼지이다. 미세 먼지는 입자 지름 $10\mu m$(마이크로미터) 이하인 먼지로, 우리 눈에 보이지 않을 정도로 작다. 입자가 작기 때문에 사람 폐포까지 쉽게 깊숙이 침투해 직접적으로 각종 호흡기 **질환**을 일으킨다. 스모그가 심한 날에는 외출을 자제하고 개인의 **위생**과 주변 환경의 청결을 유지해야 한다. 　30

- **주의보** 폭풍·해일·홍수 따위의 지표에 일어나는 현상으로 피해를 입을 염려가 있을 때 기상청에서 주의를 주는 예보.
- **발령되는** 긴급한 상황에 대한 경보가 발표되는.
- **예상될** 앞으로 있을 일이 짐작될.
- **일교차** 기온, 습도, 기압 따위가 하루 동안에 변화하는 차이.
- **연료** 에너지를 얻기 위해 연소시키는 물질.
- **배기가스** 내연 기관 따위에서, 불필요하게 되어 배출하는 가스.
- **질환** 몸의 온갖 병.
- **위생** 건강에 유익하도록 조건을 갖추거나 대책을 세우는 일.

**내용
독해**

1 이 글은 무엇에 대해 쓴 글인가요? (   )

① 안개와 스모그의 특징
② 구름의 형성 과정과 종류
③ 안개가 주로 발생하는 지역
④ 스모그로 인한 피해 현황과 대책
⑤ 구름으로 인한 피해 현황과 대책

2 '안개'에 대한 설명으로 알맞은 것은 무엇인가요? (   )

① 물이 냉각되어 수증기가 된 현상이다.
② 기온이 일정한 지역에서 잘 발생한다.
③ 바람이 심한 지역에서 자주 발생한다.
④ 대기 오염 물질이 응결핵이 되기도 한다.
⑤ 구름처럼 수증기가 응결하여 공중에 떠 있다.

3 다음에서 설명하는 것을 이 글에서 찾아 쓰세요.

> 이것은 석탄에서 발생하는 오염 물질과 안개가 섞여서 만들어지는 런던형과 자동차 배기가스 등의 오염 물질이 햇빛을 받아 광화학 반응을 일으켜 발생하는 로스엔젤레스형이 있다. 가정에서 난방 등을 위해 석탄을 많이 사용하는 겨울철에는 주로 런던형이 발생하고, 태양열이 강한 여름철에는 주로 로스엔젤레스형이 발생한다.

(   )

4 이 글을 바탕으로 괄호 안에 들어갈 알맞은 낱말에 ○표 하세요.

> 기상청에 따르면 오늘 아침 전국에 가시거리를 1km 미만으로 떨어뜨리는 안개가 끼겠다. 최근 내린 눈과 비로 증가한 대기 중 습기가 밤사이 ⑴ (가열, 냉각)되면서 전국적으로 안개가 생기겠다. 땅이 ⑵ (습한, 건조한) 데다 전국적으로 아침 기온이 ⑶ (상승, 하강)하여 안개가 형성되기 좋은 조건이기 때문이다. 서울 지역은 대기 오염이 강하게 나타나 하루 종일 ⑷ (비, 스모그)가 예상된다.

문단 요약

5 각 문단의 중심 내용으로 알맞은 것에 ○표, 틀린 것에 ✕표를 하세요.

1 문단	구름과 안개의 공통점과 차이점	( )
2 문단	안개가 발생하기 위한 조건과 형성 과정	( )
3 문단	스모그의 뜻과 그 피해	( )
4 문단	스모그가 처음 발생한 지역	( )

핵심 내용

6 빈칸에 들어갈 알맞은 말을 이 글에서 찾아 쓰세요.

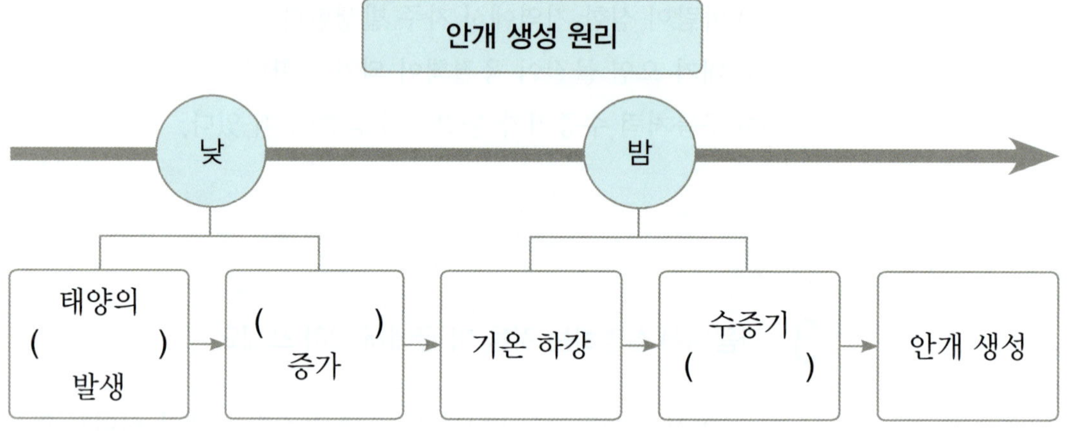

이해

7 다음 낱말의 뜻을 찾아 선으로 알맞게 이으세요.

(1)	발령	•	• ㉮	몸의 온갖 병.
(2)	예상	•	• ㉯	긴급한 상황에 대한 경보를 발표함.
(3)	연료	•	• ㉰	에너지를 얻기 위해 연소시키는 물질.
(4)	질환	•	• ㉱	앞으로 있을 일을 짐작함. 또는 그런 내용
(5)	위생	•	• ㉲	건강에 유익하도록 조건을 갖추거나 대책을 세우는 일.

물의 여행

비주얼 과학 교과서 개념

물은 여러 가지 모습을 가지고 있어요. 공기 중에 있는 물은 수증기, 구름, 안개, 비, 눈 등의 형태로 있고, 땅 위에 있는 물은 호수의 물, 바닷물, 빙하, 동식물의 몸속에 **포함되어** 있는 물 등이죠. 지하수나 흙에 **포함되어** 있는 물은 땅속에 있는 물이고요.

물은 상태가 변하면서 육지, 바다, 공기 중, 생명체 등 여러 곳을 끊임없이 돌고 도는데, 이러한 과정을 물의 **순환**이라고 해요. 물은 순환하지만 지구 전체 물의 양은 거의 변하지 않죠. 물이 순환하는 과정을 조금 더 자세히 들여다볼까요? 땅에 내린 빗물은 호수와 강, 바다, 땅속에 머물다가 공기 중으로 **증발하거나** 식물의 뿌리로 흡수되었다가 잎에서 수증기가 돼요. 공기 중의 수증기가 하늘 높이 올라가 응결하면 구름이 되고, 다시 비나 눈이 되어 바다나 육지로 내리지요. 땅에 내린 비나 눈은 땅속으로 스며들거나 강으로 흘러들어 바다로 흘러간답니다.

핵심 용어 다음 빈칸에 들어갈 알맞은 용어를 쓰세요.

(1) ☐

- 뜻: 자연계에 강, 호수, 바다, 지하수 따위의 형태로 널리 분포하는 액체.

(2) ☐☐

순(좇을 循) 환(고리 環): 규칙대로 따르는 고리.
- 뜻: 주기적으로 자꾸 되풀이하여 돎. 또는 그런 과정.

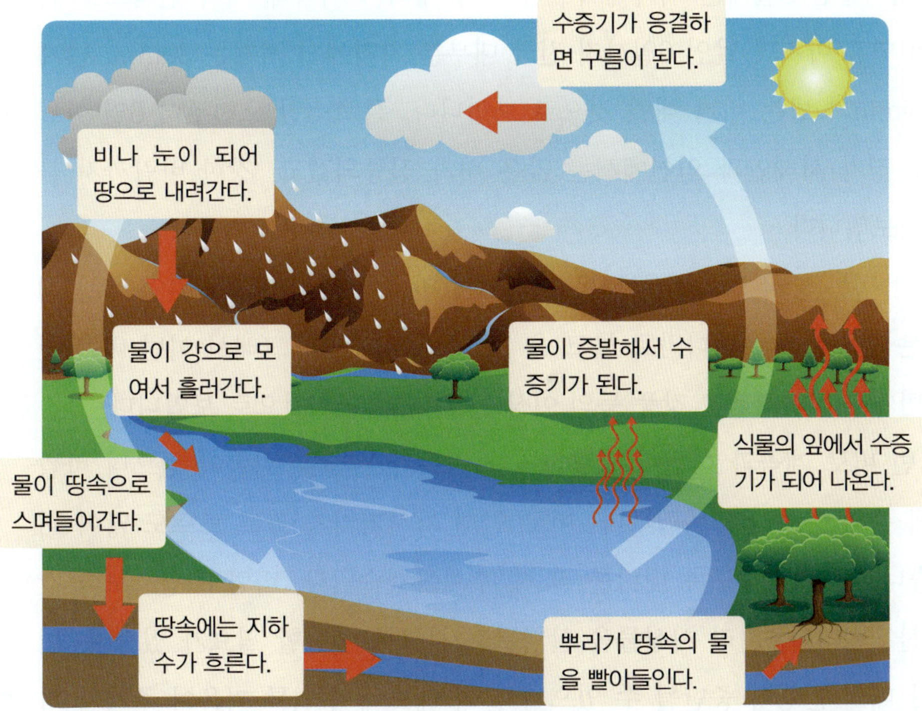

▲물이 상태를 바꾸면서 육지, 바다, 공기 중, 생명체 등 여러 곳을 끊임없이 순환함.

- **포함되어** 어떤 사물이나 현상 가운데 함께 들어가거나 함께 넣어져.
- **증발하거나** 어떤 물질이 액체 상태에서 기체 상태로 변하거나.

기압

어린이날부터 강한 비 예상

1 5월 연휴 첫날인 4일, 우리나라는 여름 날씨를 보이겠습니다. 서울의 경우 한낮 기온이 29도까지 오르겠고, 일부 지방의 경우는 기온이 30도 이상 되겠습니다. 그러나 4일 밤부터 전국적으로 기온이 빠르게 내려가면서 일교차가 심해지겠습니다. 서울의 경우 낮 기온은 4일 29도에서 5일 23도, 6일 20도로 이틀 만에 약 10도 가까이 떨어질 것으로 보입니다.

2 4일에 기온이 올라가는 까닭은 공기가 하강하면서 지표면의 공기 밀도와 압력이 높아져 고기압이 형성되기 때문인데요, 4일은 고기압의 영향으로 따뜻하고 건조해서 기온이 높고 맑은 날씨가 예상됩니다. 그러나 5일에는 고기압이 동쪽으로 이동하고 그 자리에 저기압이 다가올 예정입니다. 5일부터 공기가 상승하여 공기의 밀도와 압력이 낮아지면서 형성된 저기압의 영향으로 기온이 떨어지게 됩니다. 또 상승한 공기에 포함된 수증기가 응결하여 비와 구름이 예상됩니다.

3 어린이날인 5일에는 서쪽에서부터 비가 내리기 시작해 차차 전국으로 확대되어 연휴 마지막 날인 6일까지 전국 대부분 지역에서 적게는 30mm, 많게는 150mm가 넘는 비가 내릴 것으로 보입니다. 특히 5일 오전부터 6일 아침 사이에 경기 서해안과 인천에서는 많은 비가 **집중되겠고**, 강한 바람까지 불 것으로 보입니다.

4 강한 비는 중국 남쪽의 무더운 지역에서 만들어진 저기압이 원인으로, 매우 많은 수증기를 우리나라로 몰고 올 것으로 보입니다. 그래서 이번 비는 천둥과 번개를 동반하겠고 강풍 등의 **이상** 기후가 나타날 것으로 보입니다.

5 이번 비로 계곡과 하천이 **범람하거나** 침수가 발생할 위험이 있으니 바깥 활동에 주의해 주시기 바랍니다. 비로 인해 가시거리가 짧고 도로도 많이 미끄럽습니다. 피해 없도록 대비를 잘 해 주셔야겠습니다. 바람도 평소보다 강하게 불겠습니다. 미리 **시설물**을 살펴보고 사고를 **예방할** 필요가 있으며, 비행기나 배의 운행이 중단될 수 있으니 날씨 예보에 주의를 기울여 주시기 바랍니다.

- **집중되겠고** 한곳이 중심이 되어 모이겠고.
- **이상** 정상적인 상태와 다름.
- **범람하거나** 큰물이 흘러넘치거나.
- **시설물** 베풀어 차려 놓은 구조물.
- **예방할** 질병이나 재해 따위가 일어나기 전에 미리 대처하여 막을.

내용 독해

1 이 글에 대한 설명으로 알맞지 <u>않은</u> 것은 무엇인가요? (   )

① 기사문의 형태를 취하고 있다.
② 두 현상을 비교하여 제시하고 있다.
③ 그림 자료를 통하여 이해를 돕고 있다.
④ 현상이 날씨에 미치는 영향을 밝히고 있다.
⑤ 구체적인 수치를 통해 현상을 설명하고 있다.

2 이 글의 내용과 일치하지 <u>않는</u> 것은 무엇인가요? (   )

① 고기압은 공기의 밀도와 압력이 높아져 생긴다.
② 5월 5일부터 내린 비가 6일까지 이어질 예정이다.
③ 고기압일 때 날씨가 따뜻하고 건조하며 맑은 날씨가 된다.
④ 저기압은 공기가 상승하여 공기의 밀도와 압력이 낮아지면서 발생한다.
⑤ 5월 5일과 6일에는 오는 강한 비는 경기 서해안에서 발생한 저기압 때문이다.

3 이 글을 읽고 괄호 안에 들어갈 알맞은 말에 ○표 하세요.

> 우리나라는 계절마다 날씨의 특징이 다르다. 여름에는 (1) (고기압, 저기압)의 영향으로 집중 호우와 (2) (태풍, 폭설) 등이 자주 발생한다. 또 가을에는 (3) (고기압, 저기압)의 영향으로 하늘이 높고 (4) (맑은, 흐린) 날씨를 자주 볼 수 있다. 장마는 고기압과 저기압이 서로 만나면서 기압 전선이 생겨 만들어진다.

4 이 일기 예보를 들은 사람들의 반응으로 어울리지 <u>않는</u> 것의 기호를 쓰세요.

> ㉮ 이번 5월 5일에는 나들이 계획을 취소하는 것이 좋겠어.
> ㉯ 이번 5월 6일 아침에는 인천에서 열리는 달리기 시합에 출전해야지.
> ㉰ 5월 4일에 밤늦게까지 밖에 있으려면 얇은 옷과 두꺼운 옷을 모두 챙겨야겠네.

(   )

구조 분석

문단 요약

5 각 문단의 중심 내용으로 알맞은 것에 ○표, 틀린 것에 ×표를 하세요.

1 문단	5월 4일부터 6일까지 서울의 기온 변화	( )
2 문단	강한 비와 천둥, 번개, 강풍의 원인	( )
3 문단	5월 5일과 6일의 전국의 날씨	( )
4 문단	고기압과 저기압의 영향으로 인한 날씨 변화	( )
5 문단	강물이 범람하거나 침수될 지역	( )

핵심 내용

6 빈칸에 들어갈 알맞은 말을 이 글에서 찾아 쓰세요.

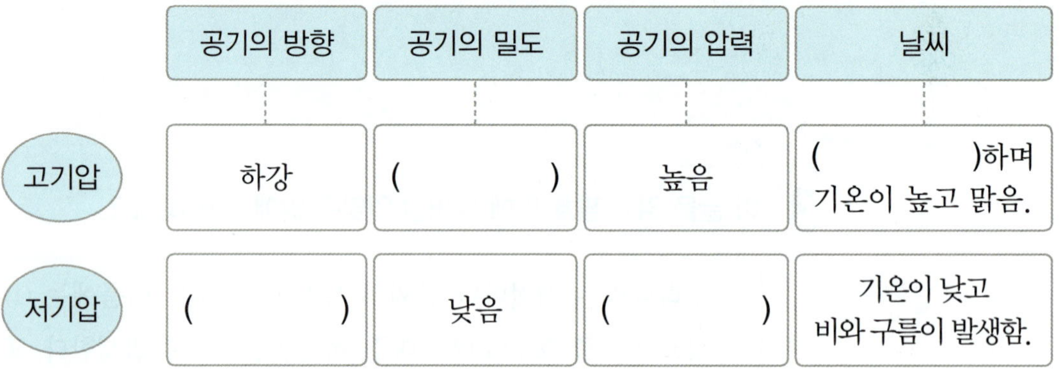

어휘

적용

7 다음 문장의 빈칸에 들어갈 알맞은 낱말에 ○표 하세요.

(1) 이번 가을에 독감 (예견, 예방) 접종을 하였다.

(2) 나일강 (범람, 범접)이 측량의 발전을 가져왔다.

(3) 갑자기 몸에 (이상, 정상) 증세가 나타나 병원에 갔다.

(4) 장마가 오기 전에 서둘러 (시설물, 불순물)을 점검하였다.

(5) 그 아이는 자신에게 관심이 (적중, 집중)되는 것을 싫어한다.

기압

기압은 공기가 누르는 힘을 말해요. 태양의 복사열을 받아 온도가 높은 지역은 공기가 가벼워져 위로 올라가게 되고, 아래는 공기가 적어져 공기가 누르는 압력이 약해져요. 이렇게 기압이 낮아지는 것을 **저기압**이라고 해요. 반대로 온도가 낮은 지역은 공기가 무거워져 아래로 내려오게 되므로 공기가 누르는 압력이 높아져요. 이렇게 기압이 높아진 것을 **고기압**이라고 해요. 같은 부피의 저기압과 고기압의 무게를 재면 고기압이 더 무거워요. 차가운 공기는 따뜻한 공기보다 일정한 부피에 공기 알갱이가 더 많아 무겁고 기압이 더 높기 때문이지요. 이렇게 기압 차가 생기면 공기는 고기압에서 저기압으로 이동해요. 이것을 바람이라고 부른답니다.

핵심 용어 다음 빈칸에 들어갈 알맞은 용어를 쓰세요.

(1) ☐ ☐ ☐

저(낮을 低) 기(기운 氣) 압(누를 壓): 낮은 기운으로 누름.
- 뜻: 대기 중에서 높이가 같은 주위보다 기압이 낮은 영역.

(2) ☐ ☐ ☐

고(높을 高) 기(기운 氣) 압(누를 壓): 높은 기운으로 누름.
- 뜻: 대기 중에서 높이가 같은 주위보다 기압이 높은 영역.

• 고기압과 저기압의 무게 비교

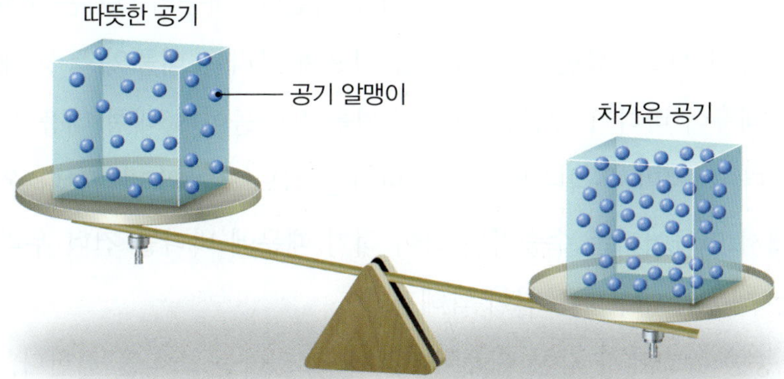

▲차가운 공기는 따뜻한 공기보다 일정한 부피에 공기 알갱이가 더 많아 무거움.

• 기압 차에 의한 공기의 이동

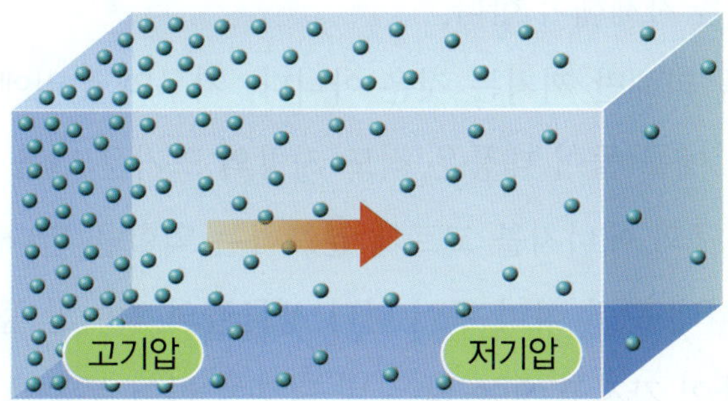

▲실제 자연에서는 공기 알갱이가 서로 다른 밀도로 분포되어 기압 차를 만들고, 공기가 이동함.

바람의 발생

태풍

지문 분석

글자 수 1052
950 1050 1150

1 태풍은 **북태평양** 서남부에서 발생하여 **아시아** 대륙 동부로 큰비를 내리며 부는 매우 센 바람으로 **열대성** 저기압의 한 종류이다. **적도** 근처의 바다가 뜨거운 태양열을 받아 수온이 높아지면 그로 인해 데워진 주변 공기가 하늘로 올라간다. 하늘로 올라가면 온도가 낮아지기 때문에 공기 속 수증기가 응결되면서 구름을 만든다. 이때 위로 올라간 공기의 빈자리에 주변의 차가운 공기가 들어와 다시 데워지고 위로 올라가기를 반복하면서 소용돌이 모양의 거대한 구름이 만들어져 거센 바람과 **폭우**를 동반하는 태풍이 되는 것이다. 5

2 태풍은 세기와 크기로 분류한다. 태풍의 세기는 중, 강, 매우강, 초강력으로 나눈다. 세기가 중 정도인 태풍은 지붕을 날린다. 세기가 강 정도인 태풍은 열차를 탈선시키고, 세기가 매우강인 태풍은 커다란 돌이나 사람을 날아가게 할 정도이다. 초강력 세기의 태풍은 건물이 **붕괴된다**. 태풍의 크기는 소형, 중형, 대형, 초대형으로 분류한다. 수증기를 먹으며 자라는 태풍의 특성 때문에 소형이었던 태풍이 바다가 내뿜는 더운 **습기**를 빨아들이며 대형 태풍으로 변신하기도 한다. 하지만 우리나라 근처의 바다는 적도 근처의 바다보다 온도가 낮아 바다에서 만들어지는 수증기의 양이 적기 때문에 바다를 건너 우리나라에 도달하는 태풍의 대부분은 힘이 약해진다. 10 ... 15

3 하지만 종종 뉴스에서 강한 태풍이 다가오고 있다는 소식을 접한다. 큰비와 거센 바람을 동반하는 만큼 태풍으로 인해 집이 물에 잠기거나 사람이 다치는 등 우리의 재산과 인명에 큰 피해가 생기기도 한다. 따라서 ㉠강한 태풍이 오고 있다는 뉴스를 듣는다면 태풍의 피해를 줄일 수 있도록 대비하고 태풍이 왔을 때는 외출을 자제해야 한다. 20

4 그러나 태풍이 꼭 피해만 끼치는 것은 아니다. 지구와 우리에게 긍정적인 영향을 주기도 한다. 예를 들어 태풍은 적도 지방의 뜨거운 열을 추운 **극지방** 쪽으로 옮겨 주어 지구의 에너지를 고르게 분포하는 역할을 한다. 또한, 거센 바람이 바닷물을 위아래로 잘 섞어 주어 바다 생물들의 먹이인 플랑크톤을 옮겨 주기도 한다. 태풍이 가지고 오는 많은 비 덕분에 물이 부족한 지역은 가뭄에서 벗어날 수도 있다. 25

- **북태평양** 태평양의 북반부, 적도 이북의 부분.
- **아시아** 육대주의 하나. 한국·중국·인도·인도네시아·시베리아 등이 위치하는, 세계에서 가장 큰 대륙.
- **열대성** 열대 지방의 특유한 성질.
- **적도** 위도의 기준이 되는 선. 지구의 남북 양극으로부터 같은 거리에 있는 지구 표면에서의 점을 이은 선이다.
- **폭우** 갑자기 세차게 쏟아지는 비.
- **붕괴된다** 무너지고 깨어지게 된다.
- **습기** 물기가 많아 젖은 듯한 기운.
- **극지방** 남극과 북극을 중심으로 한 그 주변 지역.

내용 독해

1 이 글은 무엇에 대해 쓴 글인가요? (   )

① 자연재해의 종류
② 태풍의 발생과 영향
③ 태풍과 생태계의 관계
④ 태풍의 발생으로 인한 경제적 효과
⑤ 세계에서 가장 큰 피해를 입힌 태풍

2 '태풍'에 대해 알 수 있는 내용이 <u>아닌</u> 것은 무엇인가요? (   )

① 열대성 저기압의 한 종류이다.
② 사람에게 피해를 끼칠 수 있다.
③ 수증기의 양이 적을수록 힘이 커진다.
④ 소형 태풍에서 대형 태풍으로 변할 수 있다.
⑤ 적도 지방의 뜨거운 열을 추운 극지방 쪽으로 옮겨 준다.

3 이 글을 통해 답을 알 수 있는 질문이 <u>아닌</u> 것은 무엇인가요? (   )

① 태풍이 발생하는 원리는 무엇인가요?
② 태풍은 크기에 따라 어떻게 분류하나요?
③ 태풍으로 인한 피해에는 무엇이 있나요?
④ 태풍의 긍정적인 영향에는 무엇이 있나요?
⑤ 우리나라에서 발생한 태풍의 이름은 무엇인가요?

4 ㉠을 표현하기에 가장 알맞은 한자 성어는 무엇인가요? (   )

① 다다익선(多多益善)
② 대기만성(大器晚成)
③ 우공이산(愚公移山)
④ 유비무환(有備無患)
⑤ 형설지공(螢雪之功)

구조 분석

5 다음은 어느 문단의 중심 내용인지 문단의 기호를 쓰세요.

> ㉮ 태풍의 긍정적 영향
> ㉯ 태풍으로 인한 피해
> ㉰ 태풍의 세기와 크기의 분류
> ㉱ 태풍의 뜻과 태풍이 발생하는 원리

(1) **1** 문단 (   ) (2) **2** 문단 (   )

(3) **3** 문단 (   ) (4) **4** 문단 (   )

6 빈칸에 들어갈 알맞은 말을 이 글에서 찾아 쓰세요.

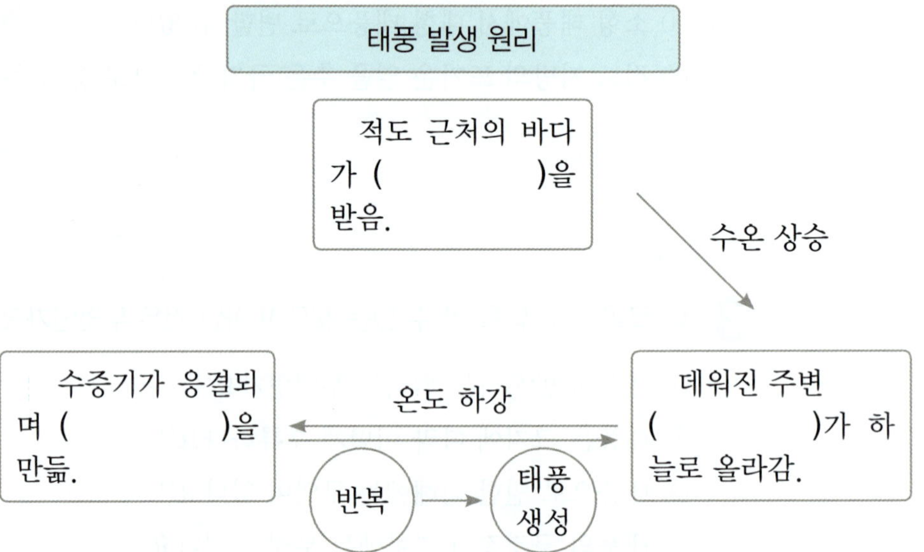

어휘

7 다음 문장의 빈칸에 들어갈 알맞은 낱말에 ○표 하세요.

(1) 망고와 파인애플은 (적대성, 열대성)과일이다.

(2) 일주일 내내 비가 내려서 집에 (습기, 연기)가 많다.

(3) 한국은 (아시아, 태평양)에서 가장 빠른 경제 발전을 이루었다.

(4) 이번 (폭포, 폭우)로 흙더미가 무너져 내려 주민들이 큰 피해를 입었다.

(5) 아파트가 갑자기 (붕괴, 파괴)된 사건은 공사 관리를 소홀히 한 것이 원인이다.

맑은 날 바닷가에서는 낮과 밤에 부는 바람의 방향이 달라요. 바로 공기가 고기압에서 저기압으로 이동하는 성질 때문이지요.

낮에는 **육지**가 바다보다 온도가 높아요. 따라서 육지 위는 저기압, 바다 위는 고기압이 되기 때문에 바람이 바다에서 육지로 불게 되지요. 바다에서 육지로 부는 바람을 **해풍**이라고 불러요. 반대로 밤에는 바다가 육지보다 온도가 높아요. 따라서 육지 위는 고기압, 바다 위는 저기압이 되기 때문에 바람이 육지에서 바다로 불게 되지요. 육지에서 바다로 부는 바람을 **육풍**이라고 불러요.

• 해풍(낮)

▲바닷가에서 낮에는 바람이 바다에서 육지로 불게 됨.

• 육풍(밤)

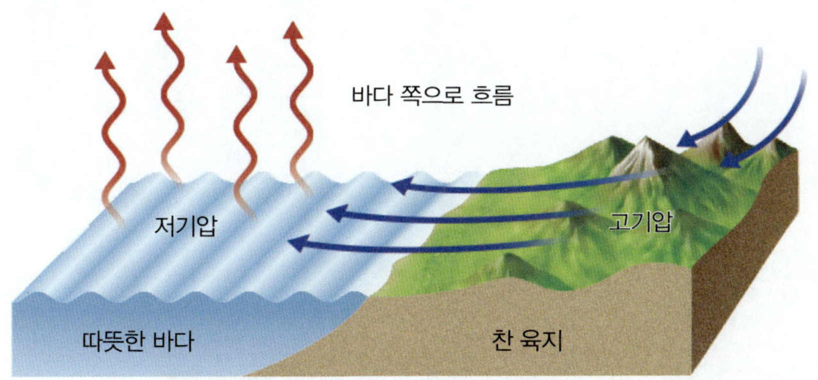

▲바닷가에서 밤에는 바람이 육지에서 바다로 불게 됨.

● **육지** 강이나 바다와 같이 물이 있는 곳을 제외한 지구의 겉면.

핵심 용어 다음 빈칸에 들어갈 알맞은 용어를 쓰세요.

(1) 

해(바다 海) 풍(바람 風): 바다에서 부는 바람.
• 뜻: 낮에 바다에서 육지로 부는 바람.

(2) 

육(육지 陸) 풍(바람 風): 육지에서 부는 바람.
• 뜻: 밤에 육지에서 바다로 향하여 부는 바람.

과학과 사회

자원과 에너지

에너지의 날

지문 분석

글자 수 1169
950 1050 1150

1 안녕하세요. 오늘 발표를 맡은 14번 김준휘입니다. 여러분은 8월 22일인 오늘이 무슨 날인지 아시나요? 오늘은 '에너지의 날'입니다. 에너지의 중요성을 알리고, 에너지를 절약하자고 **권하는** 날이죠. 또, 신재생 에너지를 개발하고 확대해야 한다는 생각을 널리 알리는 날이기도 합니다.

2 ㉠신재생 에너지는 화석 연료를 **대체할** 새로운 에너지와 다시 사용할 수 5 있는 **재생** 에너지를 합쳐 이르는 말이에요. 화석 연료란 석탄과 석유를 말해요. 이것들은 이산화 황, 질소 산화물 및 미립자 물질과 같은 다른 오염 물질을 방출하여 기후 변화 및 기타 환경 오염의 원인이 됩니다. 따라서 우리는 화석 연료 사용을 줄이는 데 그치는 것뿐만 아니라 이를 대체할 새로운 에너지를 개발해야 합니다. 10

3 에너지의 날은 '에너지 시민 연대'에서 **제정한** 것으로, 2003년 그해 전력 사용량이 최고를 기록한 8월 22일을 **계기**로 하여 2004년부터 8월 22일을 에너지의 날로 정한 것입니다. ㉡이렇게 에너지를 많이 쓰면 환경이 파괴되는 것은 물론 에너지 자원이 곧 **고갈될** 것이라는 걱정에서 시작된 것이지요. 에너지의 날에는 에너지 절약 운동인 '불을 끄고 별을 켜다'가 진행됩니다. 여름 15 철 전력 소비가 많은 오후 2시부터 3시까지는 에어컨 실내 온도를 2도 높게 **설정하고**, 밤 9시부터는 5분간 **소등하는** 운동이에요. 작은 실천으로 에너지에 대해 **경각심**을 **일깨우기** 위해서에요.

4 '세계 청정에너지의 날'도 에너지와 관계된 날이에요. 2024년에 국제 연합에서 매년 1월 26일을 '세계 청정에너지의 날'로 지정하였는데요, 청정에너지란 환 20 경 오염을 최소화하는 환경친화적인 에너지를 말합니다. 세계 청정에너지의 날은 기후 변화에 **대응해** 세계 시민과 지구의 안전을 지키기 위해 만들었어요.

5 이처럼 에너지 문제에 대한 전 세계인의 관심이 점점 높아지고 있어요. 이제 우리 반 친구들도 에너지 문제에 관심을 가지고 함께 에너지 절약을 실천하기를 바랍니다. 사용하지 않는 곳의 불을 끄고, 안 쓰는 전기 제품의 콘센트 25 를 뽑아 놓아요. 냉장고 문을 자주 열지 않거나 에어컨 온도를 26도 정도로 적정하게 설정하는 것도 에너지 절약을 실천하는 방법이에요. 또 외출 시 자가용 대신 대중교통을 이용해요. 이런 작은 실천으로 에너지를 절약하고 에너지에 대해 관심을 가진다면 에너지 문제도 잘 해결할 수 있습니다. 지금까지 발표를 들어 주셔서 감사합니다. 30

- **권하는** 어떤 일을 하도록 부추기는.
- **대체할** 다른 것으로 대신할.
- **재생(再 다시 재, 生 날 생)** 낡거나 못 쓰게 된 물건을 가공하여 다시 쓰게 함.
- **제정한** 제도나 법률 따위를 만들어서 정한.
- **계기** 어떤 일이 일어나거나 변화하도록 만드는 결정적인 원인이나 기회.
- **고갈될** 어떤 일의 바탕이 되는 돈이나 물자, 소재, 인력 따위가 다하여 없어질.
- **설정하고** 새로 만들어 정해 두고.
- **소등하는** 등불을 끄는.
- **경각심** 정신을 차리고 주의 깊게 살피어 경계하는 마음.
- **일깨우기** 일러 주거나 가르쳐서 깨닫게 하기.
- **대응해** 어떤 일이나 사태에 맞추어 태도나 행동을 취해.

내용 독해

1 글쓴이가 이 글을 쓴 목적은 무엇인가요? (   )

① 에너지 절약을 실천하자고 주장하기 위해
② 신재생 에너지의 뜻과 종류를 알려 주기 위해
③ 에너지의 종류와 효율적 사용을 알려 주기 위해
④ '에너지의 날'이 변화해 온 과정을 알려 주기 위해
⑤ 에너지 문제의 심각성과 해결 방안을 알려 주기 위해

내용 이해

2 이 글의 내용으로 알맞은 것은 무엇인가요? (   )

① '에너지의 날'은 2003년부터 8월 22일로 제정하였다.
② 에너지 시민 연대에서 '세계 청정에너지의 날'을 정하였다.
③ 재생 에너지는 화석 연료를 대체할 새로운 에너지를 말한다.
④ '세계 청정에너지의 날'에 '불을 끄고 별을 켜다'가 진행된다.
⑤ 환경친화적인 에너지는 세계 시민과 지구의 안전을 위해 필요하다.

추론

3 이 글을 읽고 짐작한 것으로 알맞지 <u>않은</u> 것은 무엇인가요? (   )

① 콘센트만 꽂아 놓아도 전력이 소모되는구나.
② 냉장고 문을 자주 열면 전력량 소비가 많아지는구나.
③ 에어컨 온도를 낮게 설정할수록 전력량 소비가 많아지는구나.
④ 화석 연료를 무한정으로 쓸 수 있으면 아무런 문제가 없겠구나.
⑤ 자가용 대신 대중교통을 이용하는 것이 에너지 절약을 실천하는 방법이구나.

적용

4 ㉡과 생각에서 개발한, ㉠에 해당하는 것을 두 가지 고르세요.

㉮ 태양광 에너지	㉯ 석탄 에너지	㉰ 수력 에너지	㉱ 천연가스 에너지

(,   )

구조 분석

문단 요약

5 각 문단의 중심 내용을 찾아 선으로 알맞게 이으세요.

1 문단 •	• '에너지의 날'이 가지는 의미
2 문단 •	• 신재생 에너지의 뜻과 필요성
3 문단 •	• '세계 청정에너지의 날'이 제정된 이유
4 문단 •	• 에너지 절약 실천 방법 소개와 실천 권유
5 문단 •	• '에너지의 날' 제정 이유와 에너지 절약 운동

핵심 내용

6 빈칸에 들어갈 알맞은 말을 이 글에서 찾아 쓰세요.

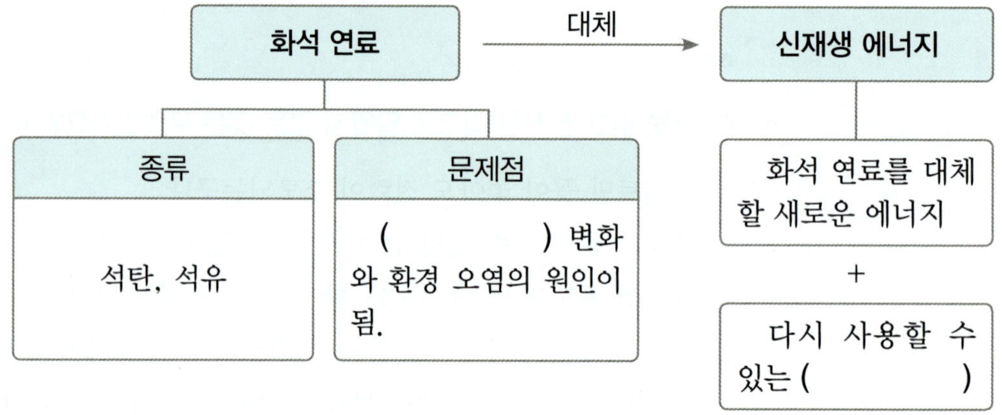

어휘

적용

7 다음 문장에 들어갈 알맞은 낱말에 ◯표 하세요.

⑴ 두꺼운 종이 사전은 얇은 전자사전으로 (대응, 대체)됐다.

⑵ 그 사건은 안전에 대한 (경각심, 자부심)을 일깨워 주었다.

⑶ 범죄자의 처벌을 강화하기 위한 법의 (제공, 제정)을 추진 중이다.

⑷ 2024 파리 올림픽을 (계기, 상기)로 사격에 대한 관심이 높아졌다.

⑸ 선생님은 학생들에게 좋은 책을 많이 읽을 것을 (권하셨다, 명하셨다).

자원과 에너지

에너지는 일을 할 수 있는 능력을 말해요. 에너지는 사람이 활동하는 힘과 모든 물체가 일을 할 수 있는 능력을 통틀어 이르는 말이에요. 에너지는 사람이나 동식물, 물체, 우주의 천체 등이 모두 가지고 있어요. 에너지를 만드는 **자원**에는 태양, 바람, 물 등의 자연 환경과 석유, 석탄, 천연가스 등의 **화석 연료**가 있어요. 에너지의 종류에는 우리가 주로 사용하는 전기 에너지, 빛 에너지, 열에너지 외에도 운동 에너지, 위치 에너지 등이 있답니다. 에너지를 이용하면 많은 일을 할 수 있어요. 에너지를 만드는 자원인 화석 연료를 이용하여 전기 에너지를 만들어 전기 자동차를 움직이게 할 수 있어요. 또 전기 에너지를 열에너지로 전환하여 난로가 주변을 따뜻하게 하도록 만드는 거예요.

핵심 용어 다음 빈칸에 들어갈 알맞은 용어를 쓰세요.

(1) ☐ ☐

자(재물 資) 원(근원 原): 재물의 근본이 되는 것.
- 뜻: 인간 생활 및 경제 생산에 이용되는 원료로서의 광물, 산림, 수산물 따위를 통틀어 이르는 말.

(2) **화석** ☐ ☐

연(불태울 燃) 료(일감 料): 불태울 거리.
- 뜻: 지질 시대에 생물이 땅속에 묻히어 화석같이 굳어져 오늘날 연료로 이용하는 물질.

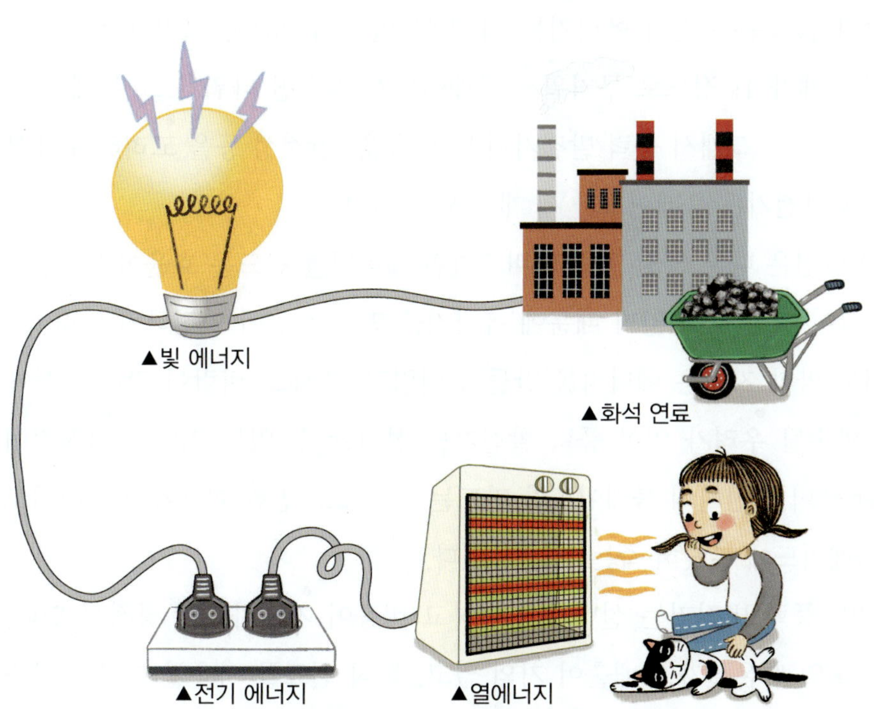

● **에너지** 기본적인 물리량의 하나. 물체나 물체가 가지고 있는 일을 하는 능력을 통틀어 이르는 말로, 역학적 일을 기준으로 하여 이와 동등하다고 생각되는 것, 또는 이것으로 환산할 수 있는 것을 이른다. 에너지의 형태에 따라 운동, 위치, 열, 전기 따위의 에너지로 구분한다.

재생 에너지

에너지를 만드는 바람개비

1 환경 보호에 관심이 있는 사람이라면 재생 에너지라는 말을 들어본 적이 있을 것이다. 재생 에너지는 다시 쓸 수 있는 에너지, 곧 계속 써도 무한에 가깝도록 다시 공급되는 에너지를 말한다. 재생 에너지는 화석 연료와 원자력을 대체할 수 있는 **무공해** 에너지로, **친환경** 에너지인 태양 에너지, **수력** 에너지, 풍력 에너지 등이 있다. 태양 에너지는 태양의 빛이나 태양의 열을 이용하여 5 얻는 에너지이며, 수력 에너지는 높은 곳의 물을 낮은 곳으로 떨어뜨려서 얻는 에너지이며, 풍력 에너지는 바람의 힘을 이용하여 얻는 에너지이다. 그중에서 바람을 이용한 풍력 발전에 대해 자세히 알아보자.

2 풍력 발전기는 바람의 에너지를 전기 에너지로 바꾸는 장치이다. 바람개비와 같은 모양의 풍력 발전기는 크게 날개인 블레이드와 기둥인 타워로 구분 10 할 수 있다. 풍력 발전기는 불어오는 바람이 블레이드의 날개를 회전시키고, 이 회전에 의한 힘을 이용하여 전기 에너지를 만든다. 풍력 발전기의 블레이드의 수가 많을수록 전기 에너지를 더 많이 만들 수 있다. 그러나 블레이드 한 개의 무게가 1t 정도로 무거워서 블레이드가 많으면 타워가 그 무게를 지탱할 수가 없다. 그래서 풍력 발전기의 발전 효율, 안전성 등을 **고려하여** 대부 15 분의 풍력 발전기는 블레이드가 세 개로 되어 있다.

3 풍력 발전은 다른 발전 방법과 비교하면 에너지를 만드는 효율이 낮다. 또 바람의 양이 항상 같지 않기 때문에 에너지를 만드는 양이 일정하지 않다. 바람이 너무 약한 지역은 에너지를 만들기 어렵고, 반대로 바람이 강하면 블레이드가 **파손될 우려**가 있어 풍력 발전기를 설치할 수 있는 지역이 **한정적이** 20 다. 또한 풍력 발전기의 블레이드가 만드는 소음으로 인한 피해가 발생하기도 하고, 블레이드에 부딪혀 죽는 새들도 있다.

4 하지만 풍력 발전기는 설비가 간단하고 비용이 **저렴하다는** 장점이 있다. 또 대기 오염과 온실가스 배출이 거의 없고, 화석 연료를 사용할 때보다 탄소 배출량이 적어 환경을 보호하는 데 **유리하다**. 더구나 바람은 자연에서 얻는 25 에너지 자원으로 에너지 고갈의 위험이 없다. 연구 개발로 단점을 **개선한다면**, 풍력 발전은 계속 사용 가능한 에너지원으로 우리 생활에 **효과적**으로 활용될 수 있다.

- **무공해** 자연이나 사람에게 피해를 주지 않음.
- **친환경** 자연환경을 오염하지 않고 자연 그대로의 환경과 잘 어울리는 일.
- **수력(水 물 수, 力 힘 력)** 물이 가지고 있는 운동 에너지나 위치 에너지를 어떤 일에 이용하였을 때의 동력.
- **고려하여** 생각하고 헤아려.
- **파손될** 깨어져 못 쓰게 될.
- **우려** 근심하거나 걱정함. 또는 그 근심과 걱정.
- **한정적** 수량이나 범위 따위를 제한하여 정하는 것.
- **저렴하다는** 물건 따위의 값이 싸다는.
- **유리하다** 이익이 있다.
- **개선한다면** 잘못된 것이나 부족한 것, 나쁜 것 따위를 고쳐 더 좋게 만든다면.
- **효과적** 어떤 목적을 지닌 행위에 의하여 보람이나 좋은 결과가 드러나는 것.

글의 특징

1 이 글의 특징으로 알맞은 것을 두 가지 고르세요. (　　,　　)

① 설명 대상의 장단점을 나열하고 있다.
② 자신의 경험을 통해 깨달음을 주고 있다.
③ 문제를 지적하고 해결책을 제시하고 있다.
④ 특정 대상의 구조와 원리를 설명하고 있다.
⑤ 묻고 답하는 방식으로 내용을 전개하고 있다.

내용 이해

2 이 글의 내용으로 알맞은 것은 무엇인가요? (　　　)

① 바람이 강할수록 풍력 발전기 설치에 적합하다.
② 풍력 발전기는 어디에든 간단하게 설치할 수 있다.
③ 풍력 발전도 단점이 있어 연구 개발로 개선을 해야 한다.
④ 풍력 발전의 자원이 고갈되기 전에 대체 에너지를 개발해야 한다.
⑤ 풍력 발전은 전기 에너지로 블레이드를 회전시켜 에너지를 얻는다.

추론

3 이 글을 읽고 짐작한 것으로 알맞지 <u>않은</u> 것의 기호를 쓰세요.

> ㉮ 적정 수준의 바람이 불어야 풍력 발전이 이루어지겠군.
> ㉯ 재생 에너지 중 풍력 발전이 가장 에너지 생산 효율이 높겠군.
> ㉰ 풍력 발전기 설치 지역은 소음으로 인해 사람이 살기 어려울 수도 있겠군.

(　　　　　　)

적용

4 다음에서 설명하는 말을 이 글에서 찾아 쓰세요.

> 　오래 전 죽은 동식물의 유해가 땅에 묻혀 시간이 지나 굳어져서 만들어진 것이다. 산업용이나 가정용 에너지를 만들기 위해 사용하고 있으나 지구 온난화의 원인인 이산화 탄소의 배출이 많고, 묻혀 있는 양도 한정되어 있어서 언젠가는 고갈될 위험이 있다. 그래서 현재는 이것을 대체할 재생 에너지를 개발하여 사용하고 있다.

(　　　　　　)

구조 분석

문단 요약

5 각 문단의 중심 내용으로 알맞은 것에 ○표, 틀린 것에 ×표를 하세요.

1 문단	재생 에너지의 중요성	( )
2 문단	풍력 발전기의 구조와 에너지를 만드는 원리	( )
3 문단	풍력 발전기의 단점	( )
4 문단	풍력 발전의 변화 과정	( )

핵심 원리

6 빈칸에 들어갈 알맞은 말을 이 글에서 찾아 쓰세요.

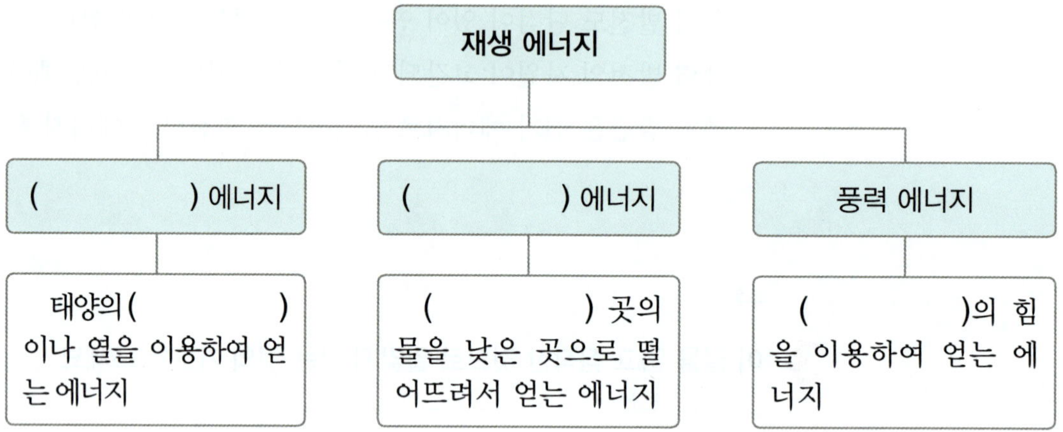

어휘

이해

7 다음 뜻을 가진 낱말을 보기 에서 찾아 기호를 쓰세요.

보기
⑦ 개선하다
④ 파손되다
⑤ 고려하다
④ 저렴하다
⑩ 유리하다

(1) 이익이 있다. ( )

(2) 생각하고 헤아리다. ( )

(3) 깨어져 못 쓰게 되다. ( )

(4) 물건 따위의 값이 싸다. ( )

(5) 잘못된 것이나 부족한 것, 나쁜 것 따위를 고쳐 더 좋게 만들다. ( )

비주얼 과학 교과서 개념

재생 에너지

계속 사용해도 자원이 없어지지 않고 다시 사용할 수 있는 에너지를 **재생 에너지**라고 해요. 재생 에너지는 화석 연료를 대체할 수 있는 중요 에너지로, 대체 에너지라고도 하지요. 재생 에너지의 종류로는 태양, 수력, 풍력, 지열, 해양 에너지 등이 있어요.

이 중 태양은 빛과 열을 가지고 있는 특징이 있어, 빛과 열을 모두 사용하여 에너지를 만들고 있어요. 태양의 빛을 이용한 것이 **태양광 발전**이에요. 태양광 발전은 태양의 빛으로 얻은 에너지를 전기 에너지로 바꾸는 것이에요. 이것을 태양 에너지라고 불러요. 수력 에너지는 물의 위치 에너지를 이용하여 전기를 생산하는 기술이에요. 댐을 건설하여 물을 높은 곳에 저장하고 이를 방출하여 **터빈**을 돌려 전기를 생산하지요. 풍력 에너지는 바람의 힘을 이용하여 전기를 생산하는 기술이에요. 풍력 발전기의 날개가 회전하면서 바람의 운동 에너지를 전기 에너지로 변환하지요.

핵심 용어 다음 빈칸에 들어갈 알맞은 용어를 쓰세요.

(1) ☐☐ **에너지**

재(다시 再) 생(나다 生): 다시 태어나다.
- 뜻: 계속 다시 사용할 수 있는 에너지.

(2) ☐☐☐ **발전**

태(클 太) 양(볕 陽) 광(빛 光)
: 태양의 빛.
- 뜻: 태양 전지에 의하여 태양광을 직접 전력으로 변환하는 발전 방식.

▼태양의 빛을 이용한 태양광 발전   ▼바람의 힘을 이용한 풍력 발전

▲물의 위치 에너지를 이용한 수력 발전

● **터빈** 높은 압력의 기체와 액체를 날개바퀴의 날개에 부딪치게 함으로써 회전하는 힘을 얻는 원동기.

국어

비문학 독해 1·2 / 문학 독해 1·2 / 국어 어휘 / 국어 문법

수학

유리수의 사칙연산 / 방정식 / 도형의 각도

한국사

한국사 1권 / 한국사 2권

과학 교과 연계 비문학 독해 특화 훈련서

빠작

초등 비문학 독해

통합과학

5학년

정답과 해설

동아출판

 01 ## 생명을 살리는 빨대

- **글의 종류** 기사문
- **글의 특징** 식수가 부족한 개발 도상국을 위한 적정 기술 발명품인 생명 빨대의 작동 원리와 장점을 소개하는 글입니다.
- **주제:** 생명 빨대의 작동 원리와 장점

017~018쪽

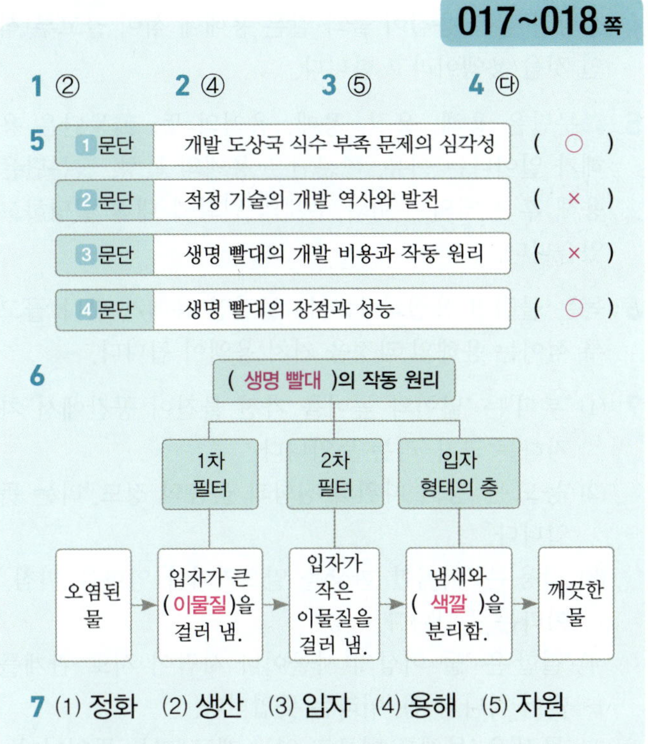

1 개발 도상국의 식수 부족 문제를 해결하기 위해 발명된 생명 빨대의 작동 원리와 장점에 대해 쓴 글입니다.

2 1, 2문단을 통해 생명 빨대가 개발 도상국(물 부족이 심각한 나라)의 사람들에게 깨끗한 식수를 제공하기 위해 만들어진 휴대용 정수기임을 알 수 있습니다.

> **오답 풀이**
> ① 생명 빨대의 제작이 간단하다는 정보는 없습니다.
> ② 물에 용해되지 않은 이물질을 분리하는 원리로 작동합니다.
> ③ 한 개의 빨대로 한 사람이 1년간 마시기에 충분한 양을 정화할 수 있다고 했습니다.
> ⑤ 두 개의 필터를 거친 물이 입자 형태의 층을 통과해야 최종적으로 깨끗한 물이 됩니다.

3 적정 기술은 저소득층이나 개발 도상국의 자원과 기술 수준을 고려하여 만들어진 기술이므로, 누구나 손쉽게 사용할 수 있으면서도 저렴하다는 특징이 있습니다.

> **오답 풀이**
> ①, ②, ③, ④는 모두 높은 비용과 기술을 요구하는 기기들로, 해당 지역의 특수한 상황과 자원을 고려하여 만들어지는 적정 기술의 사례로 적절하지 않습니다.

4 생명 빨대는 거름 방법을 이용한 것으로, 두 개의 필터와 입자 형태의 층이 이물질을 걸러 주는 혼합물 분리 방식입니다. ㉣도 찻잎을 망으로 걸러 물에 녹는 성분만 차로 마시는 방식입니다.

> **오답 풀이**
> ㉮는 자석의 끌어당기는 힘을 이용해서 혼합물을 분리한 것입니다.
> ㉯는 알갱이의 크기가 다른 혼합물을 분리한 것입니다.
> ㉰는 증발을 이용해 혼합물을 분리한 것입니다.

5 1문단은 개발 도상국 식수 부족 문제의 심각성, 2문단은 적정 기술의 뜻과 사례, 3문단은 생명 빨대의 작동 원리와 작동 과정, 4문단은 생명 빨대의 장점과 성능을 설명하고 있습니다.

6 '생명 빨대'는 두 개의 필터와 입자 형태의 층을 거치며 오염된 물이 깨끗한 물로 정화되는 기구입니다. 물속에 들어 있던 입자가 큰 이물질이 1차 필터를 통해 걸러진 뒤, 세균이나 기생충과 같은 입자가 작은 이물질은 2차 필터를 통해 걸러집니다. 마지막으로 남은 이물질이 입자 형태의 층을 통과하며 냄새와 색깔이 분리됨으로써 최종적으로 사람이 마실 수 있는 깨끗한 상태의 물이 됩니다.

7 (1) '정화'는 '불순하거나 더러운 것을 깨끗하게 함.'이라는 뜻입니다.
(2) '생산'은 '인간이 생활하는 데 필요한 각종 물건을 만들어 냄.'이라는 뜻입니다.
(3) '입자'는 '물질을 구성하는 미세한 크기의 물체.'라는 뜻입니다.
(4) '용해'는 '물질이 액체 속에서 녹아 용액이 만들어지는 일. 또는 용액을 만드는 일.'이라는 뜻입니다.
(5) '자원'은 '인간 생활 및 경제 생산에 이용되는 원료로서의 광물, 산림, 수산물 따위를 통틀어 이르는 말.'이라는 뜻입니다.

비주얼 과학 교과서 개념　**019쪽**

(1) 혼합물　(2) 분리

(1) '두 가지 이상의 물질이 각각의 성질을 지니면서 서로 화학적 결합을 하지 아니하고 뒤섞인 물질.'을 '혼합물'이라고 합니다.

(2) '물질의 혼합물을 결정, 승화, 증류 따위에 의하여 어떤 성분을 함유하는 부분과 함유하지 아니하는 부분으로 나누는 일.'을 '분리'라고 합니다.

- **글의 종류** 설명문
- **글의 특징** 용해, 용질, 용매, 용액의 뜻과 용해 과정, 용액의 특성 등을 설명하는 글입니다.
- **주제** 용해 과정과 용액의 특성

021~022 쪽

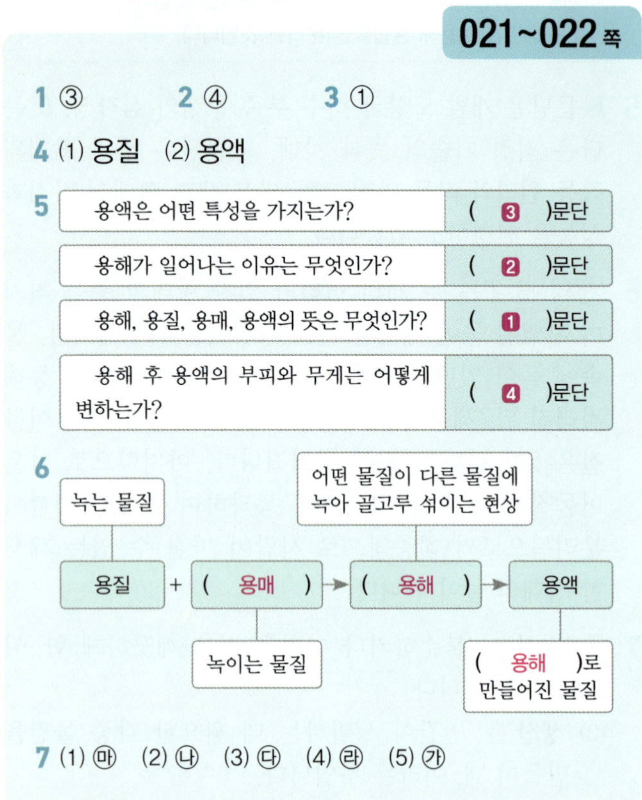

1 이 글은 용매, 용질, 용해, 용액의 뜻을 설명하고, 구체적인 사례를 설명하는 설명문입니다.

2 2문단에서 용해가 일어나는 이유는 용매와 용질을 구성하는 입자들의 차이 때문이라고 했습니다. 용질 입자끼리 끌어당기는 힘과 용매 입자끼리 끌어당기는 힘보다 용질 입자와 용매 입자 사이의 끌어당기는 힘이 더 세면 용해가 일어납니다.

오답 풀이

① 3문단에서 용액은 시간이 지나도 용질과 용매로 분리되지 않는다고 했습니다.
② 3문단에서 설탕물과 같은 용액은 모든 부분의 맛이 일정하다고 했습니다.
③ 4문단에서 일반적으로 용액의 부피는 용질과 용매의 부피를 합한 값보다 작다고 했습니다.
⑤ 2문단에서 용해는 용질 입자와 용매 입자 사이의 끌어당기는 힘이 용질 입자끼리, 용매 입자끼리 끌어당기는 힘보다 셀 때 일어난다고 했습니다.

3 소금물과 같은 용액은 시간이 지나도 용질과 용매로 분리되지 않으며, 시간이 지나 바닥에 가라앉는 것이 생기는 것은 용액이 아니라고 했습니다.

오답 풀이

② 용액은 용질이 용매에 균일하게 섞여 색과 맛이 일정하다고 했습니다.
③ 용해의 과정에서 용질은 입자가 잘게 나뉘어 용매에 섞이는 것이라고 했습니다.
④ 용해가 일어나면 용해 전보다 부피가 작아진다고 했습니다.
⑤ 용해 전과 후의 무게는 달라지지 않는다고 했습니다.

4 설탕과 같은 용질이 물과 같은 용매에 섞여 골고루 섞인 것을 용액이라고 합니다.

5 1문단은 용해, 용질, 용매, 용액의 뜻, 2문단은 용해가 일어나는 이유, 3문단은 용액의 특성, 4문단은 용해 후 용액의 부피와 무게의 변화에 대해 설명하고 있습니다.

6 녹는 물질인 용질과 녹이는 물질인 용매가 만나 골고루 섞이는 용해의 과정을 거쳐 용액이 됩니다.

7 (1) '부피'는 '넓이와 높이를 가진 물건이 공간에서 차지하는 크기.'라는 뜻입니다.
(2) '농도'는 '용액 따위의 진함과 묽음의 정도.'라는 뜻입니다.
(3) '작용'은 '어떠한 현상을 일으키거나 영향을 미침.'이라는 뜻입니다.
(4) '결합'은 '둘 이상의 사물이나 사람이 서로 관계를 맺어 하나가 됨.'이라는 뜻입니다.
(5) '물질'은 '물체를 이루고 있는 재료.'라는 뜻입니다.

비주얼 과학 교과서 개념

023 쪽

(1) 용액   (2) 용해

(1) '용액'은 '용질이 용매에 골고루 섞여 있는 혼합물.'을 말합니다.
(2) '용해'는 용질이 용매와 고르게 섞이는 현상으로 용질과 용매가 섞이면 용액이 만들어집니다.

- **글의 종류** 설명문
- **글의 특징** 생활에서 사용하는 손난로의 기능과 종류, 그리고 작동 원리 등을 설명하는 글입니다.
- **주제** 손난로의 종류와 작동 원리

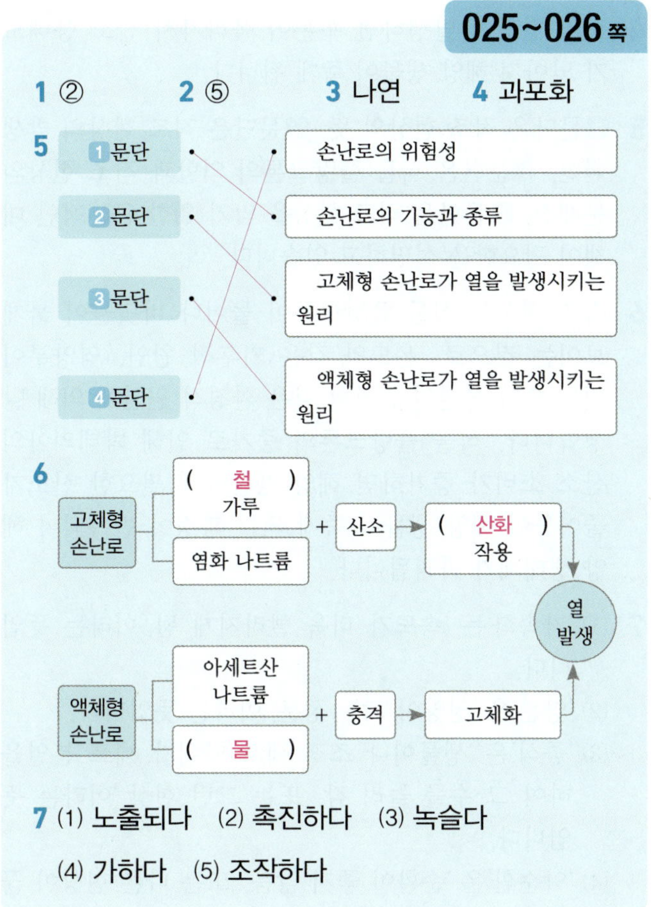

025~026 쪽

1 ② **2** ⑤ **3** 나연 **4** 과포화

5
- **1** 문단 — 손난로의 위험성
- **2** 문단 — 손난로의 기능과 종류
- **3** 문단 — 고체형 손난로가 열을 발생시키는 원리
- **4** 문단 — 액체형 손난로가 열을 발생시키는 원리

6

7 (1) 노출되다 (2) 촉진하다 (3) 녹슬다 (4) 가하다 (5) 조작하다

1 생활에서 사용하는 고체형 손난로와 액체형 손난로의 열 발생 원리에 대해 설명하는 글입니다.

2 과포화된 아세트산 나트륨은 작은 충격을 받으면 액체가 고체로 변하게 됩니다. 충격을 받으면 폭발한다는 내용은 글에 없습니다.

오답 풀이
① 아세트산 나트륨은 용해 온도가 낮아 평소에는 고체이지만, 열을 가하면 액체 상태로 변합니다.
② 고체형 손난로는 철 가루가 공기 중의 산소를 만나 산화 작용이 일어나면서 열이 발생하는 원리를 이용한 것입니다.
③ 염화 나트륨은 철의 산화 작용을 촉진하는 역할을 합니다.
④ 고체형 손난로는 한 번 산화되면 재사용할 수 없는 일회용입니다.

3 고체형 손난로는 한 번 산화되면 재사용할 수 없는 일회용이고, 액체형 손난로는 물에 넣고 가열하면 재사용할 수 있습니다.

오답 풀이
재형: **3**문단에서 액체형 손난로는 고체로 바뀌면서 열을 방출한다고 하였습니다.
채현: **4**문단에서 고체 손난로와 액체 손난로가 폭발하거나 화상의 위험을 입힐 수 있다고 하였습니다.
미래: **2**문단에서 철로 만든 물건이 공기 중에 노출되면 산화되어 녹슨다고 하였습니다.

4 과포화 용액에 대한 설명입니다. 액체형 손난로는 아세트산 나트륨 과포화 용액에 작은 충격을 가하면 액체가 고체로 바뀌면서 열을 방출하는 원리를 이용해 만듭니다.

5 **1**문단은 손난로의 기능과 종류, **2**문단은 고체형 손난로가 열을 발생시키는 원리, **3**문단은 액체형 손난로가 열을 발생시키는 원리, **4**문단은 손난로의 위험성을 설명하고 있습니다.

6 고체형 손난로는 철 가루가 산소와 만나 산화 작용을 일으켜 열을 발생시키는 원리를 이용한 것이고, 액체형 손난로는 물에 과포화 상태로 녹아 있는 아세트산 나트륨이 용해되며 열을 방출하는 원리를 이용한 것입니다.

7 (1) '노출되다'는 '겉으로 드러나다.'라는 뜻입니다.
(2) '촉진하다'는 '다그쳐 빨리 나아가게 하다.'라는 뜻입니다.
(3) '녹슬다'는 '쇠붙이가 산화하여 빛이 변하다.'라는 뜻입니다.
(4) '가하다'는 '어떤 행위를 하거나 영향을 끼치다.'라는 뜻입니다.
(5) '조작하다'는 '기계 따위를 일정한 방식에 따라 다루어 움직이다.'라는 뜻입니다.

비주얼 과학 교과서 개념 **027 쪽**

(1) 용매 (2) 용질

(1) 용액의 매체가 되어 용질을 녹이는 물질을 '용매'라고 합니다.
(2) 용액에서 녹아 들어가는 물질을 '용질'이라고 합니다.

- **글의 종류** 설명문
- **글의 특징** 적조 현상의 뜻과 원인, 적조 현상이 생태계에 미치는 영향을 설명하고, 적조 현상을 막기 위한 대책이 필요함을 밝힌 글입니다.
- **주제** 적조 현상의 원인과 영향

029~030 쪽

1 ④　　**2** ④　　**3** ④

4 올라가서, 낮아진다

5

문단	중심 내용
1	(바닷물)이 붉게 보이는 것을 적조 현상이라고 하며, 이것은 식물 플랑크톤이 대량으로 증식했다는 의미임.
2	적조 현상의 원인은 바다의 (부영양화), 해수 온도 상승이 있음.
3	적조 현상으로 해양 (생태계)가 파괴되는 악순환이 반복됨.
4	지속적인 (적조) 현상은 해양 생태계 파괴를 가속화하므로 이를 막기 위한 근본적인 (대책)이 필요함.

6

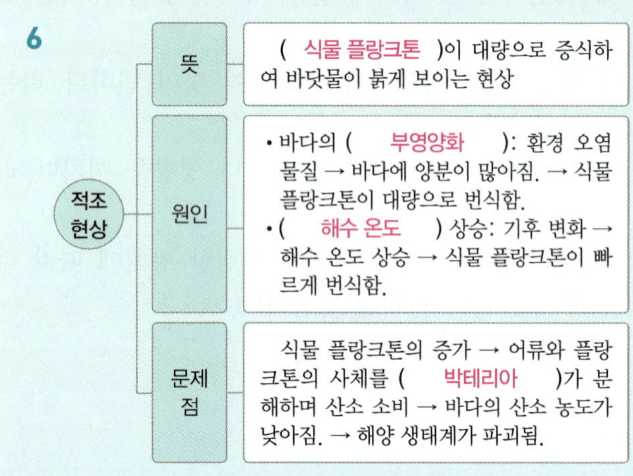

7 (1) 가속화　(2) 양분　(3) 증식　(4) 악순환

(5) 폐수

1 이 글에서는 적조 현상을 막기 위한 근본적인 대책을 마련해야 한다고 했을 뿐, 대책을 제시한 것은 아닙니다.

오답 풀이

① 1문단에서 적조 현상의 뜻을 설명하였습니다.
② 2문단에서 적조 현상의 원인을 두 가지 제시하였습니다.
③ 3문단에서 적조 현상의 문제점을 네 가지 제시하였습니다.
⑤ 4문단에서 일시적인 적조 현상을 없애는 방법을 설명하였습니다.

2 산업 폐수는 부영양화의 원인입니다. 해수 온도 상승은 기후 변화로 인해 발생합니다.

3 ㉠의 바로 앞 문장에서 어류 및 생물의 사체를 분해하는 박테리아가 산소를 대량 소비함으로써 바다에 용해된 산소가 부족해진다고 했습니다. 따라서 해양 생태계의 파괴 원인은 ④임을 추론할 수 있습니다.

4 적조 현상이 발생하면 수온이 올라가서 산소 용해도가 낮아져 해양 생물이 죽게 됩니다.

5 1문단은 적조 현상의 뜻, 2문단은 적조 현상의 발생 원인, 3문단은 식물 플랑크톤의 역할과 적조 현상의 문제점, 4문단은 적조 현상을 막기 위한 근본적인 대책이 필요함을 설명하고 있습니다.

6 적조 현상은 식물 플랑크톤이 늘어나 바닷물이 붉게 보이는 것으로, 온도와 같은 기후적 원인, 영양분이 되는 오염 물질의 증가와 같은 환경적 원인에 의해 발생합니다. 식물 플랑크톤의 증가로 인해 박테리아의 산소 소비가 증가하면 해양 생물에게 필요한 산소가 줄어들어 해양 생물이 죽게 되는 과정이 반복되어 해양 생태계가 파괴됩니다.

7 (1) '가속화'는 '속도가 더욱 빨라지게 됨.'이라는 뜻입니다.
(2) '양분'은 '영양이 되는 성분.'이라는 뜻입니다.
(3) '증식'은 '생물이나 조직 세포 따위가 세포 분열을 하여 그 수를 늘려 감. 또는 그런 현상.'이라는 뜻입니다.
(4) '악순환'은 '순환이 좋지 않음. 또는 나쁜 현상이 끊임없이 되풀이됨.'이라는 뜻입니다.
(5) '폐수'는 '공장이나 광산 등지에서 쓰고 난 뒤에 버리는 물.'이라는 뜻입니다.

비주얼 과학 교과서 개념　　**031 쪽**

(1) 온도　　(2) 용해도

(1) '따뜻함과 차가움의 정도. 또는 그것을 나타내는 수치.'를 '온도'라고 합니다.
(2) '일정한 온도에서 일정한 양의 용매에 녹을 수 있는 용질의 최대 양.'을 '용해도'라고 합니다.

- **글의 종류** 기사문
- **글의 특징** 대서양 해류의 순환이 무너질 것이라는 연구 결과를 보도하면서, 해류 순환의 과정, 해류 순환의 경로와 그 영향, 대서양 해류의 순환이 무너지는 원인을 설명하는 글입니다.
- **주제** 지구 온난화로 인한 대서양 해류 순환의 붕괴

033~034 쪽

1 ④　　**2** ④　　**3** 왜　　**4** 지희

5
- ㉮ 대서양 해류 순환은 세계 기후에 큰 영향을 미친다.
- ㉯ 해류의 순환은 심층 해류와 표층 해류가 반복되는 것이다.
- ㉰ 대서양 해류의 순환이 무너지는 원인은 지구 온난화라고 할 수 있다.
- ㉱ 대서양 해류의 순환이 100년 안에 무너질 것이라는 연구 결과가 나왔다.

(㉱) → (㉯) → (㉮) → (㉰)

6
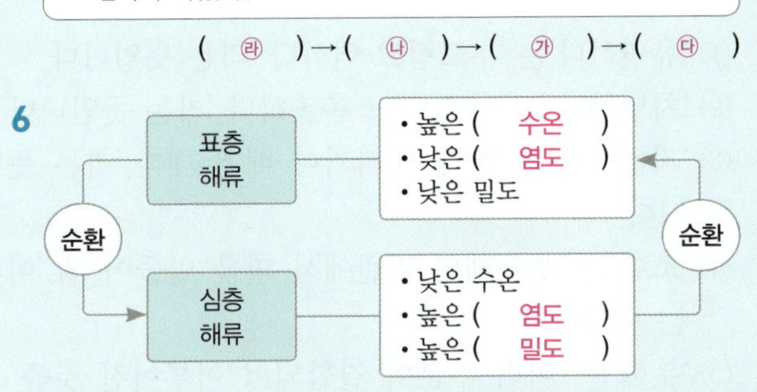

7 (1) 상승　(2) 순환　(3) 방해　(4) 마찰　(5) 북반구

1 이 글은 대서양 해류의 순환이 무너질 것이라는 연구 결과에 대해 알리는 기사문입니다.

2 바닷물의 염도가 낮아지면 밀도가 낮아져 바닷물이 가라앉지 못해 심층 해류가 일어날 수 없습니다.

① 태양열을 받아 따뜻해진 물은 북쪽으로 이동하며 열을 전달합니다.
② 지구 온난화로 빙하가 녹으면서 염분이 없는 민물이 바다로 흘러들어가게 됩니다.
③ 대서양 해류는 적도 부근의 열을 북쪽에 전달합니다.
⑤ 네덜란드 연구 팀은 지난 2천 년간 대서양의 염도가 어떻게 변화했는지를 측정했습니다.

3 누가: 네덜란드 위트레흐트 대학교 연구 팀이, 언제: 2024년 2월에, 무엇을: 대서양 해류 순환이 무너질 것이라는 연구 결과를, 어떻게: 최신 연구 모델을 이용해, 어디서: 사이언스 어드밴스를 통해서 발표했습니다.

4 인도양과 태평양의 북쪽 끝인 ㉰와 ㉱에서는 따뜻해진 대서양 해류가 깊은 바다에서 바다 표면으로 솟아오릅니다.

선희: 그린란드나 북극의 바다에서 대서양 해류의 순환이 시작됩니다.
영수: 북극 근처에서는 해수가 얼어 염도가 높아집니다.

5 ❶문단은 대서양 해류의 순환이 무너질 것이라는 연구 결과의 발표, ❷문단은 해류의 순환 과정, ❸문단은 대서양 해류의 순환 경로와 영향, ❹문단은 대서양 해류의 순환이 붕괴되는 원인에 대해 설명하고 있습니다.

6 심층 해류는 차가운 지역에서 수온이 낮고 염도와 밀도가 높아 해수가 바다로 가라앉아 흐르다가 따뜻한 지역에서 수온이 높고 염도와 밀도가 낮아져 해수가 상승합니다. 표층 해류는 이 따뜻해진 물이 추운 지역의 수온이 더 낮아지지 않게, 따뜻한 지역으로 이동하여 수온이 더 오르지 않게 해 줍니다.

7 (1) '상승'은 '낮은 데서 위로 올라감.'이라는 뜻입니다.
(2) '순환'은 '주기적으로 자꾸 되풀이하여 돎. 또는 그런 과정.'이라는 뜻입니다.
(3) '방해'는 '남의 일을 간섭하고 막아 해를 끼침.'이라는 뜻입니다.
(4) '마찰'은 '두 물체가 서로 닿아 비벼짐. 또는 그렇게 함.'이라는 뜻입니다.
(5) '북반구'는 '적도를 경계로 지구를 둘로 나누었을 때의 북쪽 부분.'이라는 뜻입니다.

비주얼 과학 교과서 개념　　**035 쪽**

(1) 밀도　　(2) 농도

(1) '밀도'란 단위 부피 당 질량을 나타내는 값입니다.
(2) '같은 양의 용매에 녹아 있는 용질의 많고 적음에 따라 달라지는 용액의 진하기의 정도.'를 '농도'라고 합니다.

- **글의 종류** 설명문
- **글의 특징** 우리 몸을 이루는 뼈에 대해 설명하는 글입니다. 뼈의 구조와 기능, 뼈가 새롭게 생성되는 과정에 대해 설명하고 있습니다.
- **주제** 뼈의 구조와 기능, 생성 과정

039~040 쪽

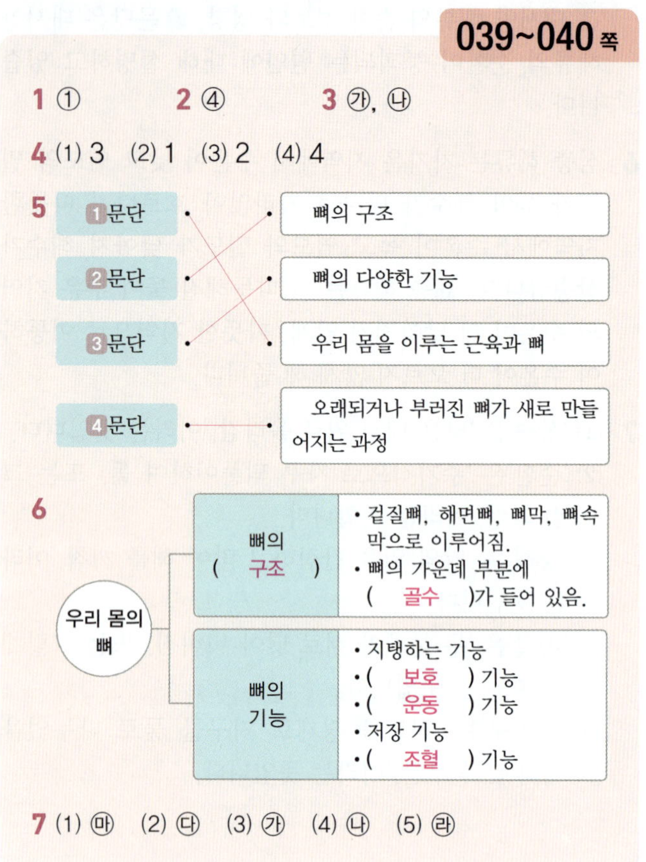

1 이 글은 뼈의 구조와 기능, 그리고 생성 과정을 설명하는 글로 핵심어는 '뼈'입니다.

2 2문단에서 뼈는 겉질뼈, 해면뼈, 뼈막, 뼈속막으로 이루어져 있다고 했습니다.

> **오답 풀이**
> ① 파골 세포가 약해진 뼈를 녹여 없앤다고 했습니다.
> ② 머리뼈는 뇌를 보호하는 기능을 한다고 했습니다.
> ③ 성인의 뼈는 해마다 약 5% 정도가 사라지고 새로 만들어진다고 했습니다.
> ⑤ 골수가 들어 있는 공간과 접하는 뼈의 안쪽 면은 뼈속막으로 덮여 있다고 했습니다.

3 3문단에서 팔뼈와 다리뼈는 구부리거나 움직이게 하는 기능이 있다고 했습니다. 또한 골수에서 혈액 세포를 생성한다고 했습니다.

> **오답 풀이**
> ㉱ 뼈는 넘어지거나 사고가 나면 부러질 수 있습니다.
> ㉲ 성인의 뼈는 해마다 5% 정도가 사라지고 새로 만들어진다고 했습니다.

4 파골 세포가 오래된 뼈를 없애고, 그 자리에 조골 세포가 들어가 단백질을 만듭니다. 여기에 칼슘과 인산이 더해져 단단해지면 새로운 뼈가 만들어집니다. 따라서 뼈가 만들어지는 과정은 (2) → (3) → (1) → (4)입니다.

5 1문단은 우리 몸을 이루는 근육과 뼈, 2문단은 뼈의 구조, 3문단은 뼈의 다양한 기능, 4문단은 오래되거나 부러진 뼈가 새로 만들어지는 과정에 대해 설명하였습니다.

6 우리 몸의 뼈는 겉질뼈, 해면뼈, 뼈막, 뼈속막으로 이루어져 있고 뼈의 가운데에는 골수가 들어 있습니다. 뼈는 우리 몸을 지탱하고 내부의 장기를 보호하며 다양한 운동을 가능하게 하는 기능이 있습니다. 또한 칼슘과 무기질을 저장하였다가 공급하며 혈액 세포를 생성하기도 합니다.

7 (1) '유연하다'는 '부드럽고 연하다.'라는 뜻입니다.
(2) '치밀하다'는 '아주 곱고 촘촘하다.'라는 뜻입니다.
(3) '지탱하다'는 '오래 버티거나 배겨 내다.'라는 뜻입니다.
(4) '조혈'은 '생물체의 기관에서 피를 만들어 냄.'이라는 뜻입니다.
(5) '분해'는 '여러 부분이 결합되어 이루어진 것을 그 낱낱으로 나눔.'이라는 뜻입니다.

비주얼 과학 교과서 개념   **041** 쪽

(1) **수축**   (2) **이완**

(1) '근육 따위가 오그라드는 현상.'을 '수축'이라고 합니다.

(2) '굳어서 뻣뻣하게 된 근육 따위가 원래의 상태로 풀어지는 현상.'을 '이완'이라고 합니다.

- **글의 종류** 설명문
- **글의 특징:** 관용어를 통해 의문을 제시하고 답을 하는 형식으로 소화의 과정을 설명하고 간의 기능에 대해 알려 주는 글입니다.
- **주제:** 소화의 과정과 간의 기능

043~044 쪽

1 ①　　**2** ②　　**3** ㉣, ㉤

4 (1) 입　(2) 식도　(3) 위　(4) 작은창자

　(5) 큰창자　(6) 항문

5

문단	중심 내용
1	'간에 (기별)도 안 가다'라는 관용어에 대한 궁금증
2	소화의 뜻과 입에서 (위)까지의 소화 과정
3	작은창자에서 (큰창자)와 항문까지의 소화 과정
4	(간)의 기능과 관용어와 관련된 궁금증에 대한 답

6

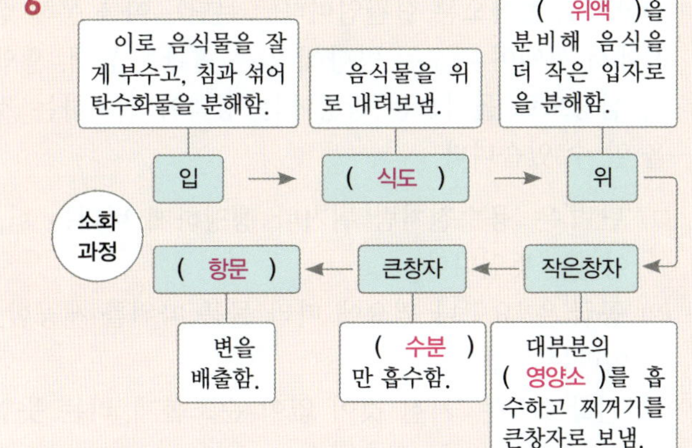

7 (1) 전달　(2) 배출　(3) 분비　(4) 일리　(5) 섭취

1 이 글은 소화의 과정을 구체적으로 설명한 글이며, 간의 기능을 통해 '간에 기별도 안 가다'라는 관용어와 관련된 궁금증을 해결한 글입니다.

2 **2**문단에서 위액은 단백질을 분해하고 위액 속에 들어 있는 위산은 병균을 죽이는 역할을 한다고 했습니다.

> **오답 풀이**
> ① 소화액은 소화를 돕는 물질입니다. 위액은 음식을 분해하는 것을 돕고 소독합니다.
> ③ 음식물을 분해, 흡수하는 과정을 소화라고 했습니다.
> ④ 가늘고 긴 관은 작은창자입니다.
> ⑤ 큰창자에서는 소화액이 나오지 않는다고 했습니다.

3 소화에 관여하는 기관은 입, 식도, 위, 작은창자, 큰창자, 항문이고, 소화를 도와주는 소화액은 입안의 침,

위에서 나오는 위액, 작은창자에서 나오는 쓸개즙과 이자액 등이 있습니다.

> **오답 풀이**
> ㉮ 영양분의 분해와 흡수는 기관마다 다르게 일어납니다. 입에서는 분해만 일어나고, 큰창자에서는 수분만 흡수됩니다.
> ㉯ **4**문단에서 간은 일부 영양분을 저장해 둔다고 했습니다. 모든 영양분이 간에 저장되는 것이 아닙니다.

4 **2**~**3**문단을 보면 소화는 입을 통해 들어온 음식물이 식도와 위를 지나 작은창자와 큰창자까지 움직이며 소화되고 항문을 통해 소화되지 않은 찌꺼기를 배출하는 과정이라는 것을 알 수 있습니다.

5 **1**문단은 '간에 기별도 안 가다'라는 관용어에 대한 궁금증, **2**문단은 소화의 뜻과 입에서 위까지의 소화 과정, **3**문단은 작은창자에서 큰창자와 항문까지의 소화 과정, **4**문단은 간의 기능과 **1**문단에서 제시한 궁금증에 대한 답에 대해 설명하고 있습니다.

6 **2**, **3**문단에서 설명한 '입 → 식도 → 위 → 작은창자 → 큰창자 → 항문'의 소화 과정과 각 소화 기관의 기능을 살펴보면서 내용을 정리해 봅니다.

7 (1) '전달'은 '지시, 명령, 물품 따위를 다른 사람이나 기관에 전하여 이르게 함.'이라는 뜻입니다.
(2) '배출'은 '안에서 밖으로 밀어 내보냄.'이라는 뜻입니다.
(3) '분비'는 '샘세포의 작용에 의하여 만들어진 액즙이 세포 밖으로 보내짐.'이라는 뜻입니다.
(4) '일리'는 '어떤 면에서 타당성이 있는 이치.'라는 뜻입니다.
(5) '섭취'는 '영양소나 양분 따위를 몸 안에 받아들임.'이라는 뜻입니다.

비주얼 과학 교과서 개념　　**045 쪽**

(1) 기계　　(2) 화학

(1) '기계적 소화'는 음식물을 이로 부수는 것과 같이 물리적인 힘으로 일어나는 소화 과정입니다.

(2) '화학적 소화'는 소화 효소로 영양소가 작게 분해되는 것처럼 소화 효소를 통한 화학 반응으로 일어나는 소화 과정입니다.

- **글의 종류** 설명문
- **글의 특징** 혈액 순환을 담당하는 순환 기관의 하나인 혈관에 대해 설명하는 글입니다.
- **주제** 혈관의 기능과 특징

047~048 쪽

1 ③　　**2** ②

3 ㉮ 산소, 이산화 탄소　㉯ 강한, 가깝기　**4** 혜미

5

문단	중심 내용
1	혈액 순환에 관여하는 (순환) 기관인 혈관의 (종류)
2	(동맥)의 기능과 특징
3	(정맥)의 기능과 특징
4	(모세혈관)의 기능과 특징
5	(혈관)이 건강하지 않을 때 생기는 질병과 혈관 건강에 좋은 음식

6

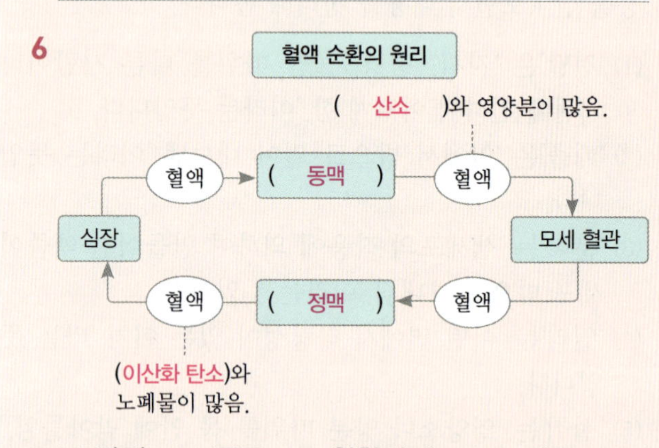

7 (1) 탄력　(2) 공급　(3) 원활하게　(4) 노폐물

　　(5) 고혈압

1 혈관의 종류인 동맥, 정맥, 모세 혈관의 특징을 설명하는 글입니다.

2 3 문단에서 정맥은 심장에서 멀리 떨어져 있어 혈액이 흐르는 힘이 약하다고 했습니다.

> **오답 풀이**
> ① 몸속 깊은 곳에 자리잡은 혈관은 ㉠입니다.
> ③ ㉢은 얇은 벽으로 이루어졌습니다.
> ④ ㉠에서는 혈액을 내보내지만 ㉡은 혈액이 심장으로 돌아오는 혈관입니다.
> ⑤ 산소와 이산화 탄소가 교환되는 혈관은 ㉢입니다.

3 ㉮ 3 문단에서 정맥이 심장과 멀어 정맥에서 흐르는 혈액의 힘이 약하다고 했습니다. 따라서 혈액을 심장에서 몸의 각 부분으로 보내는 혈관인 동맥은 심장

과 가깝고 동맥에서 흐르는 혈액의 힘이 강하다는 것을 짐작할 수 있습니다. ㉯ 2 문단에서 동맥에는 산소와 영양분이 많이 포함되어 있다고 했고, 3 문단에서 정맥은 이산화 탄소와 노폐물을 얻은 혈액이 모세 혈관을 빠져나와 심장으로 돌아오는 혈관이라고 했습니다.

4 1 문단에서 혈관은 온몸에 복잡하게 퍼져 있고, 긴 관 모양입니다. 굵기도 굵은 것부터 매우 가는 것까지 여러 가지라고 하였습니다.

5 1 문단은 혈액 순환에 관여하는 순환 기관 중에 하나인 혈관의 종류, 2 문단은 동맥의 기능과 특징, 3 문단은 정맥의 기능과 특징, 4 문단은 모세 혈관의 기능과 특징, 5 문단은 혈관이 건강하지 않을 때 생기는 질병과 혈관 건강에 좋은 음식에 대해 설명하고 있습니다.

6 동맥은 혈액을 심장에서 몸의 각 부분으로 보내는 혈관입니다(2 문단). 모세 혈관은 동맥의 혈액이 온몸 구석구석까지 닿을 수 있게 온몸에 뻗어 있는 혈관입니다(4 문단). 정맥은 혈액이 모세 혈관을 빠져나와 심장으로 돌아오는 혈관입니다(3 문단). 이를 통해 심장에서 혈액이 나오는 방향에 있는 혈관은 동맥, 혈액이 심장으로 돌아오는 방향에는 정맥이 위치하는 것을 알 수 있습니다.

7 (1) '탄력'은 '용수철처럼 튀거나 팽팽하게 버티는 힘.'이라는 뜻입니다.

　(2) '공급'은 '요구나 필요에 따라 물품 따위를 제공함.'이라는 뜻입니다.

　(3) '원활하게'는 '거칠 것이 없이 순조롭게.'라는 뜻입니다.

　(4) '노폐물'은 '생물의 몸에 들어온 여러 물질 중 필요한 것을 흡수하여 쓰고 남은 찌꺼기.'라는 뜻입니다.

　(5) '고혈압'은 '혈압이 정상 수치보다 높은 증상.'이라는 뜻입니다.

비주얼 과학 교과서 개념　　**049 쪽**

(1) 순환　　(2) 체순환

(1) '혈액을 몸 전체로 보내거나 받는 몸의 기관.'을 '순환 기관'이라고 합니다.

(2) '심장의 좌심실에서 대동맥으로 나간 혈액이 전신을 한 바퀴 돈 다음에 대정맥을 통하여 우심방으로 돌아오는 순환.'을 '체순환'이라고 합니다.

- **글의 종류** 설명문
- **글의 특징** 일상에서 볼 수 있는 사례 현상을 이야기하며 호흡 기관의 구성과 각 기관의 역할을 설명하는 글입니다.
- **주제** 호흡 기관의 구성과 역할

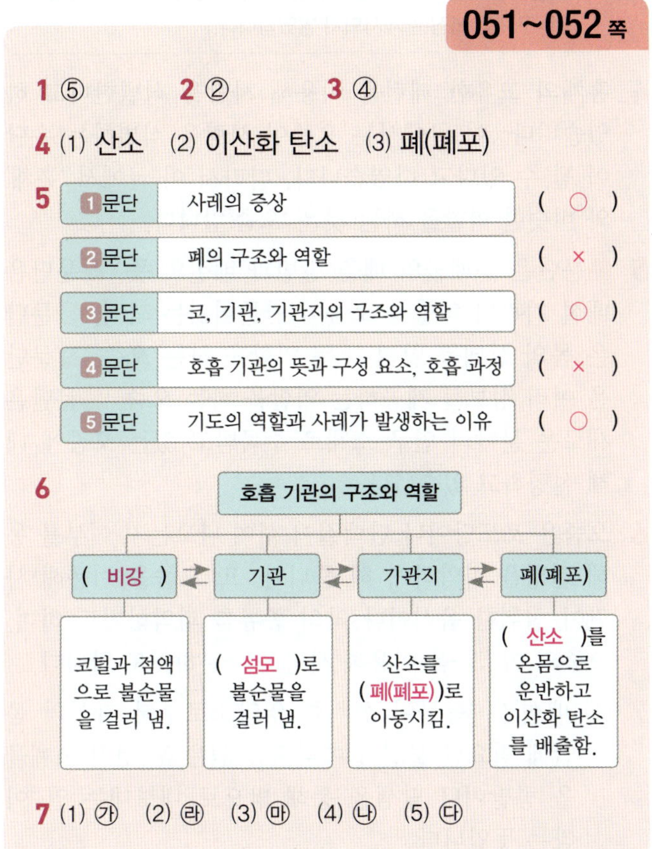

051~052 쪽

1 ⑤　　　**2** ②　　　**3** ④

4 (1) 산소　(2) 이산화 탄소　(3) 폐(폐포)

5

1문단	사례의 증상	(○)
2문단	폐의 구조와 역할	(×)
3문단	코, 기관, 기관지의 구조와 역할	(○)
4문단	호흡 기관의 뜻과 구성 요소, 호흡 과정	(×)
5문단	기도의 역할과 사례가 발생하는 이유	(○)

6

호흡 기관의 구조와 역할

(비강) ⇄ 기관 ⇄ 기관지 ⇄ 폐(폐포)

| 코털과 점액으로 불순물을 걸러 냄. | (섬모)로 불순물을 걸러 냄. | 산소를 (폐(폐포))로 이동시킴. | (산소)를 온몸으로 운반하고 이산화 탄소를 배출함. |

7 (1) ㉮　(2) ㉣　(3) ㉲　(4) ㉯　(5) ㉰

1 '사례'라는 일상에서 흔히 일어날 수 있는 현상으로 읽는 이의 호기심을 유발한 뒤 호흡 기관에 대해 설명한 글입니다.

2 사례는 공기만 이동해야 하는 호흡 기관(기도)에 음식물이나 침이 들어갔을 때 발생하는 현상입니다. 이때 발작적인 기침을 하게 됩니다.

> **오답 풀이**
> ① 음식물을 먹는 과정에서 생기는 현상입니다.
> ③ 기도가 막혀 사망에 이를 수 있기 때문에 사례로 음식물을 내보내는 것입니다.
> ④ 음식물을 삼킬 때 닫아서 음식물이 기도로 들어가지 않도록 하는 것이 기도의 역할이고, 음식물이 기도로 들어가서 이를 밀어내는 것이 사례입니다.
> ⑤ 사례는 입으로 섭취한 음식이 기도로 넘어갈 때 생기는 현상입니다.

3 코로 들이마신 공기의 먼지와 세균을 비강이나 기관에서 걸러 낸다는 설명만 있고, 구체적으로 어떤 질병이 발생하는지는 설명하지 않았습니다.

> **오답 풀이**
> ① 기관의 섬모는 비강을 통과한 공기에 남아 있는 불순물을 다시 거르는 작용을 한다고 했습니다.
> ② 공기는 코에서 기관과 기관지를 거쳐 폐에 도달함을 알 수 있습니다.
> ③ 공기 속의 불순물을 제거하는 코털과 점액이 없으면 먼지나 세균이 몸속에 들어와 건강을 해칠 수 있음을 알 수 있습니다.
> ⑤ 넓은 표면적과 얇은 막의 구성은 빠른 시간 안에 다량의 산소와 이산화 탄소를 교환하기에 적합한 형태라고 하였습니다.

4 사람은 호흡 기관을 통해 산소를 들이마시고 몸속의 이산화 탄소를 배출합니다. 사람은 폐 속의 폐포에서 산소와 이산화 탄소의 교환이 일어납니다.

5 **1문단**은 사례의 증상, **2문단**은 호흡 기관의 뜻과 구성 요소와 호흡 과정, **3문단**은 코, 기관, 기관지의 구조와 역할, **4문단**은 폐의 구조와 역할, **5문단**은 사례가 발생하는 이유에 대해 설명하고 있습니다.

6 호흡 기관은 코털과 점액이 있는 비강, 섬모가 있는 기관, 산소를 폐로 이동시키는 기관지, 모세 혈관이 있는 폐포로 구성되어 있습니다. 폐에서 산소와 이산화 탄소 교환이 이루어집니다.

7 (1) '점액'은 '끈끈한 성질이 있는 액체.'라는 뜻입니다.
(2) '증상'은 '병을 앓을 때 나타나는 여러 가지 상태나 모양.'이라는 뜻입니다.
(3) '발작적'은 '병의 증상, 감정의 변화, 어떤 행위 따위가 갑자기 세차게 일어나는 것.'이라는 뜻입니다.
(4) '관여'는 '어떤 일에 관계하여 참여함.'이라는 뜻입니다.
(5) '불순물'은 '순수한 물질에 섞여 있는 순수하지 않은 물질.'이라는 뜻입니다.

(1) 호흡　(2) 기관

(1) '호흡'은 숨을 들이마시고 내쉬는 것을 말하며, 몸에 필요한 산소를 흡수하고 이산화 탄소를 내보내는 활동입니다.

(2) '호흡 기관'은 생물의 호흡에 관여하는 기관으로 사람의 호흡 기관은 코, 기관, 기관지, 폐로 구성되어 있습니다.

- **글의 종류** 설명문
- **글의 특징** 일반적 인식과 달리 오줌이 중요한 역할을 담당한다는 사실과 여러 분야에서 새로운 연구 소재로 주목받는 오줌의 가치를 제시하는 글입니다.
- **주제** 오줌의 역할과 활용 분야

055~056 쪽

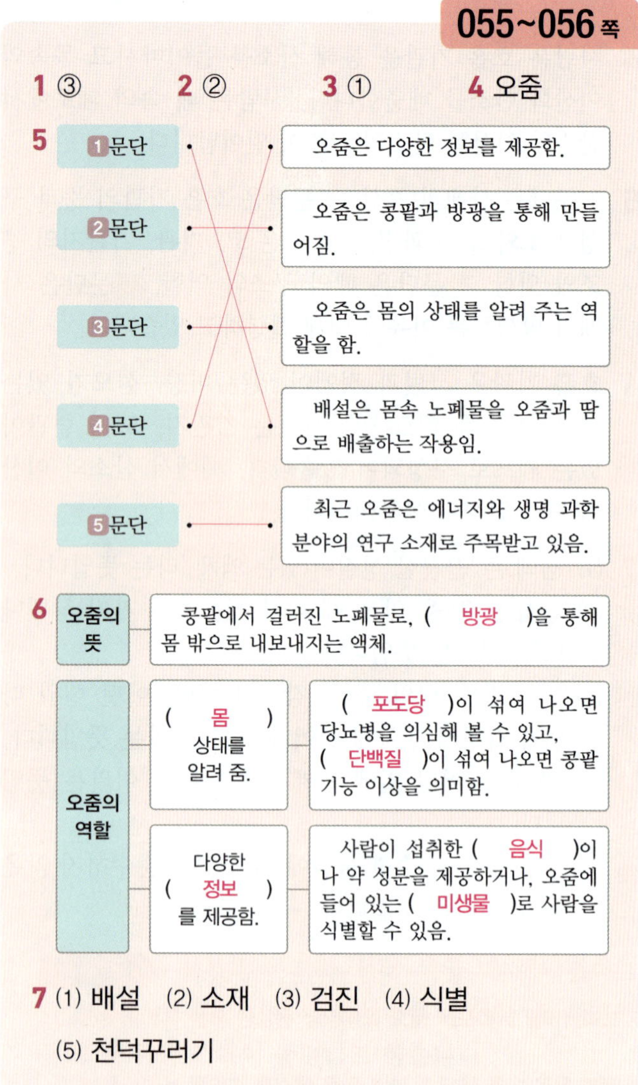

7 (1) 배설　(2) 소재　(3) 검진　(4) 식별

　(5) 천덕꾸러기

1 이 글의 마지막 문단에서 앞에서 설명한 내용을 요약하며 글을 마무리하지는 않았습니다. 오히려 오줌과 관련된 최근의 연구 사례를 소개하는 새로운 내용을 제시하였습니다.

2 이 글에서 마약을 투약한 사람을 조사할 때 오줌 검사를 하는 이유는 오줌에 약의 성분이 섞여 나오기 때문이라고 하였습니다.

3 콩팥은 몸에 해로운 물질이 들어오지 못하게 막는 역할을 하는 것이 아니라, 몸에 있는 노폐물을 내보내는 역할을 합니다.

② 오줌에 단백질이 섞여 나오면 콩팥 기능에 이상이 있을 수 있습니다.
③ 오줌에 있는 미생물과 세포를 이용해 전기를 생산하고 동물을 복제한 것을 통해 추측할 수 있습니다.
④ 소변 검사를 통해 당뇨병과 콩팥의 이상을 알 수 있다고 했습니다.
⑤ 미생물을 이용해 전기를 생산하는 데 성공했다는 내용이 있지만, 구체적 과정은 제시되지 않았습니다.

4 홍채의 고유한 패턴을 이용해 사람을 식별한다고 하였습니다. 이 글에서는 오줌이 사람을 식별하는 수단이 될 수 있다고 하였습니다. 따라서 이 글에서 '홍채'와 비슷한 역할을 하는 것은 '오줌'입니다.

5 1문단은 노폐물의 배출 방법과 배설의 뜻, 2문단은 배설 기관의 역할과 오줌이 만들어지는 과정, 3문단은 몸의 상태를 알려 주는 역할을 하는 오줌, 4문단은 여러 정보를 제공하는 역할을 하는 오줌, 5문단은 새로운 분야의 연구 소재로 주목받고 있는 오줌에 대해 설명하고 있습니다.

6 오줌은 포도당이나 단백질이 섞여 나오는지 여부를 통해 질병을 파악하게 해 줍니다. 또 오줌을 이용해 사람이 섭취한 음식이나 약의 종류를 파악하기도 하며, 오줌의 미생물을 이용해 사람을 구분하기도 합니다.

7 (1) '배설'은 '동물이 섭취한 영양소로부터 자신의 몸 안에 필요한 물질과 에너지를 얻은 후 생긴 노폐물을 콩팥이나 땀샘을 통해 밖으로 내보내는 일.'이라는 뜻입니다.
(2) '소재'는 '어떤 것을 만드는 데 바탕이 되는 재료.'라는 뜻입니다.
(3) '검진'은 '건강 상태와 질병의 유무를 알아보기 위해 증상이나 상태를 살피는 일.'이라는 뜻입니다.
(4) '식별'은 '분별하여 알아봄.'이라는 뜻입니다.
(5) '천덕꾸러기'는 '남에게 천대를 받는 사람이나 물건.'이라는 뜻입니다.

비주얼 과학 교과서 개념　**057 쪽**

(1) 배설　　(2) 배출

(1) '동물이 섭취한 영양소로부터 자신의 몸 안에 필요한 물질과 에너지를 얻은 후 생긴 노폐물을 콩팥이나 땀샘을 통해 밖으로 내보내는 일.'을 '배설'이라고 합니다.

(2) '음식물 속의 영양소들이 소화 기관을 따라 내려갈 때 흡수되지 못하고 남은 음식 찌꺼기를 항문을 통해 내보내는 것.'을 '배출'이라고 합니다.

- **글의 종류** 설명문
- **글의 특징** 화석을 연구하여 알게 된 티라노사우루스의 골격 구조와 감각 기관을 설명하는 글입니다.
- **주제** 티라노사우루스의 체격과 감각 기관의 특징

059~060 쪽

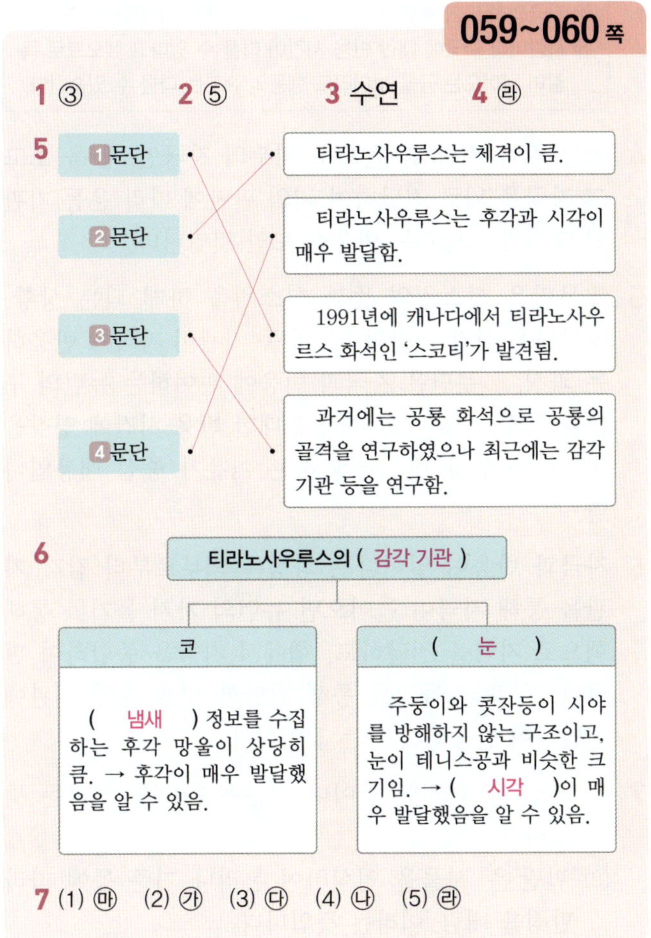

1 이 글은 다양한 방법으로 화석을 연구하여 알게 된 티라노사우루스의 체격과 감각 기관의 특징에 대해 설명하고 있습니다.

2 후각 망울은 다양한 냄새 정보를 수집하는 역할을 하는데, 티라노사우루스의 후각 망울이 바나나 크기만큼 큰 것을 통해 후각이 매우 발달했음을 알 수 있습니다.

① 사람의 후각 망울은 땅콩 크기와 비슷합니다.
② 티라노사우루스는 백악기에 살았습니다.
③ 컴퓨터 단층 촬영으로 티라노사우루스의 감각 기관, 수명 등을 연구하게 되었습니다.
④ 스코티는 1991년에 발굴되었습니다.

3 컴퓨터 단층 촬영 기법이 감각 기관 등의 연구에 도움을 주지만 공룡 화석 발굴에 도움을 주는 것은 아닙니다.

지수: 티라노사우루스는 후각이 발달하고 시력이 좋았기 때문에 먹잇감의 냄새를 잘 맡고 멀리 있는 먹이도 잘 보아 사냥에 유리했을 것으로 추론할 수 있습니다.
호연: 티라노사우루스 화석은 캐나다, 미국 등 북아메리카 지역에서 많이 발견되고 있기 때문에 이 지역이 티라노사우루스가 살기 좋았던 환경을 가지고 있었을 것으로 추론할 수 있습니다.

4 2문단에서 앞발은 앞을 향하지 않고 서로 마주 보는 구조로 되어 있다고 하였습니다.

5 1문단은 1991년 캐나다에서 발굴된 티라노사우루스 화석 '스코티'에 대해 소개하는 내용이고, 2문단은 백악기 공룡인 티라노사우루스의 체격과 특징, 3문단은 과거와 현재의 공룡 화석 연구 방법과 연구 내용의 변화, 4문단은 티라노사우루스의 감각 기관의 특징에 대해 설명하는 내용입니다.

6 컴퓨터 단층 촬영으로 화석의 머리뼈 내부 구조를 조사하여 티라노사우루스의 후각과 시각이 발달하였음을 알게 되었습니다.

7 (1) '발굴하다'는 '땅속이나 흙더미, 돌 더미 속에 묻혀 있는 것을 찾아서 파내다.'라는 뜻입니다.
(2) '친숙하다'는 '친하여 익숙하고 허물없다.'라는 뜻입니다.
(3) '전시하다'는 '여러 가지 물품을 한곳에 벌여 놓고 보게 하다.'라는 뜻입니다.
(4) '손상하다'는 '물체를 깨거나 상하게 하다.'라는 뜻입니다.
(5) '수집하다'는 '취미나 연구를 위해 물건이나 자료 등을 찾아서 모으다.'라는 뜻입니다.

비주얼 과학 교과서 개념   **061 쪽**

(1) 감각   (2) 촉각

(1) '감각'은 눈, 코, 귀, 혀, 살갗을 통하여 바깥의 어떤 자극을 알아차리는 것을 말합니다.

(2) '촉각'은 물건이 피부에 닿아서 느껴지는 감각으로, 아픈 느낌인 통각, 눌리는 느낌인 압각, 차가운 느낌인 냉각, 따뜻한 느낌인 온각이 있습니다.

- **글의 종류** 설명문
- **글의 특징** 야구의 타자와 축구의 골키퍼를 예로 들며 자극과 반응의 과정을 설명하는 글입니다.
- **주제** 자극과 반응의 과정

063~064 쪽

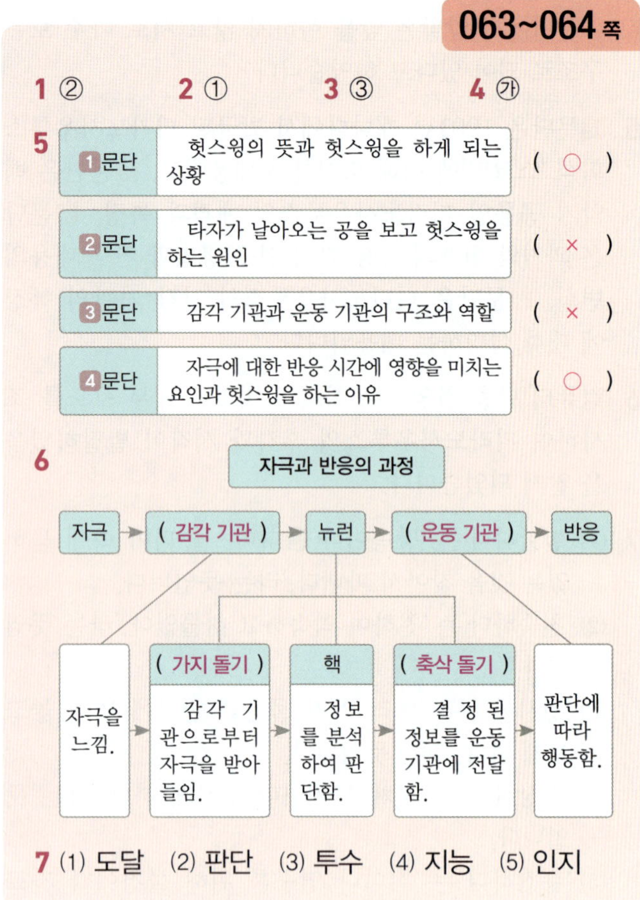

1 자극과 반응이라는 개념을 설명하고 자극과 반응에 관여하는 기관과 자극에 반응하는 과정 등을 설명하고 있습니다.

2 이 글에서 감각 기관이 자극을 받아들이면 뇌가 종합하여 판단해 반응이 일어난다고 했습니다.

오답 풀이
> ② 약 1000억 개의 뉴런의 연결 구조는 사람마다 다르고 이 연결 구조에 따라 자극에 대한 반응도 다르다고 했습니다.
> ③ 감각 기관은 자극을 받아들이는 기관이고, 운동 기관은 뉴런이 내린 명령을 실행하는 기관입니다.
> ④ 뉴런은 자극을 받아들이는 가지 돌기, 정보를 분석하여 판단하는 핵, 결정된 내용을 운동 기관에 전달하는 축삭 돌기로 구성되어 있습니다.
> ⑤ 감각 기관에 따라 자극을 받고 반응하는 시간이 다르다고 했습니다.

3 뉴런의 연결 구조에 따라 사람의 지능이나 자극에 대한 반응 시간이 다르다고 했지만, 지능의 정도와 자극에 대한 반응 시간이 서로 관련이 있다고는 하지 않았습니다.

오답 풀이
> ① 운동선수가 같은 동작을 반복 훈련하는 것은 반응 속도를 빠르게 하기 위한 것이라고 했습니다.
> ② 감각 기관에 따라 자극에 반응하는 시간이 다르다고 했으므로 시각과 청각의 반응 시간이 다를 수 있습니다.
> ④ 자극의 속도가 빠를수록 반응할 수 있는 시간이 짧아집니다.
> ⑤ 사람마다 자극에 대한 반응 시간이 다를 수 있다고 했으므로 똑같이 날아오는 공을 보더라도 행동의 속도는 다를 수 있습니다.

4 ㉮는 감각 기관 중 눈으로 외부의 자극인 '뱀'을 보고 그 자극을 뇌로 전달하여 뇌의 판단에 따라 운동 기관인 다리가 도망가는 반응을 보인 것입니다.

5 1문단은 헛스윙의 뜻과 헛스윙을 하게 되는 상황, 2문단은 감각 기관과 뇌, 운동 기관이 자극에 반응하는 과정, 3문단은 자극과 반응에 관여하는 뉴런의 구조와 특징, 4문단은 자극에 대한 반응 시간에 영향을 미치는 요인과 헛스윙을 하는 이유가 중심 내용입니다.

6 자극과 반응이 일어나는 과정은 외부로부터 감각 기관을 통해 자극이 들어오면 뉴런의 가지 돌기를 통해 핵으로 자극을 전달하고, 핵에서 자극을 종합하여 판단한 후 축삭 돌기를 통해 판단한 것을 운동 기관에 전달하여 반응하게 하는 것입니다.

7 (1) '도달'은 '목적한 곳이나 수준에 다다름.'이라는 뜻입니다.
(2) '판단'은 '사물을 인식하여 논리나 기준 등에 따라 판정을 내림.'이라는 뜻입니다.
(3) '투수'는 '야구에서, 상대편의 타자가 칠 공을 포수를 향하여 던지는 선수.'라는 뜻입니다.
(4) '지능'은 '사물이나 상황을 이해하고 대처하는 지적인 적응 능력.'이라는 뜻입니다.
(5) '인지'는 '어떤 사실을 확실히 그렇다고 여겨서 앎.'이라는 뜻입니다.

비주얼 과학 교과서 개념 **065 쪽**

(1) 자극   (2) 반응

(1) '자극'은 생체에 작용하여 반응을 일으키게 하는 일 또는 그런 작용의 요인을 뜻하는 말입니다.

(2) '반응'은 자극에 대응하여 어떤 현상이 일어나는 것이나 그 현상을 뜻하는 말입니다.

- **글의 종류** 설명문
- **글의 특징** 빛과 물체가 있는 곳 어디에서든 쉽게 즐길 수 있는 그림자놀이의 수단인 그림자의 발생 원리와 그림자의 특징을 설명하는 글입니다.
- **주제** 그림자가 생기는 원리와 그림자의 특징

069~070 쪽

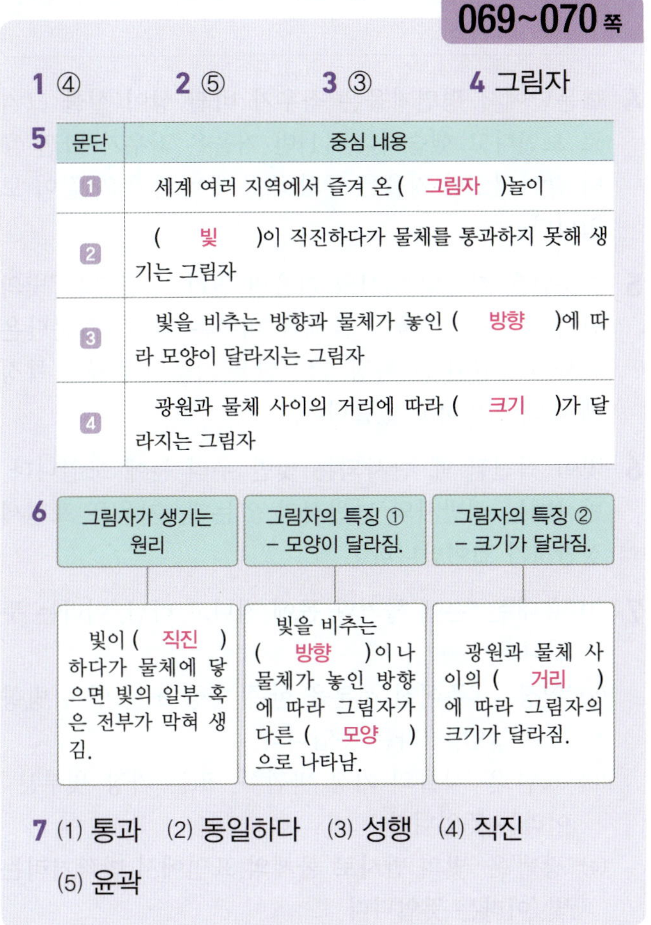

1 ④　　**2** ⑤　　**3** ③　　**4** 그림자

5

문단	중심 내용
1	세계 여러 지역에서 즐겨 온 (그림자)놀이
2	(빛)이 직진하다가 물체를 통과하지 못해 생기는 그림자
3	빛을 비추는 방향과 물체가 놓인 (방향)에 따라 모양이 달라지는 그림자
4	광원과 물체 사이의 거리에 따라 (크기)가 달라지는 그림자

6

그림자가 생기는 원리	그림자의 특징 ① – 모양이 달라짐.	그림자의 특징 ② – 크기가 달라짐.
빛이 (직진)하다가 물체에 닿으면 빛의 일부 혹은 전부가 막혀 생김.	빛을 비추는 (방향)이나 물체가 놓인 방향에 따라 그림자가 다른 (모양)으로 나타남.	광원과 물체 사이의 (거리)에 따라 그림자의 크기가 달라짐.

7 (1) 통과　(2) 동일하다　(3) 성행　(4) 직진
　　(5) 윤곽

1 이 글은 그림자가 생기는 원리와 같은 물체라도 그림자의 모양이나 크기가 다르게 나타나는 특징을 설명하고 있습니다.

2 3 문단에서 빛을 비추는 방향이나 물체가 놓인 방향에 따라 그림자가 다른 모양으로 나타날 수 있다고 했습니다.

> **오답 풀이**
> ① 1 문단에서 그림자놀이는 세계 대부분의 나라에 존재했다고 했습니다.
> ② 2 문단에서 그림자는 빛과 물체가 있는 곳에서 생긴다고 했습니다.
> ③ 3 문단에서 그림자는 빛을 비추는 방향이나 물체가 놓인 방향에 따라 다른 모양으로 나타날 수 있다고 했으므로 그림자의 크기가 변하는 것이 아닙니다.
> ④ 2 문단에서 그림자는 빛이 나아가다 물체를 통과하지 못해 생기는 것이므로 그림자의 모양은 물체의 모양과 비슷하게 나타난다고 했습니다.

3 4 문단의 내용으로 보아, 종이 인형을 손전등 쪽으로 움직이면 손전등과 종이 인형 사이의 거리가 가까워져 그림자의 크기가 이전보다 커질 것입니다.

> **오답 풀이**
> ① 종이 인형의 위치만 움직이는 것이므로 그림자의 모양은 달라지지 않습니다
> ②, ④ 스크린에 비치는 그림자의 크기는 이전보다 커집니다.
> ⑤ 손전등을 종이 인형과 멀어지게 하면 그림자의 크기가 이전보다 작아지므로 다른 결과가 나타납니다.

4 직진하는 빛이 물건에 막혀 생기는 그늘을 이르는 말은 '그림자'입니다.

5 1 문단은 오래전부터 세계 여러 지역에 존재했던 그림자놀이, 2 문단에서는 빛이 직진하다가 물체를 통과하지 못해 생기는 그림자의 원리, 3 문단은 빛을 비추는 방향과 물체가 놓인 방향에 따라 모양이 달라지는 그림자의 특징, 4 문단은 광원과 물체 사이의 거리에 따라 크기가 달라지는 그림자의 특징을 설명하고 있습니다.

6 그림자는 빛이 직진하다가 물체에 닿으면 빛의 일부 혹은 전부가 막혀 생기는 것입니다. 그림자의 모양은 빛을 비추는 방향이나 물체가 놓인 방향에 따라 다르게 나타나고, 그림자의 크기는 광원과 물체 사이의 거리가 가까울수록 커지고, 멀수록 작아진다는 특징이 있습니다.

7 (1) '통과'는 '어떤 곳이나 때를 거쳐서 지나감.'이라는 뜻입니다.
(2) '동일하다'는 '어떤 것과 비교하여 똑같다.'라는 뜻입니다.
(3) '성행'은 '매우 크게 유행함.'이라는 뜻입니다.
(4) '직진'은 '곧게 나아감.'이라는 뜻입니다.
(5) '윤곽'은 '사물의 테두리나 대강의 모습.'이라는 뜻입니다.

비주얼 과학 교과서 개념　　**071 쪽**

(1) 직진　　(2) 그림자

(1) '빛이 곧게 나아가는 현상.'을 '빛의 직진'이라고 합니다.

(2) '물체가 빛을 가려서 그 물체의 뒷면에 드리워지는 검은 그늘.'을 '그림자'라고 합니다.

- **글의 종류** 설명문
- **글의 특징** 거울의 원리인 빛의 반사에 대해 설명하는 글입니다.
- **주제** 빛의 반사와 거울

073~074쪽

1 ④ 　**2** ② 　**3** ③ 　**4** ㉠, ㉠

5

중심 내용	문단
거울의 종류와 특징	(**4**)문단
거울의 역사와 거울의 원리	(**1**)문단
반사의 종류인 정반사와 난반사의 개념과 특징	(**3**)문단
'빛의 반사'의 뜻과 거울이 사물을 비추는 과정	(**2**)문단

6

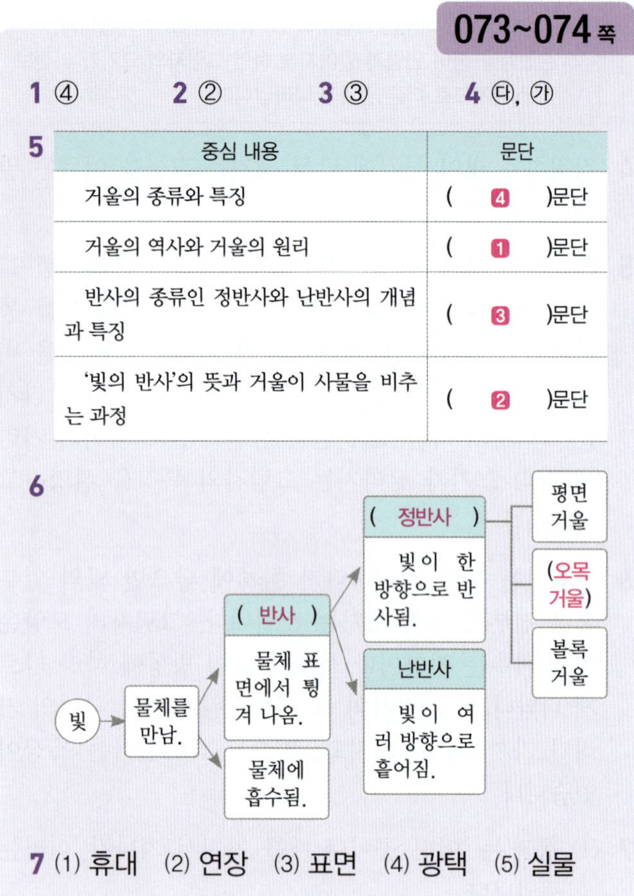

7 (1) 휴대　(2) 연장　(3) 표면　(4) 광택　(5) 실물

1 ①문단에서 거울의 원리는 '빛의 반사'라고 핵심 개념을 밝힌 뒤에 ②문단부터 빛의 반사의 개념과 거울이 사물을 비추는 과정, 반사의 종류 등의 내용을 전개하고 있습니다.

2 빛이 나아가다가 물체를 만나 표면에서 튕겨 나오는 현상을 '빛의 반사'라고 설명했습니다. ②문단에서 우리 눈은 반사된 빛을 인지하여 물체를 볼 수 있다고 했습니다.

> **오답 풀이**
> ① 빛이 물체에 흡수되지 않고 튕겨 나오는 현상입니다.
> ③ 빛이 곧게 나아가려는 성질은 '빛의 직진'입니다.
> ④, ⑤ 모든 반사가 빛이 물건 표면에 부딪혀 일정한 방향으로 튕겨 나아가는 것은 아닙니다. 빛이 물건에 부딪혀 일정한 방향으로 나아가면 정반사, 제각기 다른 방향으로 흩어지면 난반사입니다.

3 볼록 거울은 빛을 퍼뜨리기 때문에 더 넓은 곳까지 볼 수 있다고 하였습니다. 따라서 도로나 골목에서 보이지 않는 곳까지 한번에 보여 주는 안전 거울은 볼록

거울을 사용합니다.

> **오답 풀이**
> ① 편의점 감시 거울은 구석구석을 볼 수 있도록 볼록 거울을 사용합니다.
> ② 화장용 확대 거울로는 작은 것을 확대해 보여 주는 오목 거울이 적합합니다.
> ④ 치과에서는 치아를 확대해 보기 위해 오목 거울을 사용합니다.
> ⑤ 전신 거울은 실제 크기로 보여야 하므로 평면거울을 사용합니다.

4 ④문단에서 평면거울은 좌우가 바뀐 상이 실물 크기로 보인다고 했습니다. [1]번 거울은 좌우가 바뀐 ㉠와 같이, [2]번 거울은 ㉠와 좌우가 바뀐 ㉠와 같이 보입니다.

5 ①문단은 거울의 역사와 거울의 원리, ②문단은 '빛의 반사'의 뜻과 거울이 물체를 비추는 과정, ③문단은 반사의 종류와 그 특징, ④문단은 거울의 종류와 특징에 대해 설명하고 있습니다.

6 빛이 직진할 때 반사되는 빛만 우리 눈에 보입니다. 반사에는 정반사와 난반사가 있는데, 거울은 표면세 정반사가 일어납니다.

7 (1) '휴대'는 '손에 들거나 몸에 지니고 다님.'이라는 뜻입니다.
(2) '연장'은 '주어진 선분을 한쪽 방향 또는 양쪽 방향으로 늘임.'이라는 뜻입니다.
(3) '표면'은 '사물의 가장 바깥쪽. 또는 가장 윗부분.'이라는 뜻입니다.
(4) '광택'은 '빛의 반사로 물체의 표면에서 반짝거리는 빛.'이라는 뜻입니다.
(5) '실물'은 '실제로 있는 물건이나 사람.'이라는 뜻입니다.

비주얼 과학 교과서 개념　　**075쪽**

(1) 입사　　(2) 반사

(1) '입사 광선(들어가는 빛)과 법선(거울 면에 수직인 선)이 이루는 각.'을 '입사각'이라고 합니다.

(2) '반사 광선(반사되어 나가는 빛)과 법선(거울 면에 수직인 선)이 이루는 각.'을 '반사각'이라고 합니다.

03 별은 거기에 없다

- **글의 종류** 대화문
- **글의 특징** 일상에서 볼 수 있는 빛의 굴절로 인한 착시 현상에 대해 선생님과 정진이가 나눈 대화입니다.
- **주제** 빛의 굴절과 착시 현상

077~078 쪽

1 ②　　**2** ④　　**3** ⑤

4 (1) ②　(2) ①

5

문단	중심 내용
1	실제 있지 않은 오아시스가 보이는 (신기루)에 대한 궁금증
2	(매질)의 밀도에 따라 직진하는 방향이 꺾이는 빛의 굴절 현상
3	빛의 (굴절)로 생기는 착시 현상 사례인 신기루
4	빛의 굴절로 생기는 또 다른 착시 현상의 사례인 (별)의 위치

6

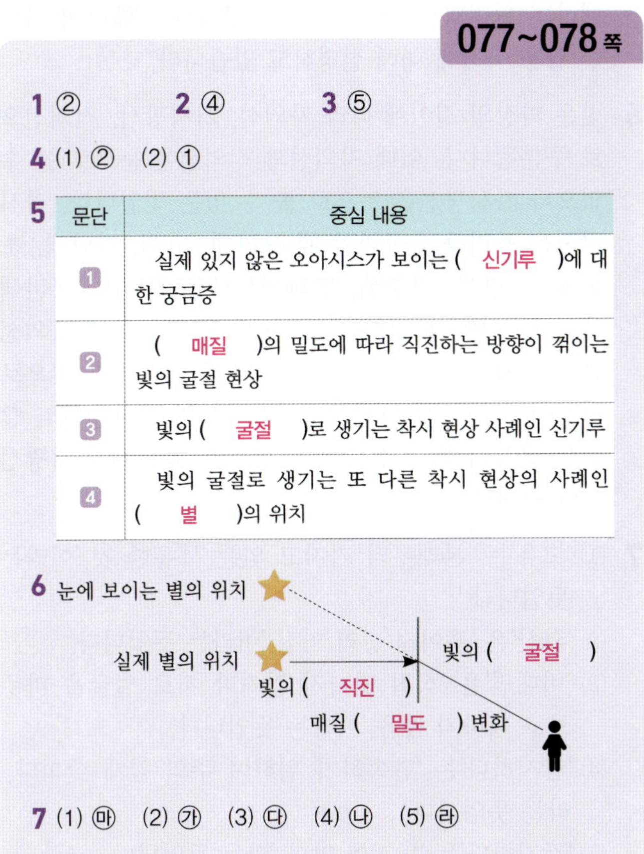

7 (1) ㉮　(2) ㉠　(3) ㉡　(4) ㉨　(5) ㉢

1 이 글은 신기루가 보이는 이유, 별이 실제 위치와 다른 위치로 보이는 이유 등 빛의 굴절로 인해 일어나는 자연 현상에 대해 설명하고 있습니다.

2 3문단에서 우리가 사물을 볼 수 있는 것은 물체에서 빛이 반사되기 때문이라고 했습니다.

> **오답 풀이**
> ① 사막의 지표면에 있는 물체에서 반사된 빛이 위쪽 부분으로 굴절하여 우리의 눈에 들어오면, 마치 지평선 아래에 있던 물체가 공중에 떠 있는 것처럼 보이는 착시 현상이 생긴다고 하였으며 그것이 신기루입니다.
> ② 빛은 통과하는 매개체(매질)에 따라 진행 속도가 달라집니다.
> ③ 밤하늘의 별은 빛의 굴절 때문에 실제 위치보다 높은 곳에 있는 것처럼 보입니다.
> ⑤ 물속은 대기보다 밀도가 높기 때문에 빛의 진행 속도가 더 느립니다.

3 2문단에서 밀도가 높은 물에서 빛의 속도가 느려진다고 했습니다. 이것을 통해 상층부의 압력으로 공기의 밀도가 높아지면 빛의 속도가 느려질 것이라고 추측할 수 있습니다.

> **오답 풀이**
> ① 매질이 사라지면 빛의 속력이 빨라집니다.
> ②, ③, ④ 2문단에서 밀도가 높아지면 빛의 속도가 느려진다고 했으므로, 상층부에서 누르는 압력으로 지표면에 가까워질수록 밀도가 높아지고 빛의 속도도 느려질 것이라고 추측할 수 있습니다.

4 ① 직진해야 할 빛이 물과 공기의 경계선에서 굴절되어 우리 시선에 들어오게 됩니다. ② 우리의 눈은 빛의 연장선에 동전이 있을 것이라고 생각합니다.

5 1문단은 실제 있지 않은 오아시스가 보이는 신기루에 대한 궁금증, 2문단은 매질의 밀도에 따라 꺾이는 빛의 굴절 현상, 3문단은 빛의 굴절이 일으키는 착시 현상인 신기루, 4문단은 빛의 굴절로 인한 또 다른 착시 현상인 별의 위치에 대한 내용입니다.

6 직진하던 빛은 매질의 밀도가 달라지면 속도가 변하면서 꺾이는데 이를 빛의 굴절이라고 합니다.

7 (1) '착시'는 '시각적인 착각 현상.'이라는 뜻입니다.
(2) '진행'은 '앞으로 향하여 나아감.'이라는 뜻입니다.
(3) '진공'은 '물질이 전혀 존재하지 아니하는 공간.'이라는 뜻입니다.
(4) '대기'는 '지구를 둘러싸고 있는 모든 공기.'라는 뜻입니다.
(5) '오아시스'는 '사막 가운데에 샘이 솟고 풀과 나무가 자라는 곳.'이라는 뜻입니다.

비주얼 과학 교과서 개념　　**079 쪽**

(1) 굴절　　(2) 경계면

(1) '휘어서 꺾이는 현상.'을 '굴절'이라고 합니다.

(2) '어떤 지역과 다른 지역 사이에 구분되어 갈리는 한계의 측면.'을 '경계면'이라고 합니다.

- **글의 종류** 설명문
- **글의 특징** 적외선을 이용한 열화상 카메라의 원리와 특징, 활용 사례에 대해 설명하는 글입니다.
- **주제** 적외선 열화상 카메라의 원리와 활용 사례

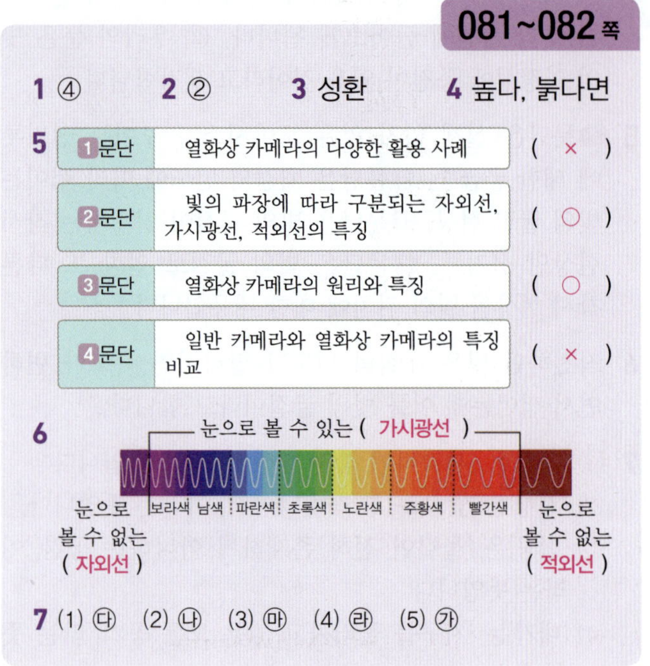

081~082 쪽

1 ④　　**2** ②　　**3** 성환　　**4** 높다, 붉다면

5
1문단	열화상 카메라의 다양한 활용 사례	(×)
2문단	빛의 파장에 따라 구분되는 자외선, 가시광선, 적외선의 특징	(○)
3문단	열화상 카메라의 원리와 특징	(○)
4문단	일반 카메라와 열화상 카메라의 특징 비교	(×)

6

7 (1) ㉐　(2) ㉑　(3) ㉒　(4) ㉓　(5) ㉮

1 이 글은 열화상 카메라의 원리와 열화상 카메라를 활용한 사례를 소개하고 있습니다.

2 열화상 카메라는 사물이 발산하는 열인 적외선을 감지하는 카메라로 사물의 표면 온도를 감지하는 기구입니다.

> **오답 풀이**
> ① 열화상 카메라는 사물이 발산한 적외선을 감지합니다.
> ③ 적외선은 우리 눈에 보이지 않으며, 가시광선이 파장에 따라 다른 색으로 보입니다.
> ④ 가시광선은 보라색에서 빨간색으로 갈수록 파장이 길어집니다.
> ⑤ 열화상 카메라는 사물의 온도가 낮을수록 검은색으로 나타납니다.

3 열화상 카메라는 사물의 색이 아니라 사물이 방출하는 열을 감지하여 촬영하므로 눈이 보이지 않는 상황에서도 적외선을 통해 대상을 감지할 수 있습니다.

> **오답 풀이**
> • 소희: 열화상 카메라는 온도가 낮을수록 검은색 또는 보라색에 가깝게 나타나기 때문에 얼음도 검은색이나 보라색으로 나타날 것입니다.
> • 정윤: 열화상 카메라는 사물 표면의 온도에 따라 색상이 나타나고 가시광선을 감지하지 않기 때문에 사물의 고유의 색과 관계없습니다.
> • 진수: 열화상 카메라로 산을 찍을 때 빨간색이 보이면 온도가 높은 부분이므로 산불을 의심할 수 있습니다.

4 열화상 카메라는 온도가 높을수록 흰색 혹은 붉은색으로, 낮을수록 검은색 혹은 보라색에 가깝게 표시된다고 했습니다.

5 1문단은 열화상 카메라의 특징, 2문단은 파장의 뜻과 빛의 파장에 따라 구분되는 자외선, 가시광선, 적외선의 특징, 3문단은 적외선을 이용하는 열화상 카메라의 원리와 특징, 4문단은 열화상 카메라의 다양한 활용 사례에 대해 설명하고 있습니다.

6 빛은 파장의 길이에 따라 자외선, 가시광선, 적외선으로 구분됩니다. 이때 자외선과 적외선은 눈으로 볼 수 없으나 가시광선은 눈으로 볼 수 있는 빛입니다. 가시광선은 프리즘을 통과할 때 보라색, 남색, 파란색, 초록색, 노란색, 주황색, 빨간색으로 분리되며, 보라색에서 빨간색으로 갈수록 파장이 길어집니다. 자외선은 가시광선의 보라색 끝보다 바깥쪽 범위의 빛으로 파장이 가시광선보다 짧고, 적외선은 가시광선의 빨간색 끝보다 바깥쪽 범위의 빛으로 파장이 가시광선보다 깁니다.

7 (1) '고유'는 '본래부터 가지고 있는 특유한 것.'이라는 뜻입니다.
(2) '확산'은 '흩어져 널리 퍼짐.'이라는 뜻입니다.
(3) '비대면'은 '직접 만나지 않거나 서로 얼굴을 마주 보고 대하지 않음.'이라는 뜻입니다.
(4) '감시하다'는 '단속하기 위하여 주의 깊게 살피다.'라는 뜻입니다.
(5) '감지하다'는 '느끼어 알다.'라는 뜻입니다.

비주얼 과학 교과서 개념　　**083 쪽**

(1) **가시**　　(2) **자외선**

(1) 눈으로 지각되는 파장 범위를 가진 빛을 '가시광선'이라고 합니다.
(2) 태양광의 스펙트럼을 사진으로 찍었을 때, 가시광선보다 짧은 파장으로 눈에 보이지 않는 빛을 '자외선'이라고 합니다.

- **글의 종류** 설명문
- **글의 특징** 온도계가 발명되고 변화하는 과정을 시간의 흐름에 따라 설명한 글입니다.
- **주제** 온도계의 역사

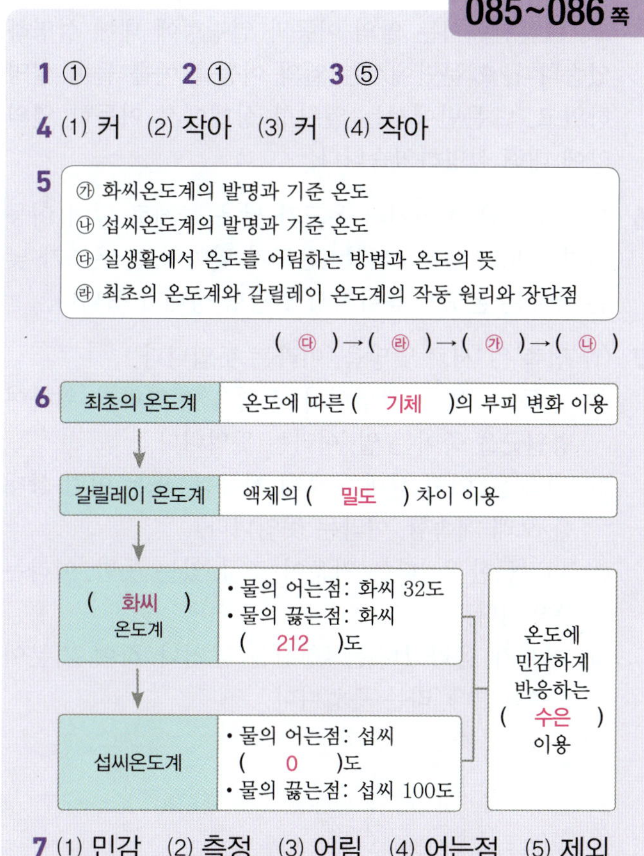

085~086 쪽

1 ①　　**2** ①　　**3** ⑤

4 (1) 커　(2) 작아　(3) 커　(4) 작아

5
- ㉮ 화씨온도계의 발명과 기준 온도
- ㉯ 섭씨온도계의 발명과 기준 온도
- ㉰ 실생활에서 온도를 어림하는 방법과 온도의 뜻
- ㉱ 최초의 온도계와 갈릴레이 온도계의 작동 원리와 장단점

(㉰)→(㉱)→(㉮)→(㉯)

6

최초의 온도계	온도에 따른 (기체)의 부피 변화 이용
갈릴레이 온도계	액체의 (밀도) 차이 이용

(화씨) 온도계
- 물의 어는점: 화씨 32도
- 물의 끓는점: 화씨 (212)도

섭씨온도계
- 물의 어는점: 섭씨 (0)도
- 물의 끓는점: 섭씨 100도

온도에 민감하게 반응하는 (수은) 이용

7 (1) 민감　(2) 측정　(3) 어림　(4) 어는점　(5) 제외

1 오늘날 널리 쓰이는 온도가 발명되기까지의 역사를 시간의 흐름에 따라 설명하고 있습니다.

2 ③문단에서 화씨온도계는 현재 물의 어는점을 32도(℉)로, ④문단에서 섭씨온도계는 물의 어는점을 0도(℃)로 표시했음을 알 수 있습니다.

- ② ㉠은 처음에는 혼합 액체의 어는점과 사람의 체온을 기준 온도로 정하였으나 현재는 물의 어는점과 끓는점으로 기준 온도를 정하고 있습니다.
- ③ ㉠과 ㉡ 모두 만든 사람의 이름을 한자로 표현한 이름을 붙였습니다.
- ④ ㉠은 180등분, ㉡은 100등분하였습니다.
- ⑤ ㉡이 현재 우리나라를 포함한 세계 대부분의 국가에서 사용하고 있습니다.

3 화씨온도계와 섭씨온도계는 물의 끓는점을 각각 212도, 100도로 나타내고 있기 때문에 서로 다른 숫자로 나타납니다.

- ① 갈릴레이의 온도계가 실용성이 없었던 것은 온도를 구체적 수치로 표시할 수 없었기 때문입니다.
- ② 미국이 화씨온도를 사용하므로 우리나라에서 미국의 자료를 활용할 경우 화씨온도를 섭씨온도로 바꾸어야 하며, 반대의 경우도 생길 수 있습니다.
- ③ 온도계에 수은을 활용한 이유는 열에 민감하게 반응하기 때문입니다.
- ④ 기압이 일정할 때 물의 어는점과 끓는점은 일정하게 유지되기 때문에 어디에서 측정해도 온도가 같습니다.

4 온도가 높아지면 온도계의 수은 기둥도 높아집니다. 그러나 차가울수록 온도를 나타내는 수치가 커지도록 정한 섭씨온도계의 체계에 따르면 온도가 높아지면 표시되는 숫자가 작아집니다. 올라가는 수은 기둥과 작아지는 숫자가 사람들에게 불편함을 주었고 현재는 이를 뒤집은 온도계가 사용되고 있습니다.

5 ❶문단은 실생활에서 온도를 어림하는 방법과 온도의 뜻, ❷문단은 최초의 온도계와 갈릴레이 온도계의 작동 원리와 장단점, ❸문단은 화씨온도계의 발명과 기준 온도, ❹문단은 섭씨온도계의 발명과 기준 온도를 설명하고 있습니다.

6 최초의 온도계는 기체의 부피 변화, 갈릴레이 온도계는 액체의 밀도 차이를 이용했고, 화씨온도계와 섭씨온도계는 온도에 민감하게 반응하는 수은을 이용하였습니다.

7
(1) '민감'은 '자극에 빠르게 반응을 보이거나 쉽게 영향을 받음. 또는 그런 상태.'라는 뜻입니다.
(2) '측정'은 '일정한 양을 기준으로 하여 같은 종류의 다른 양의 크기를 잼.'이라는 뜻입니다.
(3) '어림'은 '대강 짐작으로 헤아림. 또는 그런 셈이나 짐작.'이라는 뜻입니다.
(4) '어는점'은 '물이 얼기 시작할 때 또는 얼음이 녹기 시작할 때의 온도. 1기압 아래에서 섭씨 0도를 이름.'이라는 뜻입니다.
(5) '제외'는 '따로 떼어 내어 한데 헤아리지 않음.'이라는 뜻입니다.

비주얼 과학 교과서 개념　　**087** 쪽

(1) 온도　　(2) 측정

(1) '온도를 재는 장치.'를 '온도계'라고 합니다.

(2) 일정한 양을 기준으로 하여 온도의 크기를 재는 일을 '온도 측정'이라고 합니다.

06 물을 시원하게 만들려면

- **글의 종류** 생활문
- **글의 특징** 글쓴이가 동생에게 열의 이동과 열평형에 대해 알려 준 경험을 쓴 글입니다.
- **주제** 열의 이동, 열평형의 의미와 예시

089~090 쪽

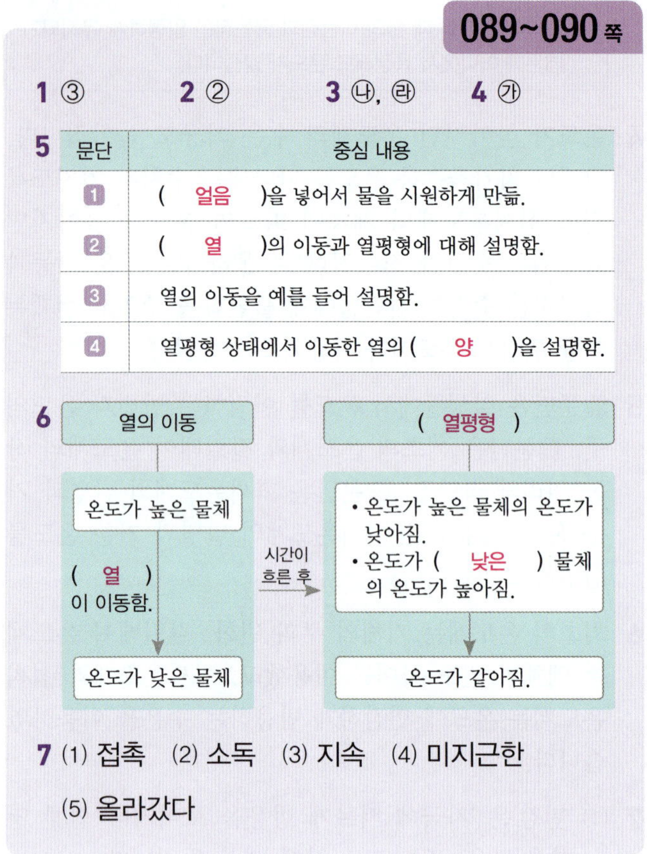

1 ③　　**2** ②　　**3** ㉯, ㉱　　**4** ㉮

5

문단	중심 내용
1	(**얼음**)을 넣어서 물을 시원하게 만듦.
2	(**열**)의 이동과 열평형에 대해 설명함.
3	열의 이동을 예를 들어 설명함.
4	열평형 상태에서 이동한 열의 (**양**)을 설명함.

6

7 (1) 접촉　(2) 소독　(3) 지속　(4) 미지근한

　(5) 올라갔다

1 글쓴이가 동생에게 열의 이동과 열평형에 대해 알려 준 경험을 쓴 글입니다.

2 서로 다른 온도의 물체가 접촉하면 두 물체의 온도가 같아지는데, 이를 '열평형'이라고 합니다.

> **오답 풀이**
> ① 열은 온도가 높은 물체에서 낮은 물체로 이동합니다.
> ③ 높은 온도의 물체에서 낮은 온도의 물체로 열이 이동하다 더 이상 이동할 수 없게 되면 두 물체의 온도가 같아지는 열평형 상태가 되므로, 열평형 상태에서 두 물체의 온도는 상승하지 않습니다.
> ④ 피부의 열기가 온도가 낮은 알코올 솜으로 이동합니다.
> ⑤ 높은 온도의 물체가 잃은 열의 양과 낮은 온도의 물체가 얻은 열의 양은 같습니다.

3 ㉯ 온도가 높은 식빵에서 온도가 낮은 버터로 열이 이동하여 버터가 녹습니다. ㉱ 온도가 높은 핫팩에서 온도가 낮은 손으로 열이 이동하여 손의 온도가 올라갑니다.

> **오답 풀이**
> ㉮ 양산을 쓰면 빛이 차단되어 열이 전달되지 않습니다.
> ㉰ 암막 커튼을 치면 빛을 차단하여 열이 전달되는 것을 막습니다.

4 열평형은 높은 온도의 물체에서 낮은 온도의 물체로 열이 이동하여 두 물체의 온도가 같아지는 현상입니다. 따라서 높은 온도의 물체는 점점 온도가 낮아지고, 낮은 온도의 물체는 온도가 점점 높아지다 같은 온도에서 만나게 되는 ㉮의 그래프로 표현할 수 있습니다.

5 **1**문단에서 열이 이동하는 사례로 얼음물을 만들었고, **2**문단에서는 열의 이동과 열평형에 대해 설명하였습니다. **3**문단에서는 열의 이동을 예를 들어 설명하였고, **4**문단에서는 열평형 상태에서 이동한 열의 양에 대해 설명하였습니다.

6 온도가 높은 물체에서 온도가 낮은 물체로 열이 이동하면 온도가 높은 물체는 온도가 낮아지고, 온도가 낮은 물체는 온도가 높아져서 열평형 상태가 됩니다.

7 (1) '접촉'은 '서로 맞닿음.'이라는 뜻입니다.
(2) '소독'은 '병의 감염이나 전염을 예방하기 위하여 병원균을 죽이는 일.'이라는 뜻입니다.
(3) '지속'은 '어떤 상태가 오래 계속됨. 또는 어떤 상태를 오래 계속함.'이라는 뜻입니다.
(4) '미지근한'은 '더운 기운이 조금 있는 듯한.'이라는 뜻입니다.
(5) '어깨가 올라갔다'는 '칭찬을 받거나 하여 기분이 으쓱해졌다.'라는 뜻입니다.

비주얼 과학 교과서 개념　**091 쪽**

(1) 이동　　(2) 열평형

(1) '열의 이동'은 온도가 다른 두 물체가 접촉하면 열이 온도가 높은 물체에서 온도가 낮은 물체로 이동하는 것을 말합니다.

(2) '열평형'은 온도가 높은 물체와 온도가 낮은 물체가 접촉한 상태에서 시간이 지나 열의 이동에 의해 두 물체의 온도가 같아진 상태를 말합니다.

07 과학적인 난방 장치 '온돌'

- **글의 종류** 설명문
- **글의 특징** 우리나라 고유의 난방 장치인 온돌의 구조와 온돌 구조에 적용된 과학 원리를 설명하는 글입니다.
- **주제** 온돌의 구조와 과학 원리

093~094 쪽

1 ①, ② **2** ⑤ **3** ③

4 위쪽, 아래쪽

5

온돌의 이름은 어디서 유래했는가?	(**2**)문단
우리나라 고유의 난방 장치는 무엇인가?	(**1**)문단
온돌에서 찾을 수 있는 과학 원리는 무엇이 있는가?	(**4**)문단
아궁이의 열기가 고래를 따라 움직이는 과정은 어떻게 되는가?	(**3**)문단

6

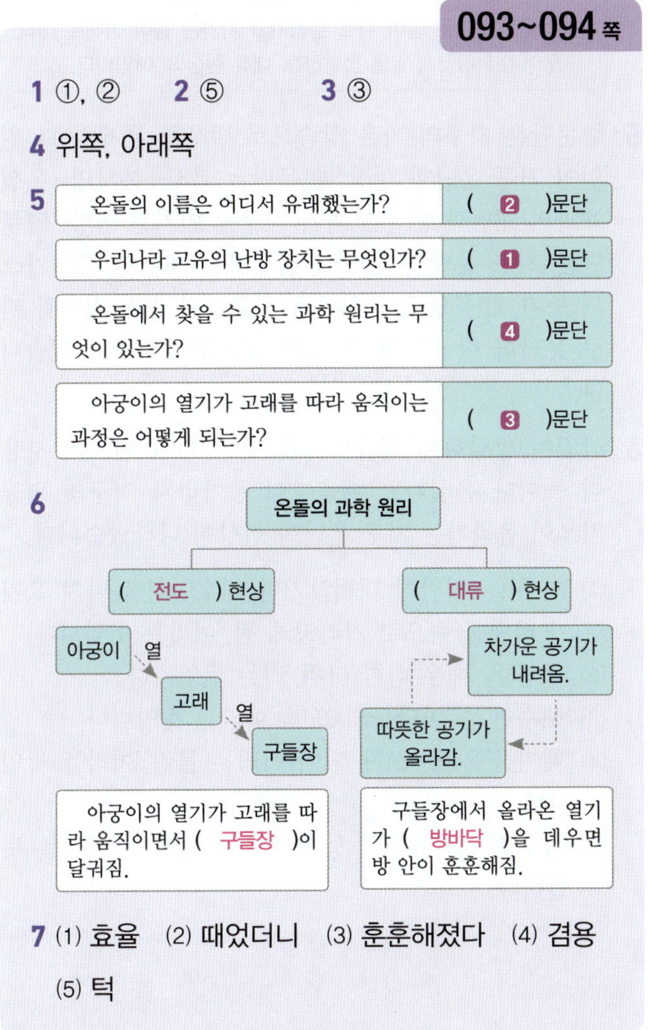

7 (1) 효율 (2) 때었더니 (3) 훈훈해졌다 (4) 겸용

　　(5) 턱

1 이 글은 온돌의 구조와 과학 원리를 설명한 글입니다.

2 아궁이의 열기는 부넘기, 고래, 개자리, 연도를 지나 굴뚝으로 나가고, 그 과정에서 구들장이 데워집니다.

> **오답 풀이**
> ① 남은 열기는 개자리에 머물면서 방바닥을 데웁니다.
> ② 그을음이나 찌꺼기가 떨어지는 곳은 개자리이며, 연도는 연기가 지나가는 통로입니다.
> ③ 부넘기는 아궁이의 재가 고래로 넘어가는 것을 막아 줍니다.
> ④ 고래는 구들장 밑으로 나 있습니다.

3 뜨거운 국물의 열기가 숟가락으로 전해져서 숟가락이 뜨거워지는 것은 '전도 현상'입니다.

> **오답 풀이**
> ①, ②, ④, ⑤: '대류 현상'입니다.

4 대류는 온도가 높아진 물질이 위로 올라가고, 온도가 낮은 물질이 아래로 밀려 내려오면서 열이 전달되는 과정입니다.

5 **1**문단은 우리나라 고유의 난방 장치인 온돌을 소개했고, **2**문단은 '온돌'이라는 명칭의 유래, **3**문단은 온돌의 구조와 각 부분의 역할을 설명했고, **4**문단은 온돌에서 찾을 수 있는 과학 원리인 전도와 대류를 설명했습니다.

6 아궁이의 열기가 고래를 따라 움직이면서 구들장을 달구는 것은 물질을 따라 열이 이동하는 '전도 현상' 때문이고, 달궈진 구들장의 열기가 방바닥을 데워 방 안의 공기가 순환하며 열을 전달하는 것은 '대류 현상' 때문입니다.

7 (1) '효율'은 '들인 노력과 얻은 결과의 비율.'이라는 뜻입니다.
　(2) '때었더니'는 '아궁이 따위에 불을 지피어 타게 했더니.'라는 뜻입니다.
　(3) '훈훈해졌다'는 '날씨나 온도가 견디기 좋을 만큼 더워졌다.'라는 뜻입니다.
　(4) '겸용'은 '한 가지를 여러 가지 목적으로 씀.'이라는 뜻입니다.
　(5) '턱'은 '평평한 곳의 어느 한 부분이 갑자기 조금 높이 된 자리.'라는 뜻입니다.

비주얼 과학 교과서 개념 **095 쪽**

(1) 전도 (2) 대류

(1) '전도'는 주로 고체에서 열이 물질을 따라 온도가 높은 곳에서 낮은 곳까지 차례대로 전달되는 현상입니다.

(2) '대류'는 기체나 액체가 따뜻해지면 위로 올라가고, 차가워지면 아래로 내려오면서 열이 순환하며 전달되는 현상입니다.

- **글의 종류** 설명문
- **글의 특징** 지구 기온 상승의 원인인 지구 온난화 현상이 일어난 까닭을 복사열 개념을 바탕으로 설명하는 글입니다.
- **주제** 지구 온난화 현상의 원인

097~098쪽

1 ④　　**2** ②　　**3** ②　　**4** ㉮, ㉯

5

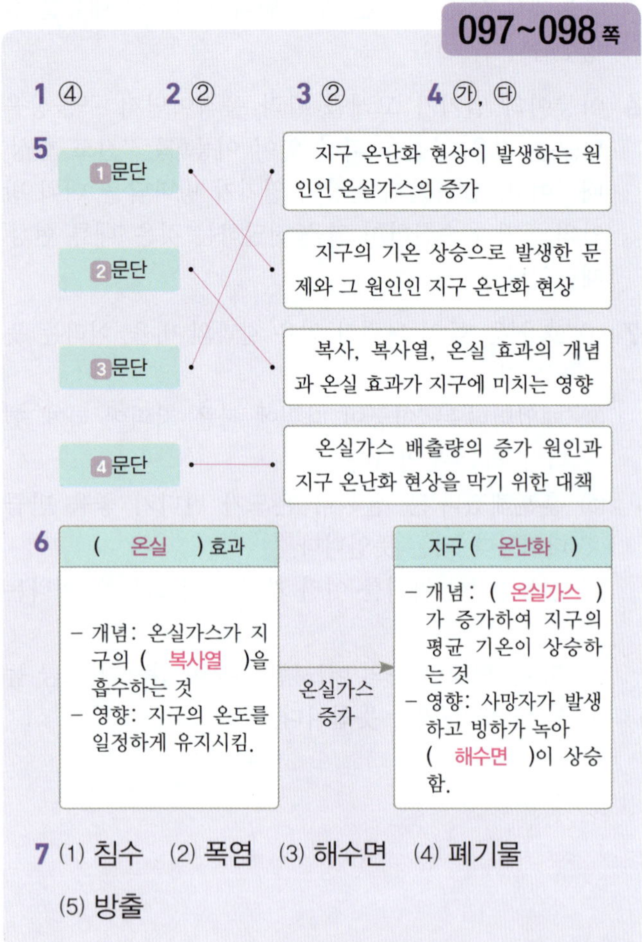

6

7 (1) 침수　(2) 폭염　(3) 해수면　(4) 폐기물
　(5) 방출

1 지구 온난화의 원인과 대책이 무엇인지 설명하는 글입니다.

2 2003년 유럽에서는 지구 온난화에 의한 폭염으로 인해 약 3만 명의 사망자가 발생했다고 하였습니다.

3 4문단에서 산업이 발달하면서 화석 연료의 사용이 늘어나 이산화 탄소의 배출량이 많아졌다고 했습니다.

> **오답 풀이**
> ① 2문단에서 온실 효과 덕분에 지구가 적정 온도를 유지할 수 있다고 했습니다.
> ③ 2문단에서 온실가스가 지구에서 복사되는 열을 일부 흡수한다고 했습니다.
> ④ 석탄, 석유의 사용량이 증가해 온실가스 배출이 많아졌으므로 이를 줄이는 대책이 연구 중임을 짐작할 수 있습니다.
> ⑤ 지구 온난화로 지구 온도가 계속 상승하면 저온에서 살아가는 생물들이 멸종될 수 있습니다.

4 ㉮는 조명의 복사열이 조명이 비추는 곳에 전달되어 온도를 높이는 복사 현상을 보여 주는 사례입니다. ㉯는 태양의 복사열이 자동차와 내부의 음료에도 전달되는 복사 현상을 보여 주는 사례입니다.

> **오답 풀이**
> ㉰ 고체인 고구마의 한 면만 난로에 닿았지만 다른 부분까지 열이 전달되어 골고루 익은 '전도 현상'의 예입니다.
> ㉱ 액체인 뜨거운 물이 위로 올라가고 차가운 물이 아래로 내려오며 순환하면서 열을 전달하는 '대류 현상'의 예입니다.

5 1문단은 지구의 기온 상승으로 발생한 문제와 그 원인인 지구 온난화 현상, 2문단은 복사, 복사열, 온실 효과의 개념과 온실 효과가 지구에 미치는 영향, 3문단은 지구 온난화 현상이 발생하는 원인인 온실가스의 증가, 4문단은 온실가스 배출량의 증가 원인과 지구 온난화 현상을 막기 위한 대책을 설명하고 있습니다.

6 산업이 발달하며 석유나 석탄같은 화석 연료의 사용이 늘어나 온실가스 배출량이 증가하자 지구의 평균 기온이 올라가는 지구 온난화 현상이 나타났습니다.

7 (1) '침수'는 '지반이 내려앉거나 해수면이 높아져 육지가 바닷물 속으로 가라앉게 됨.'이라는 뜻입니다.
(2) '폭염'은 '매우 심한 더위.'라는 뜻입니다.
(3) '해수면'은 '바닷물의 표면.'이라는 뜻입니다.
(4) '폐기물'은 '못 쓰게 되어 버리는 물건.'이라는 뜻입니다.
(5) '방출'은 '빛이나 열 등을 밖으로 내보냄.'이라는 뜻입니다.

비주얼 과학 교과서 개념　　**099쪽**

(1) 복사열　(2) 온난화

(1) '물체로부터 방출된 열이나 전자기파가 물체에 흡수되어 생기는 열로, 지구가 태양으로부터 받는 열이나 적외선 등.'을 '복사열'이라고 합니다.

(2) 장기간에 걸쳐 지구 평균 지표면 기온이 상승하는 것을 '지구 온난화'라고 합니다.

09 우주에서 어떻게 살 수 있을까?

- **글의 종류** 생활문(일기문)
- **글의 특징** 영화를 보고 우주의 환경과 우주복의 기능에 대해 아버지께서 설명해 주시는 내용입니다.
- **주제** 우주 환경에서 사람이 살 수 있는 우주복의 기능

101~102쪽

1 ② **2** ② **3** ④ **4** ④

5

중심 내용	문단
우주복에 대한 궁금증	(**1**)문단
우주복에 대해 더 알고 싶은 내용	(**5**)문단
기압과 산소가 없어 사람이 살 수 없는 우주	(**2**)문단
너무 뜨겁거나 너무 차가워서 사람이 살 수 없는 우주	(**3**)문단
우주복의 구조와 우주복의 기압 유지, 산소 공급, 체온 유지, 복사열 반사 기능	(**4**)문단

6

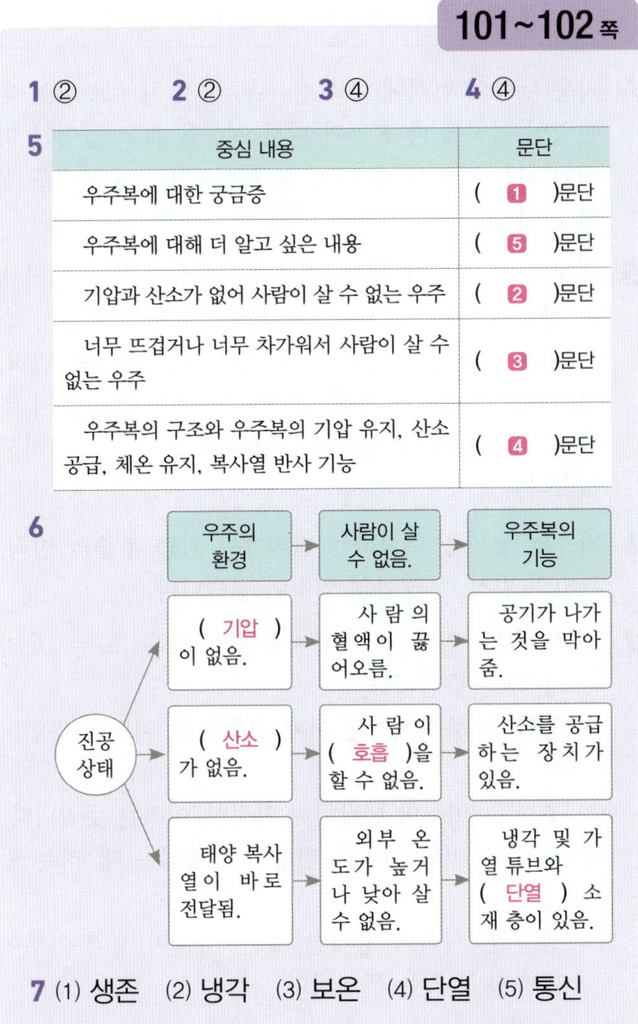

7 (1) 생존 (2) 냉각 (3) 보온 (4) 단열 (5) 통신

1 이 글은 위험한 우주 환경으로부터 사람을 보호하기 위한 우주복의 기능에 대해 알려 주기 위해 쓴 글입니다.

2 우주의 열을 흡수하는 것이 아니라 차단하는 단열 소재로 된 층이 있어 체온을 유지시켜 주는 우주복이 필요합니다.

> **오답 풀이**
> ① 이산화 탄소를 제거하는 장치가 있어야 우주에서 호흡할 수 있습니다.
> ③ 우주에서는 300도가 넘는 태양의 복사열이 바로 전달된다고 하였으므로 반사하는 기능이 필요합니다.
> ④ 우주는 진공 상태로 산소가 없기 때문에 호흡을 할 수 없습니다.
> ⑤ 기압을 유지하는 장치가 없으면 사람의 혈액이 끓어올라 죽게 됩니다.

3 열을 차단하는 단열 소재는 사람의 체온이 밖으로 나가는 것을 막아 주어 따뜻하게 해 주기 때문에 겨울철 옷에 사용하면 좋습니다.

> **오답 풀이**
> ① 공기층이 생기면 기온 차가 적어질 것입니다.
> ② 우주 헬멧은 금으로 도금을 하여 복사열을 반사해 뜨거워지는 것을 막아 줍니다. 따라서 오토바이 안전모에 도금을 할 경우 여름에 시원해질 것입니다.
> ③ 우주복을 만드는 소재는 신소재로 기능을 위해 새롭게 연구하여 만든 소재입니다.
> ⑤ 지구에는 공기층이 있기 때문에 산소 공급 장치가 없어도 호흡이 어렵지 않습니다.

4 '고군분투'는 남의 도움을 받지 아니하고 힘에 벅찬 일을 잘해 나가는 것을 이르는 말로, 화성에 혼자 남겨져 생존을 위해 노력한 주인공의 처지를 나타내기에 적합니다.

5 **1**문단의 중심 내용은 우주복에 대한 궁금증, **2**문단은 기압과 산소가 존재하지 않아 사람이 살 수 없는 우주, **3**문단은 평균 기온은 너무 낮고 태양의 복사열이 닿은 곳은 기온이 너무 높아 사람이 살 수 없는 우주, **4**문단은 우주복의 구조와 우주복의 기압 유지, 산소 공급, 체온 유지, 복사열 반사 기능, **5**문단은 우주복에 대해 더 알고 싶은 내용입니다.

6 우주는 진공 상태로 사람이 살 수 없는 환경입니다. 우주복은 우주에서 사람이 살 수 있도록 여러 가지 기능을 제공합니다.

7 (1) '생존'은 '살아 있음. 또는 살아남음.'이라는 뜻입니다.
(2) '냉각'은 '식혀서 차게 함.'라는 뜻입니다.
(3) '보온'은 '주위의 온도에 관계없이 일정한 온도를 유지함.'이라는 뜻입니다.
(4) '단열'은 '물체와 물체 사이에 열이 서로 통하지 않도록 막음. 또는 그렇게 하는 일.'이라는 뜻입니다.
(5) '통신'은 '정보 전달을 다루는 과학 기술.'이라는 뜻입니다.

비주얼 과학 교과서 개념   103쪽

(1) 단열 (2) 진공

(1) '단열'은 '물체 사이에 존재하는 역의 이동을 막는 것.'을 뜻합니다.

(2) '진공 상태'는 '일정한 공간에 공기 등의 물질이 전혀 없는 상태.'를 말합니다.

- **글의 종류** 설명문
- **글의 특징** 지층의 뜻과 지층이 생성된 순서를 추정하기 위한 법칙 세 가지를 설명하는 글입니다.
- **주제** 지층 생성 추정의 법칙

107~108 쪽

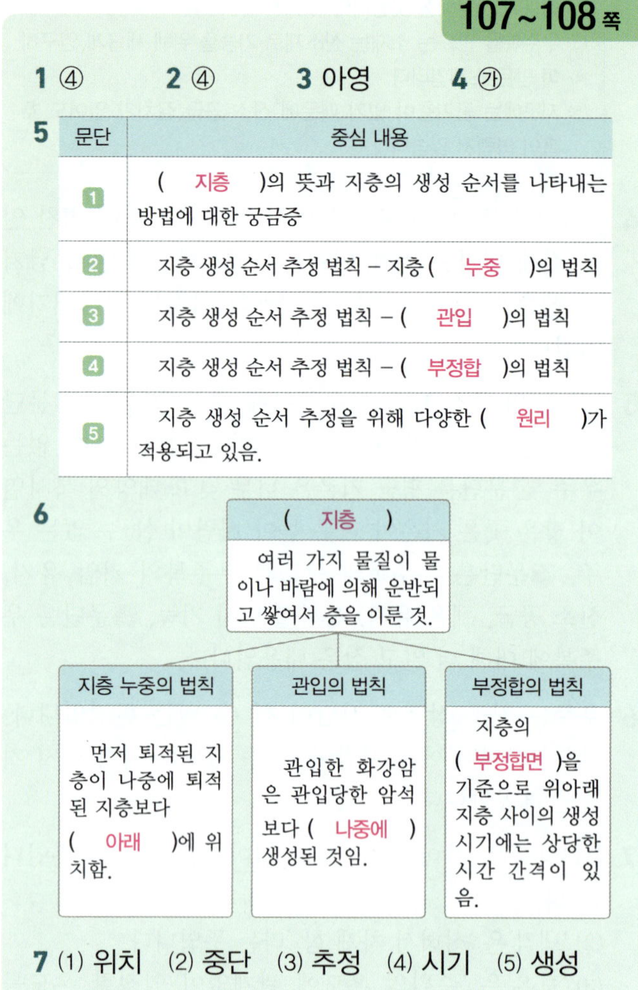

1 ④　　**2** ④　　**3** 아영　　**4** ㉮

5

문단	중심 내용
1	(지층)의 뜻과 지층의 생성 순서를 나타내는 방법에 대한 궁금증
2	지층 생성 순서 추정 법칙 – 지층(누중)의 법칙
3	지층 생성 순서 추정 법칙 – (관입)의 법칙
4	지층 생성 순서 추정 법칙 – (부정합)의 법칙
5	지층 생성 순서 추정을 위해 다양한 (원리)가 적용되고 있음.

6

(지층)
여러 가지 물질이 물이나 바람에 의해 운반되고 쌓여서 층을 이룬 것.

지층 누중의 법칙	관입의 법칙	부정합의 법칙
먼저 퇴적된 지층이 나중에 퇴적된 지층보다 (아래)에 위치함.	관입한 화강암은 관입당한 암석보다 (나중에) 생성된 것임.	지층의 (부정합면)을 기준으로 위아래 지층 사이의 생성 시기에는 상당한 시간 간격이 있음.

7 (1) 위치　(2) 중단　(3) 추정　(4) 시기　(5) 생성

1 이 글은 지층의 생성 순서를 추정하는 여러 법칙을 소개하고 있습니다. 생성 순서는 지층이 생성된 시기가 아닌 선후 관계를 파악하는 것입니다.

2 5 문단에서 지각 변동으로 지층의 위아래가 바뀌는 경우에는 지층 누중의 법칙을 적용할 수 없다고 했습니다.

> **오답 풀이**
> ① 관입한 암석이 관입당한 암석보다 나중에 생성되었습니다.
> ② 땅속이나 바닷속 지층도 지층 생성 순서 추정의 법칙이 적용됩니다.
> ③ 위아래 지층 사이에 커다란 시간 간격이 있으면 부정합 관계입니다.
> ⑤ 수평으로 쌓인 지층에서 아래쪽에 있을수록 먼저 생긴 지층입니다.

3 지층이 수평으로 쌓여 있으므로 지층 누중의 법칙에 따라 ㉺ → ㉹ → ㉻ → ㉴ → ㉮의 순서로 쌓였을 것입니다.

> **오답 풀이**
> 희망: 가장 빨리 생성된 층은 ㉺이고, 가장 나중에 생성된 층은 ㉮입니다.
> 지민: 지층이 ㉺ → ㉹ → ㉻ → ㉴ → ㉮의 순서로 쌓였을 것이므로 ㉮층과 ㉹층이 퇴적한 시기는 시간 차이가 클 것입니다.

4 지층 누중의 법칙에 따라 ㉹, ㉻, ㉴가 차례로 쌓인 후 관입의 법칙에 따라 ㉮가 다른 지층을 뚫고 들어간 형태입니다. 따라서 ㉹ → ㉻ → ㉴ → ㉮의 순서대로 쌓였을 것입니다.

5 1 문단은 지층의 뜻과 지층의 생성 순서를 나타내는 방법에 대한 궁금증, 2 문단은 지층 생성 순서 추정 법칙인 지층 누중의 법칙, 3 문단은 관입의 법칙, 4 문단은 부정합의 법칙, 5 문단은 지층 생성 순서 추정을 위해 다양한 원리가 적용되고 있음을 설명하고 있습니다.

6 지층의 생성을 추정하는 법칙에는 지층 누중의 법칙, 관입의 법칙, 부정합의 법칙이 있습니다.

7 (1) '위치'는 '일정한 곳에 자리를 차지함. 또는 그 자리.'라는 뜻입니다.
(2) '중단'은 '중도에서 끊어지거나 끊음.'이라는 뜻입니다.
(3) '추정'은 '미루어 생각하여 판정함.'이라는 뜻입니다.
(4) '시기'는 '어떤 일이나 현상이 진행되는 때.'라는 뜻입니다.
(5) '생성'은 '사물이 생겨남. 또는 사물이 생겨 이루어지게 함.'이라는 뜻입니다.

비주얼 과학 교과서 개념　　**109 쪽**

(1) 습곡　　(2) 단층

(1) '지층이 물결 모양으로 주름이 지는 현상.'을 '습곡'이라고 합니다.
(2) '지각 변동으로 지층이 갈라져 어긋나는 현상. 또는 그런 지형.'을 '단층'이라고 합니다.

- **글의 종류** 설명문
- **글의 특징** 퇴적암의 형성 과정과 퇴적물에 따라 달라지는 퇴적암의 종류, 생성 장소 등을 설명하는 글입니다.
- **주제** 퇴적암의 형성 과정과 종류, 생성 장소

111~112쪽

1 ⑤　　**2** ②　　**3** ④

4 (1) 역암　(2) 사암　(3) 이암, 셰일

5

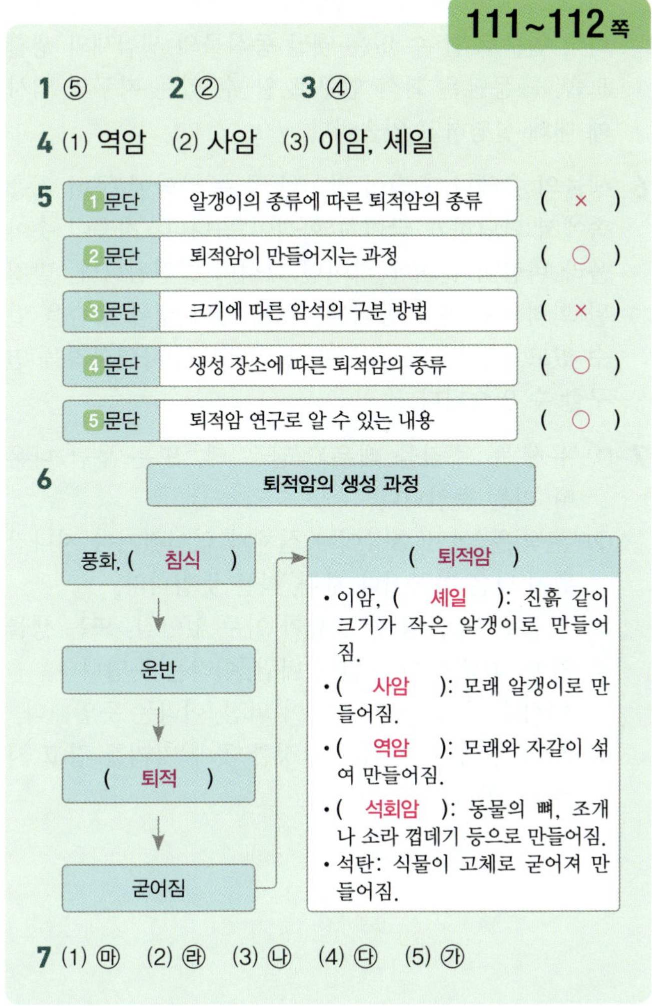

6

7 (1) ⑰　(2) ㉣　(3) ㉯　(4) ㉰　(5) ㉮

---

1 이 글은 퇴적물이 형성되는 과정을 설명한 후 퇴적암의 종류와 생성 장소를 설명한 글입니다.

2 역암은 모래와 자갈이 섞여 만들어지고, 사암은 모래 알갱이, 이암은 진흙 같이 크기가 작은 알갱이로 만들어지므로 알갱이는 '역암 〉 사암 〉 이암'의 순서로 큽니다.

오답 풀이
① 퇴적암은 퇴적물의 종류에 따라 구분됩니다.
③ 퇴적암 중 석탄은 식물과 같은 생물이 굳어져서 만들어집니다.
④ 암석은 만들어지는 과정에 따라 분류되며, 풍화와 침식, 운반, 퇴적의 과정으로 만들어지는 것은 퇴적암입니다.
⑤ 육지와 가까운 바다에서는 역암이 가장 많이 만들어지고, 육지에서 먼 바다일수록 이암과 셰일이 많이 만들어집니다.

3 퇴적물이 쌓인 곳의 과거 지역적 특성을 알 수는 있으나 침식 작용이 일어난 지역을 알 수는 없습니다.

오답 풀이
① 이암은 불규칙하게 쪼개지고 셰일은 한 방향으로 쪼개지기 때문에 쪼개진 모양으로 구분할 수 있습니다.
② 육지와 가까운 바다에는 역암이 많고, 육지와 먼 바다일수록 차례로 사암, 이암과 셰일이 많으므로 바다의 위치에 따라 퇴적암의 종류를 예상할 수 있습니다.
③ 역암은 모래와 자갈이 굳어진 것이고, 이암은 진흙 같이 크기가 작은 알갱이가 굳어진 것이기 때문에 알갱이의 크기로 구분할 수 있습니다.
⑤ 석회암은 조개, 소라 껍데기 등이 쌓여서 만들어지고, 석탄은 고사리 등의 식물로 만들어진다고 했으므로, 조개, 소라, 고사리가 오래전부터 있었던 생물임을 알 수 있습니다.

4 4문단에서 육지에서 가까운 바다에서는 주로 자갈이 퇴적되어 역암이 만들어지고, 육지에서 먼 바다일수록 사암, 이암과 셰일의 순서로 만들어진다고 하였습니다.

5 1문단은 암석의 뜻과 암석의 종류, 2문단은 퇴적암이 만들어지는 과정, 3문단은 퇴적암을 구성하는 알갱이의 종류에 따른 퇴적암의 종류, 4문단은 생성 장소에 따른 퇴적암의 종류, 5문단은 퇴적암 연구로 알 수 있는 내용을 설명하고 있습니다.

6 암석이 잘게 부서지고 운반되어 퇴적된 후 다져지고 굳어져 만들어진 것이 퇴적암입니다. 퇴적암에는 역암, 사암, 이암, 셰일 등이 있습니다.

7 (1) '잘다'는 '알곡이나 과일, 모래 따위의 둥근 물건이나 글씨 따위의 크기가 작다.'라는 뜻입니다.
(2) '광물'은 '금, 은, 철 따위와 같은 금속을 포함하는 자연에서 생기는 물질.'이라는 뜻입니다.
(3) '번성'은 '한창 성하게 일어나 퍼짐.'이라는 뜻입니다.
(4) '불규칙'은 '규칙에서 벗어나 있음. 또는 규칙이 없음.'이라는 뜻입니다.
(5) '쪼개지다'는 '둘 이상으로 나누어지다.'라는 뜻입니다.

비주얼 과학 교과서 개념　　**113쪽**

(1) 암석　(2) 퇴적암

(1) '암석'은 '광물로 이루어진 고체 물질.'을 뜻합니다.
(2) '퇴적암'은 '퇴적물이 쌓여 오랜 시간 동안 굳어져서 만들어진 암석.'을 뜻합니다.

- **글의 종류** 설명문
- **글의 특징** 화석이 만들어지는 과정과 조건, 그리고 화석 연구로 알 수 있는 것들을 설명하고 있습니다.
- **주제** 화석의 형성과 화석 연구의 가치

115~116쪽

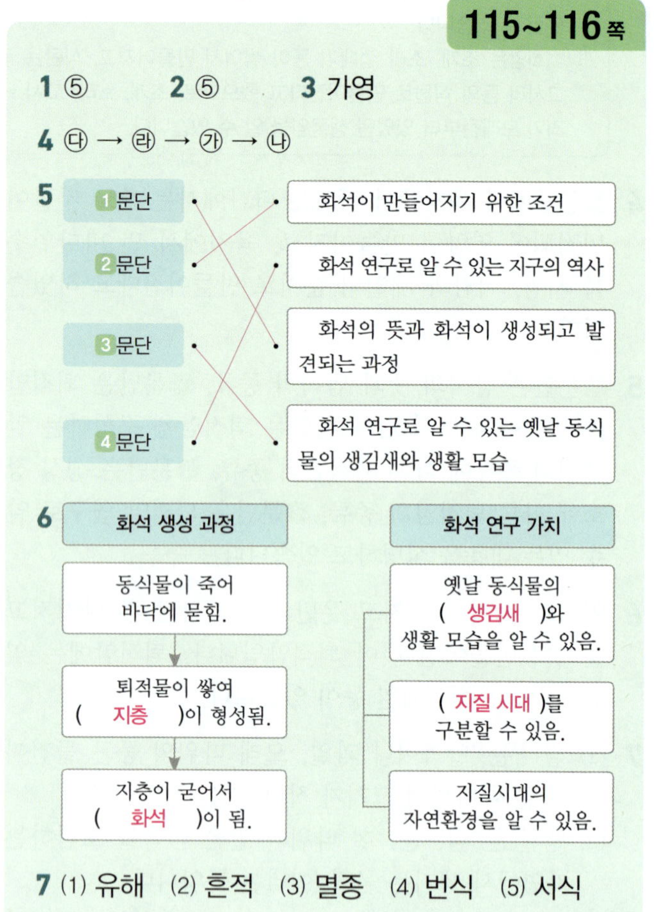

1 ⑤　　**2** ⑤　　**3** 가영

4 ㉰ → ㉲ → ㉮ → ㉯

5
1문단	→	화석이 만들어지기 위한 조건
2문단	→	화석 연구로 알 수 있는 지구의 역사
3문단	→	화석의 뜻과 화석이 생성되고 발견되는 과정
4문단	→	화석 연구로 알 수 있는 옛날 동식물의 생김새와 생활 모습

6

화석 생성 과정
- 동식물이 죽어 바닥에 묻힘.
- 퇴적물이 쌓여 (**지층**)이 형성됨.
- 지층이 굳어서 (**화석**)이 됨.

화석 연구 가치
- 옛날 동식물의 (**생김새**)와 생활 모습을 알 수 있음.
- (**지질 시대**)를 구분할 수 있음.
- 지질시대의 자연환경을 알 수 있음.

7 (1) 유해　(2) 흔적　(3) 멸종　(4) 번식　(5) 서식

1 이 글은 화석이 만들어지는 과정과 조건을 설명하고 화석 연구의 가치를 설명하고 있습니다.

> **오답 풀이**
> ① 화석을 발굴하는 방법에 대한 설명은 없습니다.
> ② 화석의 모습을 설명하고 있지는 않습니다.
> ③ 동물의 화석과 식물의 화석을 비교하는 내용은 없습니다.
> ④ 지질 시대와 역사 시대의 화석을 비교하는 부분은 없습니다.

2 식물에는 줄기나 잎과 같은 부분이 있어야 화석으로 만들어지기 쉽다고 하였고, 식물 화석도 존재합니다.

3 크기는 화석이 만들어지는 조건과 관계없습니다.

> **오답 풀이**
> 준혁: 동식물이 넓은 지역에 서식할수록 화석이 만들어지기 쉬운데, 중생대에 살았던 파충류가 화석으로 많이 발굴되고 있다고 했으므로 파충류가 넓은 지역에 서식했음을 알 수 있습니다.
> 인성: 동식물이 죽은 후 강이나 호수 바닥에 묻히고 그 위에 퇴적물이 쌓이면 화석이 될 수 있습니다.

4 생물의 유해가 강이나 호수 바닥에 묻힙니다(㉰). 그 위로 퇴적물이 쌓입니다(㉲). 지층 속에서 생물의 유해나 흔적이 단단하게 굳어져 화석이 됩니다(㉮). 그리고 지층이 솟아올라 바람이나 비에 깎이면 화석이 발견됩니다(㉯).

5 **1**문단은 화석의 뜻과 화석이 생성되고 발견되는 과정, **2**문단은 화석이 생성되기 위한 조건, **3**문단은 화석 연구로 알 수 있는 옛날 동식물의 생김새와 생활 모습, **4**문단은 화석 연구로 알 수 있는 지구의 역사에 대해 설명하고 있습니다.

6 생물의 유해나 흔적이 강이나 호수 바닥에 묻혀 지층 속에서 단단하게 굳어져 화석이 됩니다. 지층이 솟아올라 바람이나 비에 깎이면 화석이 발견됩니다. 발견된 화석으로 옛날 동식물의 생김새와 생활 모습을 알 수 있고, 지질 시대를 구분하고 당시의 자연환경을 연구할 수 있습니다.

7 (1) '유해'는 '주검을 태우고 남은 뼈. 또는 무덤 나온 뼈.'라는 뜻입니다.
(2) '흔적'은 '어떤 현상이나 실체가 없어졌거나 지나간 뒤에 남은 자국이나 자취.'라는 뜻입니다.
(3) '멸종'은 '생물의 한 종류가 아주 없어짐. 또는 생물의 한 종류를 아주 없애 버림.'이라는 뜻입니다.
(4) '번식'은 '붇고 늘어서 많이 퍼짐.'이라는 뜻입니다.
(5) '서식'은 '생물 따위가 일정한 곳에 자리를 잡고 사는 것.'이라는 뜻입니다.

비주얼 과학 교과서 개념　　**117쪽**

(1) **화석**　　(2) **지층**

(1) '화석'이란 '오래전 살았던 동식물의 몸체나 흔적이 암석이나 지층에 남아 있는 것.'을 뜻합니다.
(2) '지층'은 '진흙·모래·자갈 따위의 퇴적물, 퇴적암 혹은 토양에서 그 성질이 일정한 층.'을 뜻합니다.

번개가 생기는 원리

- **글의 종류** 기사문
- **글의 특징** 번개가 발생하는 과정과 번개의 색이 달라지는 까닭, 그리고 번개의 모양이 지그재그인 까닭을 알려 주는 글입니다.
- **주제** 번개가 발생하는 원리와 번개의 색과 모양

119~120 쪽

1 ⑤　　**2** ⑤　　**3** ③　　**4** 방전

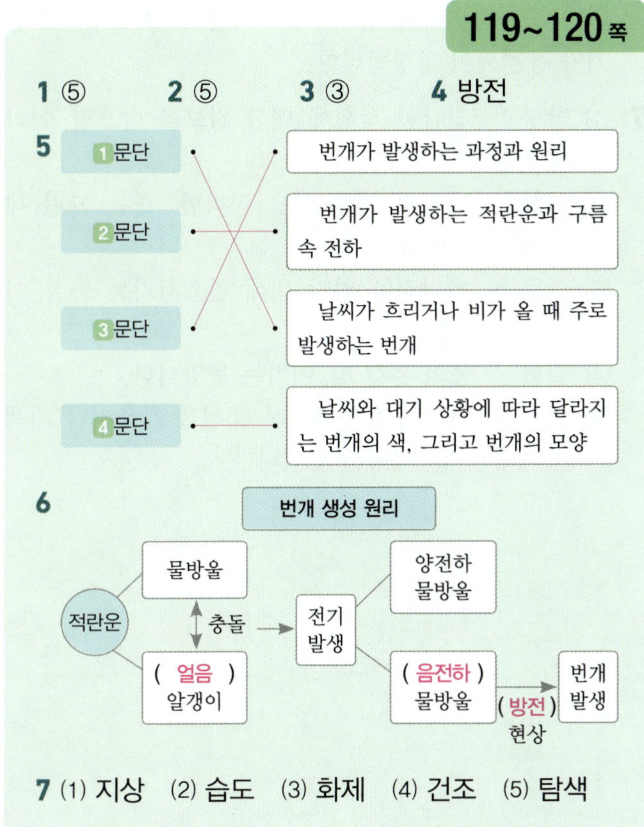

5

- **1**문단 — 날씨가 흐리거나 비가 올 때 주로 발생하는 번개
- **2**문단 — 번개가 발생하는 적란운과 구름 속 전하
- **3**문단 — 번개가 발생하는 과정과 원리
- **4**문단 — 날씨와 대기 상황에 따라 달라지는 번개의 색, 그리고 번개의 모양

6 번개 생성 원리

7 (1) 지상　(2) 습도　(3) 화제　(4) 건조　(5) 탐색

1 이 글은 번개가 발생하는 원리와 번개가 가진 색과 모양 등을 알려 줍니다. 번개가 발생하는 원리는 **3**문단에서, 번개가 가진 색과 모양은 **4**문단에서 설명합니다.

2 구름 속에서 양전하를 띠는 물방울은 구름의 위쪽으로 움직이고, 음전하를 띠는 물방울은 구름의 아래쪽으로 움직입니다.

> **오답 풀이**
> ① **3**문단에서 벼락은 구름과 땅 사이에서 발생하는 번개라고 하였습니다.
> ② **2**문단에서 적란운은 산처럼 높게 발달한 구름이라고 하였습니다.
> ③ **4**문단에서 대기가 건조하거나 맑은 날씨일 때 노란 번개가 친다고 하였습니다.
> ④ **2**문단에서 구름 속 물방울과 얼음 알갱이들이 돌아다니다 서로 부딪히며 전기가 발생한다고 하였습니다.

3 적란운은 산처럼 높게 발달한 구름이며 솜사탕처럼 폭신폭신해 보인다고 설명하였을 뿐, 구름의 모양이 달라지는 까닭은 이 글에서 설명하지 않았습니다.

> **오답 풀이**
> ① **1**문단에서 번개는 주로 날씨가 흐리거나 비가 올 때 일어나는 현상이라고 하였습니다.
> ② **4**문단에서 흰색 번개는 주변에 오염 물질이 거의 없을 때 나타난다고 하였습니다.
> ④ **2**문단에서 물방울과 작은 얼음 알갱이가 돌아다니며 부딪혀서 전기가 발생한다고 하였습니다.
> ⑤ **3**문단에서 양전하와 음전하가 자석처럼 끌어당기는 성질이 있기 때문이라고 하였습니다.

4 **3**문단에서 전류가 흐르는 현상인 방전 현상이 번개라고 하였습니다.

5 **1**문단은 날씨가 흐리거나 비가 올 때 주로 발생하는 번개, **2**문단은 번개가 발생하는 적란운과 구름 속 전하, **3**문단은 번개가 발생하는 과정과 원리, **4**문단은 날씨와 대기 상황에 따라 달라지는 번개의 색깔과 번개의 모양에 대해 설명하고 있습니다.

6 번개는 구름 속 물방울과 얼음 알갱이가 서로 충돌해 전기가 발생하는데 양전하를 띠는 물방울은 구름 위쪽으로, 음전하를 띠는 물방울은 구름 아래쪽으로 이동합니다. 그중에서 음전하를 띠는 물방울들이 다른 구름이나 지상의 양전하가 있는 곳으로 떨어져 방전 현상이 일어나며 번개가 발생합니다.

7 (1) '지상'은 '땅의 위.'라는 뜻입니다.
(2) '습도'는 '공기 가운데 수증기가 들어 있는 정도.'라는 뜻입니다.
(3) '화제'는 '이야기할 만한 재료나 소재.'라는 뜻입니다.
(4) '건조'는 '물기나 습기가 말라서 없어짐. 또는 물기나 습기를 말려서 없앰.'이라는 뜻입니다.
(5) '탐색'은 '사라지거나 드러나지 않은 사물이나 현상 따위를 자세히 살펴 찾음.'이라는 뜻입니다.

비주얼 과학 교과서 개념　　**121 쪽**

(1) 기온　　(2) 날씨

(1) '대기의 온도, 즉 공기의 온도.'를 '기온'이라고 합니다.

(2) '대기 중에 일어나는 물리적인 현상, 즉 바람, 구름, 비, 눈, 더위, 추위 따위.'를 '날씨'라고 합니다.

- **글의 종류** 설명문
- **글의 특징** 안개와 스모그의 뜻과 발생 조건 등에 대해 설명하는 글입니다.
- **주제** 안개와 스모그의 발생 원리와 특징

123~124 쪽

1 ①　　**2** ④　　**3** 스모그

4 (1) 냉각　(2) 습한　(3) 하강　(4) 스모그

5
1문단	구름과 안개의 공통점과 차이점	(○)
2문단	안개가 발생하기 위한 조건과 형성 과정	(○)
3문단	스모그의 뜻과 그 피해	(○)
4문단	스모그가 처음 발생한 지역	(×)

6

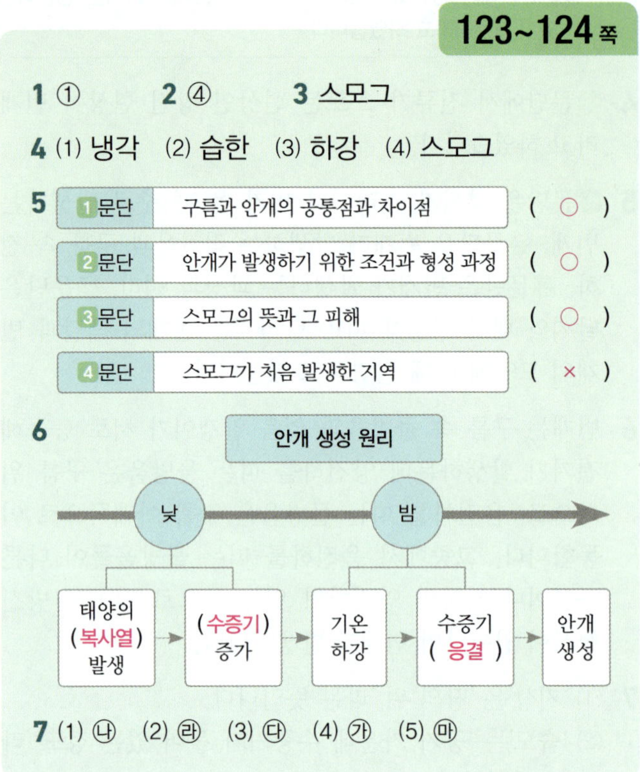

7 (1) ㉯　(2) ㉣　(3) ㉰　(4) ㉮　(5) ㉱

1 이 글은 안개와 스모그의 특징에 대해 설명하고 있습니다.

2 3문단에서 대기 오염 물질이 응결핵이 되어 연기와 안개가 합쳐진 스모그가 되었다고 했습니다.

> **오답 풀이**
> ① 1문단에서 수증기가 응결하여 만들어진 작은 물방울이 안개라고 했습니다.
> ② 2문단에서 일교차가 심할수록 안개가 많이 발생한다고 했습니다.
> ③ 2문단에서 바람이 약해야 더 잘 발생한다고 했습니다.
> ⑤ 1문단에서 구름은 공중에 떠 있고, 안개는 지표 가까이에 떠 있다고 했습니다.

3 대기 오염 물질과 안개가 섞여서 만들어진 스모그와 대기 오염 물질이 태양열과 만나서 만들어지는 스모그에 대해 설명하고 있습니다. 스모그는 크게 런던형 스모그와 로스엔젤레스형 스모그로 나눌 수 있으며, 로스엔젤레스형은 햇빛 반응에 의한 것으로 '광화학 스모그'라고도 합니다.

4 안개는 습도가 높고 공기가 밤사이 냉각되어 아침에 기온이 하강할 때 발생합니다. 안개가 꼈을 때 대기

오염이 발생하면 스모그가 발생하게 됩니다.

5 1문단은 구름과 안개의 공통점과 차이점, 2문단은 안개가 발생하기 위한 조건과 과정, 3문단은 스모그의 개념과 그 피해, 4문단은 스모그의 주요 물질과 발생 시 행동 요령을 설명하고 있습니다.

6 안개는 낮 동안 태양의 복사열로 대기 중에 있는 수증기가 증가하였다가 밤이 되어 기온이 떨어지면 수증기가 응결되어 형성됩니다.

7 (1) '발령'은 '긴급한 상황에 대한 경보를 발표함.'이라는 뜻입니다.
　(2) '예상'은 '앞으로 있을 일을 짐작함. 또는 그런 내용.'이라는 뜻입니다.
　(3) '연료'는 '에너지를 얻기 위해 연소시키는 물질.'이라는 뜻입니다.
　(4) '질환'은 '몸의 온갖 병.'이라는 뜻입니다.
　(5) '위생'은 '건강에 유익하도록 조건을 갖추거나 대책을 세우는 일.'이라는 뜻입니다.

비주얼 과학 교과서 개념　　**125 쪽**

(1) 물　　(2) 순환

(1) '물'은 강, 호수, 지하수 따위의 형태로 널리 분포되는 액체입니다.

(2) '순환'은 일정한 규칙에 따라 주기적으로 자꾸 되풀이하여 도는 것이나 그런 과정을 말합니다.

06 어린이날부터 강한 비 예상

- **글의 종류** 기사문
- **글의 특징** 연휴의 날씨 예보를 통해 저기압과 고기압의 영향으로 날씨가 어떻게 변화하는지 설명하고 있습니다.
- **주제** 기압과 날씨의 관계

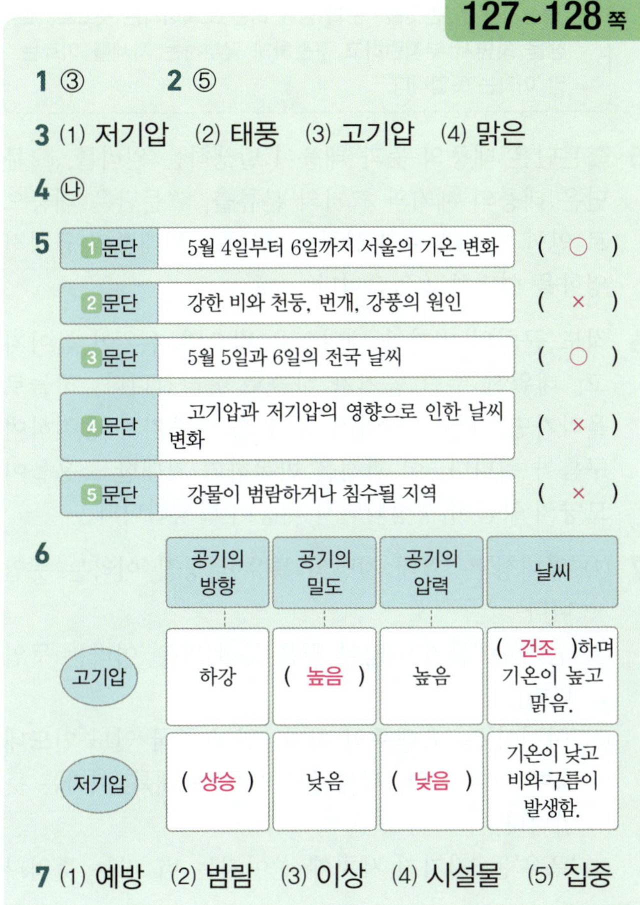

127~128쪽

1 ③　　　**2** ⑤

3 (1) 저기압　(2) 태풍　(3) 고기압　(4) 맑은

4 ㉯

5

1문단	5월 4일부터 6일까지 서울의 기온 변화	(○)
2문단	강한 비와 천둥, 번개, 강풍의 원인	(×)
3문단	5월 5일과 6일의 전국 날씨	(○)
4문단	고기압과 저기압의 영향으로 인한 날씨 변화	(×)
5문단	강물이 범람하거나 침수될 지역	(×)

6

	공기의 방향	공기의 밀도	공기의 압력	날씨
고기압	하강	(**높음**)	높음	(**건조**)하며 기온이 높고 맑음.
저기압	(**상승**)	낮음	(**낮음**)	기온이 낮고 비와 구름이 발생함.

7 (1) 예방　(2) 범람　(3) 이상　(4) 시설물　(5) 집중

1 이 글은 날씨를 예보해 주는 기사문으로, 고기압과 저기압의 특징 및 날씨에 미치는 영향을 비교하여 기사를 썼습니다. 또한 기온이나 비의 양 등 구체적인 수치를 보여 주고 있습니다.

2 4문단에서 강한 비는 중국 남쪽의 무더운 지역에서 발생한 저기압이 원인이며 우리나라로 수증기를 몰고 올 것으로 보인다고 했습니다.

오답 풀이
① 2문단에서 고기압은 지표면의 공기 밀도와 압력이 높아져 생긴다고 했습니다.
② 2, 3문단에서 5월 4일까지 덥고 맑은 날씨이다가 5일부터 기온이 떨어지며 비와 구름이 예상된다고 했습니다.
③ 2문단에서 고기압의 영향으로 날씨가 따뜻하고 건조하며 기온이 높고 맑은 날씨가 된다고 했습니다.
④ 2문단에서 저기압은 공기가 상승하여 공기의 밀도와 압력이 낮아지면서 발생한다고 했습니다.

3 저기압일 때 비와 구름이 발생하므로, 집중 호우나 태풍은 저기압의 영향으로 생기는 날씨입니다. 고기압일 때는 날씨가 맑으므로 가을의 맑은 날씨는 고기압의 영향입니다.

4 5월 6일 아침 사이에 경기 서해안과 인천에서는 많은 비가 집중되겠고, 강한 바람까지 불 것으로 보인다고 하였으니 인천에서 열리는 달리기 시합은 취소될 것입니다.

오답 풀이
㉠ 5월 5일에는 전국에 비가 내린다고 하였으므로, 나들이 계획을 취소하는 것이 좋습니다.
㉰ 5월 4일 한낮에는 서울이 29도 이상, 일부 지방은 30도 이상이라고 하였고, 밤부터 기온이 빠르게 내려가며 일교차가 심해진다고 하였으니 얇은 옷과 두꺼운 옷을 모두 챙기는 것이 좋습니다.

5 1문단은 5월 4일부터 6일까지의 서울의 기온의 변화, 2문단은 고기압과 저기압의 영향으로 인한 날씨 변화, 3문단은 5월 5일과 6일의 전국 날씨, 4문단은 강한 비와 천둥, 번개, 강풍의 원인, 5문단은 강한 비의 영향과 주의해야 할 사항에 대해 설명하고 있습니다.

6 2문단에서 공기가 하강하면 공기의 밀도와 압력이 높아져 고기압이 형성되어 따뜻하고 건조하며 기온이 높고 맑은 날씨가 된다고 했습니다. 그리고 기온이 상승하면 공기의 밀도와 압력이 낮아져 저기압이 형성되어 기온이 낮아지고 비와 구름이 발생한다고 했습니다.

7 (1) '예방'은 '질병이나 재해 따위가 일어나기 전에 미리 대처하여 막음.'뜻입니다.
(2) '범람'은 '큰물이 흘러넘침.'이라는 뜻입니다.
(3) '이상'은 '정상적인 상태와 다름.'이라는 뜻입니다.
(4) '시설물'은 '베풀어 차려 놓은 구조물.'이라는 뜻입니다.
(5) '집중'은 '한곳을 중심으로 하여 모임. 또는 그렇게 모음.'이라는 뜻입니다.

비주얼 과학 교과서 개념　**129쪽**

(1) 저기압　(2) 고기압

(1) 공기 기둥 안에 들어 있는 공기 알갱이의 양이 주변보다 적어 공기의 압력이 낮은 것을 '저기압'이라고 합니다.

(2) 공기 기둥 안에 들어 있는 공기 알갱이의 양이 주변보다 많아 공기의 압력이 높은 것을 '고기압'이라고 합니다.

- **글의 종류** 설명문
- **글의 특징** 태풍이 발생하는 원리와 태풍이 끼치는 영향에 대해 설명한 글입니다.
- **주제** 태풍이 발생하는 원리와 우리에게 끼치는 영향

131~132 쪽

1 ②　　**2** ③　　**3** ⑤　　**4** ④

5 ⑴ ㉣ ⑵ ㉢ ⑶ ㉡ ⑷ ㉠

6

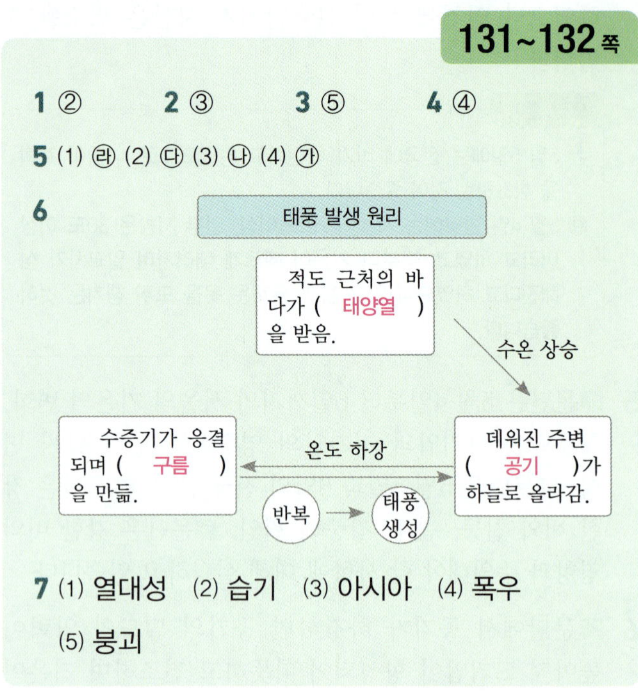

7 ⑴ **열대성**　⑵ **습기**　⑶ **아시아**　⑷ **폭우**
　　⑸ **붕괴**

1 이 글은 태풍이 발생하는 원리와 태풍이 미치는 영향 등을 설명하는 글입니다.

2 ②문단에서 태풍은 수증기를 먹으며 자라는 특성이 있다고 했습니다. 따라서 수증기의 양이 적으면 힘이 약해집니다.

3 ②문단을 보면 우리나라 근처의 바다는 적도 근처의 바다보다 온도가 낮아 바다에서 만들어지는 수증기의 양이 적기 때문에 바다를 건너 우리나라에 도달하는 태풍의 대부분은 힘이 약해진다고 하였습니다. 우리나라에서 발생한 태풍의 이름은 이 글에 나와 있지 않습니다.

① ①문단에 태풍이 발생하는 원리가 나와 있습니다.
② ②문단에서 태풍의 크기는 소형, 중형, 대형, 초대형으로 분류한다고 하였습니다.
③ ③문단에서 태풍으로 우리의 재산과 인명에 큰 피해가 생기기도 한다고 하였습니다.
④ ④문단에 태풍의 긍정적인 영향이 나와 있습니다.

4 ㉠을 표현하기에 가장 알맞은 한자 성어는 '미리 준비가 되어 있으면 걱정할 것이 없음.'을 뜻하는 '유비무환'입니다. 유비무환은 '有(있을 유), 備(갖출 비), 無(없을 무), 患(근심 환)'입니다.

① '다다익선'은 '많으면 많을수록 더욱 좋음.'이라는 뜻입니다.
② '대기만성'은 '큰 그릇을 만드는 데는 시간이 오래 걸린다는 뜻으로, 크게 될 사람은 늦게 이루어짐을 이르는 말.'이라는 뜻입니다.
③ '우공이산'은 '우공이 산을 옮긴다는 뜻으로, 어떤 일이든 끊임없이 노력하면 반드시 이루어짐을 이르는 말.'이라는 뜻입니다.
⑤ '형설지공'은 '반딧불·눈과 함께 하는 노력이라는 뜻으로, 고생을 하면서 부지런하고 꾸준하게 공부하는 자세를 이르는 말.'이라는 뜻입니다.

5 ①문단은 태풍의 뜻과 태풍이 발생하는 원리를, ②문단은 태풍의 세기와 크기의 분류를, ③문단은 태풍으로 인한 피해와 주의 사항을, ④문단은 태풍의 긍정적 영향을 설명하고 있습니다.

6 적도 근처의 바다가 태양열을 받으면 수온이 높아지고, 데워진 주변 공기가 하늘로 올라갑니다. 하늘로 올라가면 기온이 낮아져 공기 속 수증기가 응결하여 구름이 됩니다. 이 과정을 반복하며 거대한 소용돌이 모양의 구름이 형성되면서 태풍이 발생합니다.

7 ⑴ '열대성'은 '열대 지방의 특유한 성질.'이라는 뜻입니다.
⑵ '습기'는 '물기가 많아 젖은 듯한 기운.'이라는 뜻입니다.
⑶ '아시아'는 '육대주의 하나. 한국·중국·인도·인도네시아 등이 속한, 세계에서 가장 큰 대륙.'이라는 뜻입니다.
⑷ '폭우'는 '갑자기 세차게 쏟아지는 비.'라는 뜻입니다.
⑸ '붕괴'는 '무너지고 깨어짐.'이라는 뜻입니다.

비주얼 과학 교과서 개념　**133** 쪽

⑴ **해풍**　⑵ **육풍**

⑴ 바다에서 육지로 부는 바람을 '해풍'이라고 합니다.
⑵ 육지에서 바다로 부는 바람을 '육풍'이라고 합니다.

- **글의 종류** 발표문
- **글의 특징** 에너지의 날에 대한 소개와 에너지 절약을 실천하자고 주장하는 글입니다.
- **주제** 에너지를 절약을 실천하자.

137~138 쪽

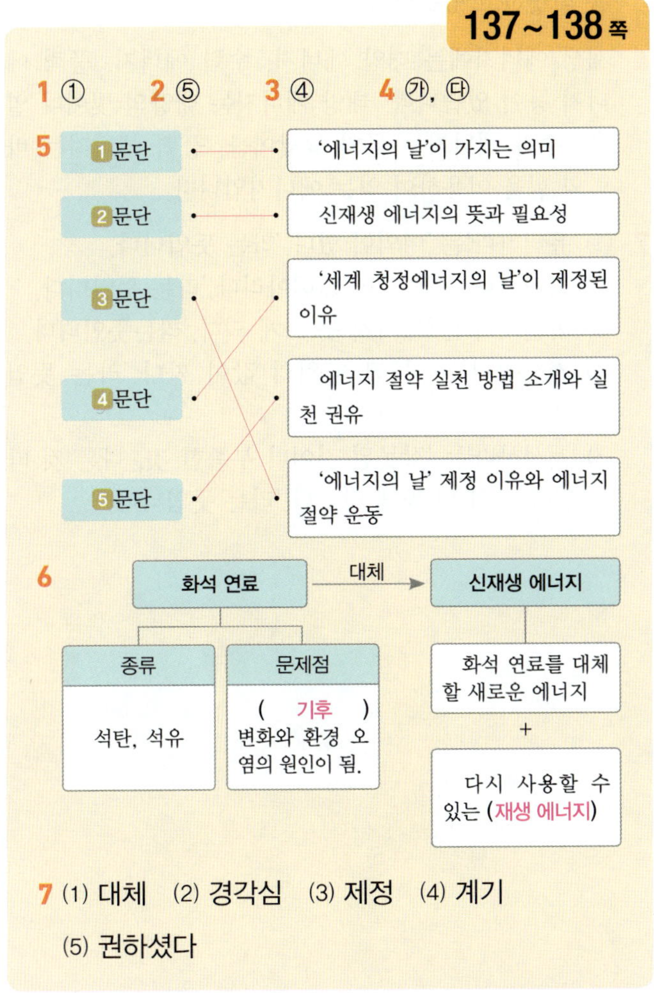

1 이 글은 '에너지의 날'을 소개하며 에너지 절약을 실천하자는 내용의 주장을 발표하는 김준휘 학생의 발표문입니다.

2 4문단에서 '세계 청정에너지의 날' 제정 목적이 기후 변화에 대응해 세계 시민과 지구의 안전을 위한 것이라고 했습니다.

① 2004년부터 8월 22일을 '에너지의 날'로 제정하였습니다.
② 에너지 시민 연대에서 '에너지의 날'을 제정하였고, 국제 연합에서 '세계 청정에너지의 날'을 제정하였습니다.
③ 재생 에너지는 다시 사용할 수 있는 에너지를 말합니다.
④ '불을 끄고 별을 켜다'가 진행되는 것은 '에너지의 날'입니다.

3 화석 연료의 고갈도 문제가 될 수 있지만 2문단에서 화석 연료가 환경에 좋지 않아 새로 대체할 에너지가 필요하다고 했습니다.

① 쓰지 않는 콘센트를 뽑아 놓는 것이 에너지 절약 실천 방법이라고 하였습니다.
② 냉장고 문을 자주 열지 말자고 했습니다.
③ 에어컨 온도를 2도 높게 설정하는 것이 '불을 끄고 별을 켜다'의 실천 사항이므로 에어컨 온도를 낮게 설정할수록 전력량 소비가 많아짐을 짐작할 수 있습니다.
⑤ 자가용 대신 대중교통을 이용하는 것이 에너지 절약 실천 방법이라고 했습니다.

4 태양을 활용하는 ㉮와 물을 이용하는 ㉰는 무공해, 무한정의 신재생 에너지입니다. 석탄과 천연가스는 화석 연료로 환경에 안 좋은 영향을 미칩니다.

5 1문단은 '에너지의 날'이 가지는 의미, 2문단은 신재생 에너지의 뜻과 필요성, 3문단은 '에너지의 날' 제정 이유와 이날에 시행되는 에너지 절약 운동, 4문단은 '세계 청정에너지의 날'이 제정된 이유, 5문단은 에너지 절약 실천 방법 소개와 실천 권유에 대한 내용입니다.

6 지구 온난화와 같은 환경 오염과 에너지 고갈 문제를 해결하기 위해서는 신재생 에너지를 개발해야 합니다. 신재생 에너지는 화석 연료를 대체할 새로운 에너지와 다시 사용할 수 있는 재생 에너지를 합쳐서 부르는 말입니다.

7 (1) '대체'는 '다른 것으로 대신함.'이라는 뜻입니다.
(2) '경각심'은 '정신을 차리고 주의 깊게 살피어 경계하는 마음.'이라는 뜻입니다.
(3) '제정'은 '제도나 법률 따위를 만들어서 정함.'이라는 뜻입니다.
(4) '계기'는 '어떤 일이 일어나거나 변화하도록 만드는 결정적인 원인이나 기회.'라는 뜻입니다.
(5) '권하셨다'는 '어떤 일을 하도록 부추기셨다.'라는 뜻입니다.

비주얼 과학 교과서 개념   **139** 쪽

(1) 자원   (2) 연료

(1) '자원'은 자연에서 얻을 수 있는 것들 중에서 인간에게 유용하며 생산성을 높일 수 있는 것입니다.

(2) '화석 연료'는 생물이 오랜 시간 땅속에 묻혀 화석처럼 굳어져 오늘날 연료로 이용하는 물질입니다.

- **글의 종류** 설명문
- **글의 특징** 풍력 발전기의 구조와 원리, 장단점을 설명해 주는 글입니다.
- **주제** 풍력 발전기의 원리와 장단점

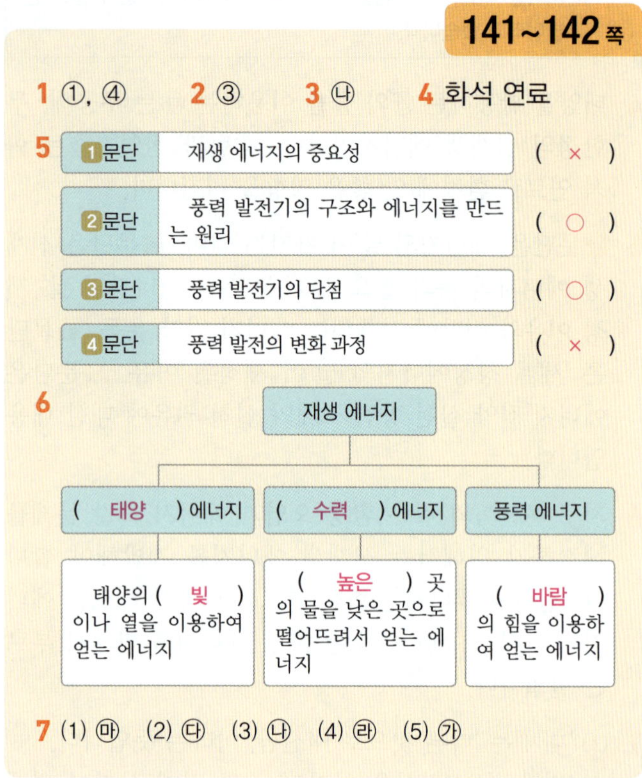

1 이 글은 풍력 발전기의 구조와 원리, 장단점을 설명하는 글입니다.

2 4문단에서 연구 개발을 통해 풍력 발전의 단점을 개선한다면 우리 생활에 효과적으로 활용할 수 있다고 했습니다.

> **오답 풀이**
> ① 바람이 강하면 블레이드가 파손될 수 있어 풍력 발전기 설치에 적합하지 않습니다.
> ② 풍력 발전기는 바람이 약하거나 너무 강한 지역에는 설치가 어렵습니다.
> ④ 풍력 발전은 자연의 바람을 이용하기 때문에 고갈의 위험이 없습니다.
> ⑤ 풍력 발전은 바람이 블레이드를 회전시켜 전기 에너지를 얻습니다.

3 풍력 발전은 다른 발전 방법과 비교하면 에너지 생산 효율이 낮다고 했습니다.

> **오답 풀이**
> ㉮ 바람이 너무 약하면 에너지를 만들기 어렵고, 바람이 너무 강하면 블레이드가 파손될 수 있어 풍력 발전기를 설치할 수 없습니다.
> ㉰ 풍력 발전기가 만드는 소음으로 인한 피해가 있다고 했습니다.

4 화석 연료에 대한 설명으로, 재생 에너지는 화석 연료와 원자력을 대체할 수 있는 무공해 에너지를 말합니다.

5 1문단은 재생 에너지의 뜻과 종류, 2문단은 풍력 발전기의 구조와 에너지를 만드는 원리, 3문단은 풍력 발전기의 단점, 4문단은 풍력 발전기의 장점과 미래를 설명하고 있습니다.

6 재생 에너지에는 태양 에너지, 수력 에너지, 풍력 에너지 등이 있습니다. 태양 에너지는 태양의 빛이나 열을, 수력 에너지는 물의 높낮이를, 풍력 에너지는 바람의 힘을 이용하여 얻는 에너지입니다.

7 (1) '유리하다'는 '이익이 있다.'라는 뜻입니다.
(2) '고려하다'는 '생각하고 헤아리다.'라는 뜻입니다.
(3) '파손되다'는 '깨어져 못 쓰게 되다.'라는 뜻입니다.
(4) '저렴하다'는 '물건 따위의 값이 싸다.'라는 뜻입니다.
(5) '개선하다'는 '잘못된 것이나 부족한 것, 나쁜 것 따위를 고쳐 더 좋게 만들다.'라는 뜻입니다.

비주얼 과학 교과서 개념　143쪽

(1) 재생　　(2) 태양광

(1) '계속 다시 사용할 수 있는 에너지.'를 '재생 에너지'라고 합니다.
(2) '태양광 발전'은 발전기의 도움 없이 태양 전지를 이용하여 태양빛을 직접 전기 에너지로 변환시키는 발전 방식입니다.

내신과 수능의 빠른시작!
중학 국어 빠작 시리즈

비문학 독해 0~3단계
독해력과 어휘력을 함께 키우는
독해 기본서

문학 독해 1~3단계
필수 작품을 통해
문학 독해력을 기르는
독해 기본서

문학X비문학 독해 1~3단계
문학 독해력과
비문학 독해력을 함께 키우는
독해 기본서

고전 문학 독해
필수 작품을 통해
고전 문학 독해력을 기르는
독해 기본서

어휘 1~3단계
내신과 수능의
기초를 마련하는
중학 어휘 기본서

한자 어휘
중학 국어 필수 어휘를
배우는 한자 어휘 기본서

서술형 쓰기
유형으로 익히는
실전 TIP 중심의
서술형 실전서

첫 문법
중학 국어 문법을
쉽게 익히는 문법 입문서

문법
풍부한 문제로 문법 개념을
정리하는 문법서

정답과 해설